○ Hamburg

Lüneburg ●

Elbe

Oder

Hannover ●

Braunschweig ●

◉ **Helmstedt**

● Berlin

○ Potsdam

Hildesheim ●

Schönebeck

Clausthal ●

Halber-
stadt ●

● **Calbe**

◉ **Wittenberg**

S E C H S S T Ä D T E

◉ **Halle**

Kamenz ●

Gehofen ●

Saale

Elbe

Bautzen ●

Görlitz ●

Lauban ●

Löbau ●

Dresden ○

Sora ◉

● **Erfurt**

Zittau ●

HEILIGES RÖMISCHES
REICH

Pegnitz

Prag ●

◉ **Orte, an denen sich
Catharina Linck nach-
weislich aufgehalten hat**

● Im Text erwähnte Orte

○ Orientierungsorte

▪ Kgr. Preußen

◉ **Nürnberg**

Angela Steidele

IN MÄNNERKLEIDERN

Das verwegene Leben der Catharina Margaretha Linck
alias Anastasius Lagrantinus Rosenstengel,
hingerichtet 1721

Biographie und Dokumentation

Insel Verlag

Die Erstausgabe dieses Buches erschien 2004 im Böhlau Verlag, Köln.

Erste Auflage 2021
© Insel Verlag Berlin 2021
Karten: Peter Palm, Berlin
Satz: Greiner & Reichel, Köln
Druck: GGP Media GmbH, Pößneck
Printed in Germany
ISBN 978-3-458-17945-0

»in Summa es seÿnd solche umbstände beÿ der Sache,
die so leichte nicht in der welt passiret seÿn mögen«

Aus der
Gerichtsakte Catharina Margaretha Lincks,
Berlin 1721

Inhalt

Vorwort zur Neuausgabe   9

Biographie   11

»War so vor sich hin«:
Waisenkind in Glaucha (1687-1700)   13

»MannsKleÿder«:
Neuorientierung (1700-1703)   37

»Jehovah Almajo Almejo«:
Unterwegs als Prophet (1703-1704)   43

»Als Mousquetier gegangen«:
Bei den Soldaten (1705-1712)   55

»Flenell gemacht«:
Handwerker in Halle (1713-1716)   73

»Sich mit selbiger ehelich versprochen«:
Ehestand (1717-1720)   83

»Mit anderen Weibes Bildern Unzucht getrieben«:
Inquisition (1720-1721)   113

»Land- und Leute-Betrügerin«:
Gegenstand von Polemik (1720)   127

»Und ist das Urthel gewiß curieux zu lesen«:
Urteil und Hinrichtung (1721)   135

»Die Rosenstengelsche«:
Catharina Mühlhahns weiterer Lebensweg (1721-1776)   161

*»Wenn Sie auch schon aus dem Wege geraümet würde,
so bliebe doch dergleichen«:* Lesbisch, trans, queer?   169

Nachwort   183
Anmerkungen   187

Quellen   209

Quellenkritik und Editionsgrundsätze   211

*Bericht von Friedrich Wilhelm von Grumbkow
an Friedrich I. von Preußen*   215

*Umständliche und wahrhaffte Beschreibung
einer Land- und Leute-Betrügerin*   218

Gerichtsakte 1721   227

Gerichtsakte 1722   285

Anhang   293
    Siglen   295
    Bibliographie   297
    Glossar   316
    Bildnachweise   318
    Zeittafel   319
    Dank   321
    Personenregister   322

Vorwort zur Neuausgabe

Catharina Margaretha Linck war die letzte Frau, die wegen der sogenannten Unzucht mit einer anderen Frau in Deutschland, ja in Europa hingerichtet wurde. Anfang November 2021 jährt sich ihre Enthauptung zum dreihundertsten Mal. Der Insel Verlag nimmt das traurige Ereignis zum Anlass, dieses 2004 bei Böhlau in Köln erschienene, jedoch seit langem vergriffene Buch neu herauszugeben. Hierfür habe ich den Text durchgesehen und um neu entdeckte Quellen ergänzt (s. S. 321).

Im Vorwort zur Erstausgabe habe ich bekannt: Catharina Lincks Geschichte hat mich nicht losgelassen, seitdem ich das erste Mal von ihr gehört habe. Der Nervenarzt Franz Carl Müller veröffentlichte 1891 einen fragmentarischen Auszug aus Lincks Gerichtsakte unter dem Titel »Ein weiterer Fall von conträrer Sexualempfindung« in *Friedreich's Blätter für gerichtliche Medicin und Sanitätspolizei*. Allein schon Catharina Lincks männliches Pseudonym faszinierte mich ungemein; Thomas Mann hätte es sich nicht schöner ausdenken können: Anastasius Lagrantinus Rosenstengel. Skeptisch, ob Müller diese schillernde Figur nicht sogar erfunden hatte, suchte ich Lincks Gerichtsakte im Geheimen Staatsarchiv Preußischer Kulturbesitz – und fand sie, nach zwei Weltkriegen nicht nur unversehrt, sondern auch wesentlich umfangreicher, als der Ausschnitt von 1891 erahnen ließ. Viele Angaben aus der Gerichtsakte konnte ich durch Nachforschungen in anderen Archiven bestätigen, ergänzen, präzisieren oder korrigieren. So ist dieses

Buch entstanden, das im Hauptteil Catharina Lincks Lebensweg schildert. Der biographischen Skizze folgen die Quellen, darunter die vollständigen Gerichtsakten; aus der historischen Distanz skurril und unfreiwillig komisch machen sie Catharina Lincks Geschichte zu einem authentischen Schelmenroman.

Tatsächlich hat mich ihre Geschichte noch weit länger nicht losgelassen, als ich damals ahnen konnte. Mit *In Männerkleidern* begann meine Leidenschaft für Quellen aus dem 18. Jahrhundert und zugleich die inspirierende Verunsicherung, was sie eigentlich bezeugen. Wird Geschichte erst im Lese- und Schreibakt der Historikerin für ihre Gegenwart erschaffen? Wie viel Fiktion entsteht nolens volens in der Geschichtsschreibung? Mit wie viel Erfindungsgabe wird schon das Leben selbst gelebt? Wer ist echter – Catharina Linck oder Anastasius Rosenstengel? Bei der Recherche für *In Männerkleidern* interessierte mich sehr, wer Franz Carl Müller war und welches Erkenntnisinteresse ihn ins Geheime Staatsarchiv führte (s. S. 169-172). Als ich begriff, dass Müller nicht nur Catharina Lincks Akte aus dem Archiv gezogen hatte, sondern auch die Leiche Ludwigs II. aus dem Starnberger See, war die Idee zu meinem Roman *Rosenstengel. Ein Manuskript aus dem Umfeld Ludwigs II.* (2015) geboren. Denn Müller verbindet zwei historische Persönlichkeiten, die ihre Existenz, ihr Leben buchstäblich erfunden haben: die eine als Prophet, Soldat und Ehemann, der andere als Schwanenritter und Bauherr von Schlössern nach Regieanweisungen Richard Wagners. Für *Rosenstengel* wählte ich die Form des Briefromans, weil diese Gattung schon immer augenzwinkernd ›Echtheit‹ simuliert. Die Handlung entfaltet sich in fingierten Briefen historischer Persönlichkeiten, gespickt mit Originalzitaten. Faktisches und Fiktionales vermengen sich so untrennbar wie bei Ludwig II. und Catharina Linck: Leben ist auch nur Kunst. Was ich meinem fiktionalen *Rosenstengel* untergeschoben habe, ist mit diesem Buch über die historische Catharina Linck nun endlich wieder zu erkennen.

BIOGRAPHIE

»War so vor sich hin«:
Waisenkind in Glaucha (1687-1700)

Catharina Margaretha Linck wurde am 15. Mai 1687 in Gehofen im heutigen Thüringen geboren. Sie war die uneheliche
Tochter »Einer Soldatenfrau Von Erffurth«.[1] Ihre Mutter Magdalena Linck (1656-1739) hatte sich nicht immer prostituieren müssen. Um 1675 hatte sie in Schönebeck an der Elbe den Lein- und
Wollweber Martin Linck geheiratet.[2] Da ihr Mann das Bürgerrecht
besaß, gehörte das Ehepaar zu den bessergestellten Einwohnern
der Stadt. Martin starb jedoch früh, und Magdalena Linck konnte
die Herstellung und den Verkauf der Waren nicht fortführen. Was
sie nach Erfurt führte, ob sie dort die Pestepidemie überlebte, die
die Stadt in den Jahren 1682/83 heimsuchte, ist nicht bekannt. Der
Taufeintrag ihrer Tochter legt nahe, dass sie ein Regiment Soldaten
begleitete, das in Gehofen im Quartier lag, wie der Pfarrer im Kirchenbuch festhielt.

Wie so viele andere Städte und Dörfer war Gehofen im
Dreißigjährigen Krieg (1618-1648) niedergebrannt worden. Mittel-
deutschland, Catharina Lincks Heimat, war besonders gezeichnet.
In manchen Gegenden hatte die Hälfte der Einwohner durch den
Krieg, durch Krankheiten und Hunger das Leben verloren. Nicht
nur die Ortschaften, auch die Felder und Gärten waren verwüstet,
die Viehherden abgeschlachtet worden. Gehofen erholte sich dank
des fruchtbaren Bodens in der Goldenen Aue und erhielt 1671 sogar
das Marktrecht. Kaum ging es in dem südöstlich des Kyffhäusers

gelegenen Ort wieder etwas voran, mussten die Einwohner auch einquartierte Soldaten mitversorgen.

Magdalena Linck gehörte wahrscheinlich als Marketenderin mit zum Tross, bot den Soldaten Waren, Dienstleistungen und sich selbst zum Kauf an. Ein namentlich nicht bekannter Soldat war der Vater ihrer Tochter, von der sie am Pfingstsonntag entbunden wurde und die Pfarrer Bernhart Thalmann am Pfingstmontag, dem 16. Mai 1687 in der Johannes-Baptistae-Kirche taufte – evangelisch, wie sich in den lutherischen Kernlanden von selbst versteht.[3] Ihre Paten waren Hans Zacharias Triebel, Hans Georg Schuster, Elisabeth Angermannin und Catharina Hardman. Dass sie am Pfingstsonntag geboren und am Pfingstmontag getauft worden war, verstand Catharina Margaretha Linck später als Zeichen. Schon als Kind muss sie eine robuste Konstitution gehabt haben, denn in den Jahren 1690 und 1691 musste Pfarrer Thalmann fast jedes Kind, das er in Gehofen getauft hatte, wieder beerdigen: »In diesem Jahre haben die Blattern und Windbocken sehr grassirt, daher die meisten Kind daran gestorben, wie auch anno sequenti«, trug er als Nebenbemerkung ins Kirchenbuch ein.

Mutter und Tochter müssen in großer Armut gelebt haben, denn ihre Spuren tauchen erst zehn Jahre später im tiefsten Elend wieder auf: in Glaucha, einem gänzlich verwahrlosten kleinen Ort an der Saale unmittelbar im Süden der alten Stadt Halle.[4] Das von Stadtmauern umgebene Glaucha war seit 1562 eine Amtsstadt mit eigener Gerichtsbarkeit, einem Rat und einem Bürgermeister. Ungünstig im Überschwemmungsgebiet der sich hier in verschiedene Arme aufteilenden Saale gelegen, wurde der Ort immer wieder von Überflutungen zerstört. Der Dreißigjährige Krieg hatte hier, wie in Halle, grausam gewütet, die Hälfte der Einwohner war umgekommen. 1682 traf die große Pestepidemie auch Glaucha, und es starb noch einmal mehr als die Hälfte der verbliebenen Bevölkerung. Da Glaucha seit 1469 eine erzbischöfliche Lizenz zum Bren-

M. AVGVSTVS HERMANNVS Francke
S. THEOL. PROF. ORDIN. ET PASTOR GLAVCH.
C. Schütz pinxit.   Halle zu finden bey C. A. Zeitlern.

Abb. 1: August Hermann Francke

nen von Schnaps und zum Ausschank fremder Biere besaß und die
Einwohner wegen fehlenden Grundbesitzes kaum Landwirtschaft
betreiben konnten, entwickelte sich der Ort zu einer einzigen Spe-
lunke: Ende des 17. Jahrhunderts wurde in 37 von 200 Häusern
Branntwein ausgeschenkt, in einem – nach heutigen Begriffen –
Dorf von etwa 1200 Menschen. Auch aus dem benachbarten Halle
kam man zum Saufen nach Glaucha. Zu oft betrunken, verelende-
ten die Leute. Die mangelnde sittliche Zucht, wie es im Sprach-
gebrauch der Zeit hieß, machte auch vor dem Glauchaer Pfarrer
nicht halt: Johann Richter wurde im Herbst 1691 nach dem Gottesdienst festgenommen und in der Burg Giebichenstein im Norden
Halles eingesperrt, weil er – wenn man die zeitgenössischen mora-

lischen Umschreibungen konkret deutet – im Beichtstuhl sexuell
übergriffig geworden war.

Diese vakant gewordene Stelle in der St.-Georgen-Pfarre be-
setzte drei Monate später, am 7. Januar 1692, August Hermann
Francke (1663-1727). Auch der 29-jährige Pastor war schon mit der
Obrigkeit kollidiert, jedoch aus ganz anderen Gründen. Er war
aus dem sächsischen Leipzig und dem kurmainzischen Erfurt ver-
trieben worden, nachdem er dort pietistische Versammlungen abgehalten hatte.[5] Nun eröffnete sich ihm in Glaucha im Herzogtum
Magdeburg, das im Westfälischen Frieden an das Kurfürstentum
Brandenburg gefallen war, eine Zukunft; denn zugleich wurde er
zum Professor für Griechisch und orientalische Sprachen an der
sich gerade formierenden Universität Halle ernannt. Mitten in das
Elend von Glaucha hineinversetzt, begründete der junge Francke
hier sein großes Stiftungswerk. Die Pest hatte in Glaucha viele
Kinder zu Waisen gemacht; um sie vom Betteln und Stehlen ab-
zuhalten, eröffnete Francke zu Ostern 1695 in seinem Pfarrhaus in
der Mittelwache 6 gegenüber der Kirche eine Armenschule. Der
Unterricht fand in einem Zimmer vor seiner Studierstube statt. Im
Herbst des Jahres brachte er einige Waisen gegen Kostgeld bei drei
Familien unter. Außerdem mietete er zwei Stuben im Reichen-
bachschen Haus nebenan, Mittelwache 7, für weitere Schulklassen.
Noch im selben Jahr kaufte Francke dieses Haus, und nachdem es
für seinen Zweck eingerichtet worden war, zogen hier am 22. Mai
1696 zwölf Waisen ein. Neben der Armenschule betrieb Francke
zudem eine deutsche Schule für bürgerliche Jungen und Mädchen. In beiden Häusern in der Mittelwache fand Schulunterricht
in ständig wachsenden Klassen statt, und hier lebten und lernten
auch die Waisenkinder.

In diesen neuen Einrichtungen kamen sowohl die neuneinhalb-
jährige Catharina Linck als auch ihre Mutter unter. Magdalena
Linck wurde im Waisenhaus angestellt; ihre unsteten Wanderjahre

Abb. 2: Mittelwache – Ecke Steg in Glaucha
Rechte Bildseite: Pfarrhäuser der St.-Georgen-Kirche

fanden ein Ende, denn sie blieb bis zu ihrem Tod 1739 in Glaucha
und arbeitete jahrzehntelang im Waisenhaus im hauswirtschaft-
lichen Bereich, in der Küche, der Wäscherei usw. Ihre Tochter Catharina Margaretha wurde »im Martini 1696«[6] (11. November) in
das Franckesche Waisenhaus aufgenommen.

August Hermann Francke hatte sich dem Auftrag verschrieben,
den christlichen Glauben in der Praxis der Nächstenliebe lebendig
werden zu lassen. Dank seiner charismatischen Persönlichkeit, seinem Mut und Gottvertrauen, seinem Organisationsgeschick so
wie dem großem Talent, Spendengelder einzuwerben, errichtete
Francke ab 1695 quasi aus dem Nichts – der Beginn soll eine kleine Spende von vier Talern und sechzehn Groschen gewesen sein –
eine Institution, die sich in nur fünfzig Jahren zu einem »Sozial-
konzern«[7] entwickelte. Dem Waisenhaus und den Schulen folgte
ein Lehrerseminar, eine Apotheke, die bald Medikamente weltweit

Nomina	Patria	Parentes	Annus nativitatis.	Tempus promi...
1. Susanna Maria Schillingin	Merseburg	Materialist.	1686.	4 Nov.
2. Maria Sophia Solleverlein	Salze im Wirtenberger Land	Vom Theatro	1683.	... 1694
3. Johanna Maria Schalin	Merseburg	Hof: Musici Capella	1684.	vor Joh. 1694
4. Margaretha Rosin	Rötich im Francken Land	Theatro.	1686.	13 July
5. Catharina Elisabeth Schalin	Merseburg	Hof: Musici	1683.	im Aug.
6. Maria Clingshmännin	Halle.	Taglöhner	1686.	4 Aug
7. Catharina Lincken	Gestorben 4 Meilen von Halle	Bauer.	1687.	im Mar. 1694
8. Dorothea Schwabin	bey Hochberg her.	der Vater ist aussgespannt worden.	1686.	Vor Wein. 1690
9. Maria Sophia Thinin	Von der Haardt	Pachtmeister ... ... Oeconomus alhier.	1685.	nach Weih. 1690
10. Anna Regina Schilling	... 1 ½ Meile von Halle.	Land: arbeiter.	1684.	... 1694

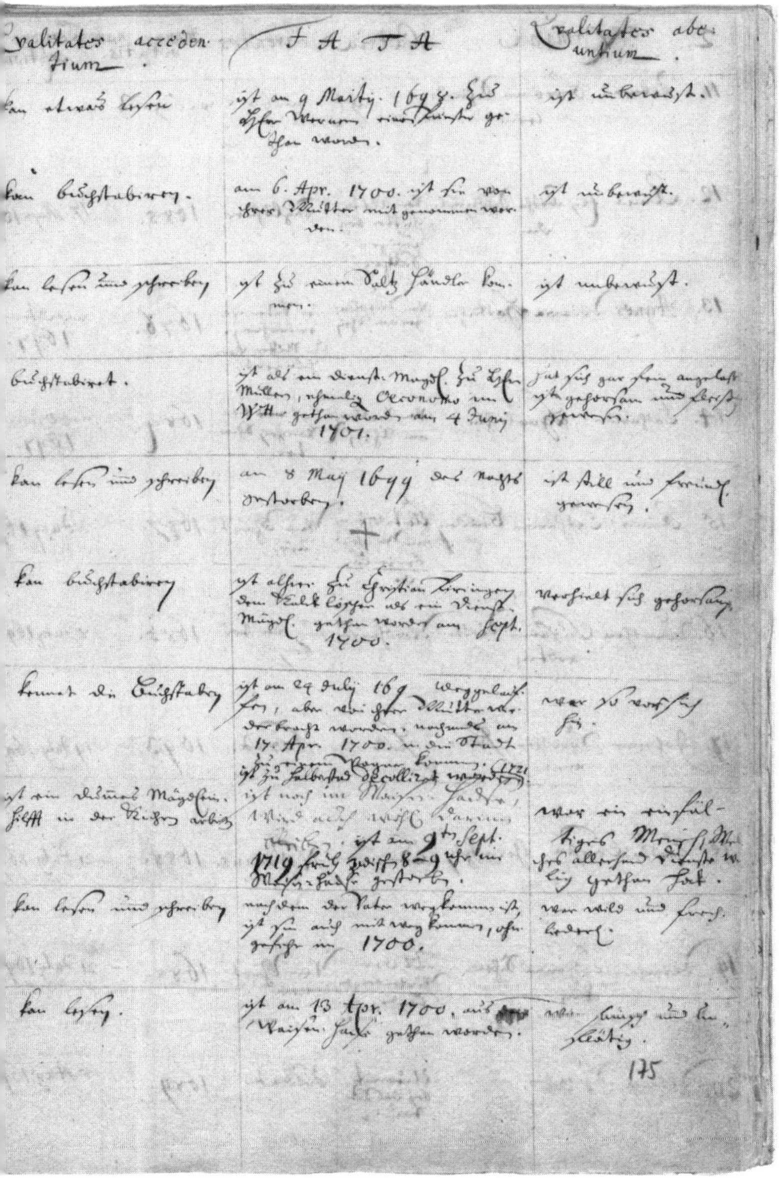

Qualitates accedentium.	F A T A	Qualitates abeuntium.

Abb. 3: Matrikeleintrag von »Catharina Linckin« im Waisenalbum,
laufende Nr. 7 über beide Seiten

exportierte, sowie eine Verlagsbuchhandlung mit Druckerei, in der bis 1938 Millionen verschiedener Bibelausgaben der sogenannten Cansteinschen Bibelanstalt gedruckt wurden. Ab 1698 baute Francke für seine Stiftung ein paar hundert Meter östlich der Georgenkirche eine große Anlage, unmittelbar am Rannischen Tor Halles, in der er all die verschiedenen Einrichtungen unterbrachte und die bis heute steht.[8]

Franckes Engagement wurzelte im Pietismus.[9] Diese ›Reformation der Reformation‹ war eine Erneuerungsbewegung innerhalb des Protestantismus und ist in ihrer Bedeutung für die gesellschaftliche und kulturelle Entwicklung in Deutschland kaum zu überschätzen. Da Catharina Linck in *dem* großen pietistischen Bollwerk der Zeit aufwuchs, mehrere Jahre mit einer radikalpietistischen Gemeinschaft umherzog und später, als sie im Halberstädter Richthaus einsaß, Gegenstand eines pietistischen Pamphlets wurde, mögen ein paar Koordinaten den Pietismus verorten.

Philipp Jacob Spener (1635-1705) gilt als der Vater des Pietismus in Deutschland. Seine programmatische Reformschrift *Pia desideria. Oder Hertzliches Verlangen nach gottgefälliger Besserung der wahren Evangelischen Kirchen* (1675) leitete die vielfach angemahnte spirituelle Erneuerung des lutherischen Glaubens ein. Aus seinen *Collegia pietatis* entwickelte sich die pietistische Bewegung. Mitglieder dieser Kollegs wollten in gemeinsamer Lektüre v.a. des Neuen Testaments zu einem »wahren, lebendigen, den ganzen Menschen neuschaffenden Glauben«[10] finden. Man erhoffte mystische Bekehrungserlebnisse, die als eine Art Wiedergeburt empfunden wurden. Der neu belebte Glaube Luthers musste sich, so der um eine Generation jüngere August Hermann Francke, im Dienst am Nächsten bewähren. Francke prägte den sogenannten hallischen Pietismus, der den Schwerpunkt auf die Sozialfürsorge legte, auf Schulunterricht, Chancenverbesserung für Arme usw.

Nikolaus Ludwig Graf von Zinzendorf (1700-1760) schließlich, der dritte Leitstern der pietistischen Bewegung, wurde in Franckes Pädagogium in Halle ausgebildet und später u.a. als Begründer der Herrnhuter Brüdergemeinde bekannt. Als Anhänger einer mystischen Frömmigkeitsbewegung kollidierten Pietisten heftig mit der dogmatischen lutherischen Amtskirche, deren Repräsentanten, so die pietistische Kritik, sich auf die formelhafte Übung kirchlicher Sitte beschränkten.

Ein wesentlicher Charakterzug pietistischer Erweckung bestand dagegen im individuellen Glaubenserleben. Am liturgischen Ritus teilzunehmen, ohne die Liebe Gottes zu empfinden, galt als leere Routine. Durch diese Betonung der eigenen Person, die Jesus Christus im Glauben persönlich erfahren sollte und die sich vor Gott rechtfertigen musste, wurde das Individuum, geistesgeschichtlich betrachtet, stark aufgewertet im Vergleich zu Lebenskonzepten im Mittelalter, als die ständische Zugehörigkeit die Einzelnen definierte. Da pietistisch Verbundene zudem Standesunterschiede unter sich tendenziell einebneten, förderte der Pietismus die Verbürgerlichung der Gesellschaft im 18. Jahrhundert. Die weit verbreitete pietistische Autobiographie, in der der Autor und auch die Autorin den eigenen Lebensweg vor Gott individuell rechtfertigen und auch geheimste Seelenregungen schriftlich erforschen sollte, wies der modernen Psychologie den Weg und bereitete wesentliche Neuerungen in der Literatur vor: Die Sprache der Empfindsamkeit und des Sturm und Drang ist ohne die pietistische Autobiographie so wenig denkbar wie der moderne Roman, der die typisierten Helden und schematischen Handlungstopoi des Barock durch individuelle, psychologisch motivierte Figuren und realistischere Plots ersetzte. Bis in den deutschen Idealismus wirkte sich der Pietismus aus. Lessing, Herder, Kant, Schleiermacher, Moritz, Goethe, Schiller, Hölderlin und Hegel entstammten pietistischen Kreisen oder wurden von ihnen beeinflusst.

Als Catharina Margaretha Linck 1696 in das Waisenhaus aufgenommen wurde, standen die Franckeschen Stiftungen noch ganz
am Anfang; erst zehn Jungen und sechs Mädchen hatte Francke
vor ihr Obhut gewährt. Sein Werk war alles andere als unumstrit-
ten. »Pietist« war ein Schimpfwort, mit dem Repräsentanten der
lutherischen Orthodoxie die Erneuerer belegten;[11] zwischen den
alten und neuen Kräften entbrannten gerade in Halle bittere und
heftige Kämpfe; Paul Raabe zählt 625 Streit- und Schmähschrif-
ten seit 1692.[12] Doch dürften diese Auseinandersetzungen nur wenig in Catharina Lincks Alltagswelt gedrungen sein. Zusammen
mit den anderen Waisenmädchen ging sie in Franckes Pfarrhaus
in der Mittelwache in die Schule und schlief im Dachgeschoss des
Nebengebäudes. Die Schulausbildung war für Catharina Margaretha ein Glücksfall. Kinder wie sie wurden in der Regel nicht oder
kaum unterrichtet; die allgemeine Schulpflicht wurde in Preußen
erst 1763 eingeführt. Francke hielt jedoch Lesen und Schreiben als
unverzichtbar für jeden guten Protestanten, der schließlich im Sinne des Pietismus die Bibel selbstständig lesen sollte. Deshalb mussten auch Arme und Waisen darin unterwiesen werden. Da im Spe-
nerschen Verständnis vom allgemeinen Priestertum auch Frauen
prinzipiell die Möglichkeit zugesprochen wurde, Gott zu erkennen,
förderte die pietistische Erziehung nach Franckes Manier auch die
Bildung von Mädchen.[13] Als uneheliches Kind und Halbwaise aus
einfachsten Verhältnissen war Catharina Margaretha Linck daher
durch die Aufnahme in Franckes Waisenhaus geradezu privilegiert.
Nun war sie materiell versorgt, hatte ein Dach über dem Kopf und
ein Bett in der Nacht, erhielt drei Mahlzeiten täglich, bekam Kleider und durfte zur Schule gehen. Vor allem aber kümmerte man
sich um ihr Seelenheil, denn die Einübung des christlichen Glaubens beherrschte den Tag.[14]

Morgens musste Catharina Margaretha nun um 6 Uhr aufste-
hen, später, im Sommer, um 5 Uhr. Der Tag begann mit einer christ-

lichen Andacht. Angeleitet von einem »christlichen Studioso« sangen alle Kinder zusammen zunächst ein Morgenlied, und zwar aus dem Gesangbuch, »damit sie sich nicht gewehnen falsch zu singen«; dabei sollten die Mädchen »nicht frech und unbescheiden in den Tag hinein schreyen«, sondern »feinlangsam, bescheidentlich« zu Gottes Ehre singen. Es folgte ein Morgensegen, das Vaterunser, das Glaubensbekenntnis, ein Gebet aus dem *Paradiesgärtlein* (1612) von Johann Arndt, einem der geistigen Väter des Pietismus, sowie ein »Ehre sei Gott«. Täglich wechselnd las jeweils ein Kind die Gebete und daraufhin ein Kapitel aus dem Neuen Testament laut vor. Zum Abschluss gab es ein Hauptstück aus dem Katechismus, das von einem anderen Kind »mit Frag und Antwort deutlich, langsam, und ohne einen affectirten Thon« vorgetragen werden sollte. Erst nach dieser ausführlichen Unterweisung im Christentum, begleitet von einigen Ermahnungen des Studiosus zu Gehorsam und Pflichterfüllung, durften sich Catharina Margaretha und die anderen Mädchen waschen, überwacht von der Pflegerin, damit »alles recht und ordentlich zugehe«. Dann gab es endlich »das Morgen-Brod«.

Bis Ostern begann die Schule um 8 Uhr, danach bis Michaelis (29. September) um 7 Uhr. Catharina Margaretha gehörte zunächst einer gemischten Klasse von »Bettelkindern« an, also von Jungen und Mädchen zusammen. Nach einem kurzen Gebet wurde die Klasse geteilt. Die jüngeren Kindern lernten an der Tafel die Buchstaben, während die älteren still, »ohne grosses Gemurmel«,[15] im Katechismus lesen sollten; für Ruhe und Ordnung sorgten in der Armenschule zwei Lehrer pro Klasse. Als Catharinas »Qualitates accedentium«, also ihre Fähigkeiten beim Eintritt, wurde im Waisenalbum festgehalten: »kennet die Buchstaben«.[16] Die Franckesche Pädagogik unterschied zwischen ›Buchstaben kennen‹, ›buchstabieren‹ und ›lesen‹. Catharina hatte also noch Nachholbedarf und dürfte mit den Jüngeren geübt haben. In der zweiten

Hälfte der ersten Stunde mussten die Größeren »ihre Lectiones aufsagen«, und die Kleineren hörten mehr oder minder brav zu.

In der nächsten Stunde sollte sich Catharina Margarethas Klasse biblische Sprüche aneignen:

> Solche Sprüche hat der Praeceptor hac methodo [Lehrer nach dieser Methode] mit ihnen zutreiben, daß er sie ihnen erstlich von Wort zu Wort vorsaget, und die Kinder zugleich solche bescheidentlich, und ohne grossen Geschrey nachsprechen lässet, biß sie den Spruch können, da er denn einen jeden nach der Reige den Spruch sagen lässet. Alsdenn machet er ihnen den Spruch durch Fragen deutlich. Z[um] E[xempel] Christus hat sich selbst für uns gegeben. Fr[age]: Wer hat sich selbst für uns gegeben? Antw. Christus hat sich selbst für uns gegeben. Fr: Für wen hat er sich gegeben? Antw. Für uns hat er sich gegeben. Fr: Was hat er für uns gethan? Antw. Er hat sich für uns gegeben. Fr. Was hat er für uns gegeben? Antw. Sich selbst hat er für uns gegeben.[17]

Francke verlangte von seinen Lehrern – mittellosen Studenten der Theologie, die bei ihm kostenlos essen durften, wofür sie in einer seiner Klassen unterrichten mussten –, den Unterricht nach der neuesten Methode zu gestalten:[18] Statt den Stoff nur herunterzubeten, sollten sie ihn für die Schülerinnen und Schüler in Frage und Antwort kleiden, »weil dadurch ihre sonst fladderhaffte Gemüther fein gesamlet, und in der Aufmercksamkeit erhalten werden, da ihnen sonst fast alles verdrießlich wird«. Auch in vielen anderen Bereichen waren die Franckeschen Schulen fortschrittlich; so wurden zuerst hier sogenannte *Realien* unterrichtet, aus denen sich die naturwissenschaftlichen Unterrichtsfächer entwickelten. Insgesamt waren die Lehrer gehalten, mit »Sanfftmuth und Süßigkeit« den Kindern die Liebe Gottes vorzuleben. Dabei sollten sie es

bey dem blossen Unterricht nicht bewenden lassen, sondern mit
vätherlicher Zucht und liebreicher Sorgfalt über die Seelen der
Kinder wachen, und an Ermahnen und Straffen nicht erman-
geln lassen.

Zu diesen Strafen gehörten körperliche Züchtigungen, die in der
Pädagogik der Zeit für notwendig erachtet und die auch in allen
Schulen der Glauchaschen Anstalten verabreicht wurden. Doch
forderte der Direktor seine Lehrer auf:

Die Ruthe sollen sie nicht gebrauchen, wo nicht zum wenigsten
dreymahl eine Warnung und mündliche Bestraffung vorher gegangen, oder eine offenbare Boßheit gespüret worden.[19]

Die Kinder sollten wissen, für was sie bestraft wurden, damit sie
christliche Reue entwickeln konnten.

Während die Jüngeren also mit den *Informatoren* biblische Sprü-
che lernten, repetierten die Großen ihre Hausaufgaben, Psalmen
Davids, Evangelien oder Episteln, die sie hatten auswendig lernen
müssen. Schließlich folgte die »Schreibe Stunde«. Erneut wurde die
Klasse unterteilt. Den Kleinen schrieb der Lehrer Buchstaben ins
Heft, die sie abschreiben mussten, den Mittleren, zu denen Catharina Margaretha zu Beginn gehörte, Wörter. Später, als sie zu den
Großen zählte, kopierte sie in der Schreibstunde eine »Vorschrifft«:
Lange Texte aus der Bibel, die sie in vier Wochen abschreiben
musste. Während des Unterrichts achtete der Informator darauf,
dass sich die Schülerinnen und Schüler »in rechter Positur setzen,
die Feder ordentlich halten, gerade schreiben, die Buchstaben recht
an einander fügen«. Außerdem lernten sie auch fremde und unleserliche Handschriften zu entziffern, doch nur nach Vorlagen, in
denen »nichts unanständiges oder ärgerliches enthalten sey«. Auch
einen »teutschen Brieff« lernte Catharina Linck schreiben.

Um 10 Uhr war im Winter der Vormittagsunterricht vorbei, im
Sommer um 9 Uhr. Bezüglich der Hausaufgaben mahnte Francke
die Lehrer, »daß sie weder die Kinder zu hause faullentzen lassen,
noch ihnen durch allzuvieles Aufgeben zu harte fallen«. Und auch
wenn die Hausaufgaben erledigt waren, war schulfreie Zeit beileibe
keine Freizeit:

> In den Stunden aber, da sie [die Waisen] nicht in der Schulen
> seyn, werden sie alle […] zum Strumpff-stricken angewiesen,
> dazu ihnen ein besonderer Strickmeister gehalten [wird]. Mitt-
> lerweile nun, daß sie stricken, ist zugleich ein Informator bey
> ihnen, welcher ihnen gleichsam Spiel-Weise die Fundamenta
> Geometriæ, Geographiæ, Historiæ, Astronomiæ, Physicæ &c
> beybringet, damit, wenn sie gleich auf Handwercke gebracht
> werden, sie dennoch in solchen zum gemeinen Leben sehr nö-
> thigen Wissenschafften nicht gar ungegründet seyn. Dieses fas-
> sen sie mit Lust, und dienet auch dazu, daß ihnen bey dem Stri-
> cken die Zeit nicht lang wird.[20]

Vom Strümpfestricken der Waisenmädchen hatte sich August Hermann Francke anfangs eine Einkommensquelle für das Waisenhaus versprochen, doch reichte die Produktion stets nur für den
Bedarf der eigenen Anstalten.[21] Während Catharina Margaretha
Strümpfe strickte und dabei historische und geographische Kenntnisse erwarb, erzählte der Informator außerdem zuweilen von der
»Stats oder Landes-Policey-Ordnung«.

Eine Viertelstunde vor dem Mittagessen hatten die dazu bestimmten Mädchen und Jungen den Tisch zu decken und die Spei-
sen aufzutragen. Vor dem Essen stellten sich die Kinder in Reihen
um den Tisch, sangen ein Lied und sprachen ein Gebet. Zu essen gab es für die Waisenkinder jeden Tag ein warmes Mittagessen,
und zwar eine Schüssel für vier Personen mit Suppe und »Zugemü-

se«, worunter man sich Rüben, Kohl oder Karotten vorzustellen hat,
auch Linsen, Weizengrütze oder Graupen. Dazu wurde Brot und,
allerdings nicht täglich, Butter gereicht. Zweimal in der Woche bekam Catharina Margaretha auch Fleisch, und zwar auf drei Kinder
ein Pfund.[22] Zu trinken gab es Nachbier, »ein geringes Getränck
vors Gesinde und arme Leute« ohne »nährende oder wärmende
Krafft«,[23] das man als Nebenprodukt von Bier gewann. Auch während des Essens ging die christliche Unterweisung weiter: Ein Kapitel aus der Bibel wurde vorgelesen, und damit die Aufmerksamkeit nicht leide, musste anschließend jedes Kind etwas dazu sagen;
auch konnte es vorkommen, dass Catharina Margaretha während
des Essens gefragt wurde, was in der letzten Predigt behandelt worden war. Die Mahlzeit endete mit Gesang und Gebet.

Bei schönem Wetter durften die Waisen in den »Freystunden«
nach dem Mittagessen – und auch sonntags – in der ländlichen
Umgebung spazierengehen. Auch hier blieb die Zeit nicht un-
genutzt, ihr Begleiter sollte ihnen dabei aus Johann Arndts *Vier Bü-
chern Von wahrem Christenthumb* (1605) erzählen, einem bedeuten-
den Werk der Erbauungsliteratur, das mittelalterliche Mystik und
religiöse Meditation mit dem lutherischen Glaubensbekenntnis
und sozialem Handeln verband; August Hermann Francke selbst
erhielt wichtige Impulse aus Arndts weit verbreiteter Schrift und
ließ sie nicht nur vielfach neu auflegen, sondern auch in viele Sprachen übertragen, u. a. ins Jiddische.[24] Bei schlechtem Wetter blieben
die Kinder in den Freistunden und sonntags im Waisenhaus, wo ein
Studiosus mit ihnen sang und betete. Manchmal wurde ihnen nach
der Mittagspredigt in der Kirche aus einem Buch über die frühe
Christenverfolgung vorgelesen.

Nachmittags begann der Schulunterricht um 15 Uhr. In der ersten Stunde wurde noch einmal das gesamte Gebetsprogramm ab-
solviert, mit dem der Tag begonnen hatte. Die Informatoren waren gehalten, den Kindern »eine rechte Hochhaltung des theuren

Wortes GOttes« zu vermitteln, »ihren grösten Schatz«. Die Kinder sollten auch lernen, mit eigenen Worten zu beten, um nicht nur an einem »auswendig-gelerneten Formular« hängen zu bleiben. Montags bis freitags stand daraufhin, mit Ausnahme des Mittwochs, Rechnen auf dem Lehrplan. Gelehrt wurden die vier Grundrechenarten sowie der Dreisatz. Alle Aufgaben sollten auch wirklich verstanden werden:

> Die Discipuli [Schüler] müssen Freyheit haben, ihre Dubia [Zweifel] vorzubringen, weil sie nicht alles gleich fassen können, und der Præceptor muß ihre Dubia mit Gedult anhören, und sie mit Sanfftmuth unterweisen, doch nicht mehr als eines allezeit reden lassen, und, wenn solchem sein Zweiffel benommen, auch eines andern hören.[25]

Mittwochs und samstags gehörte die erste Nachmittagsstunde dem Musikunterricht. Während in lutherischer Hochschätzung der Musik den Jungen auch Noten und teilweise sogar Komposition beigebracht wurde, sollten die Mädchen nur möglichst viele alte und neue Gesangbuchlieder auswendig lernen.

In der zweiten Schulstunde am Nachmittag wurden die Jüngeren erneut im Lesen unterrichtet, während die Größeren einen Spruch auswendig lernen und in ihr Heft eintragen mussten. Anschließend gingen die älteren Kinder ins Pfarrhaus zum Katechismus-Unterricht.

Um 17 Uhr besuchten alle Waisenkinder die öffentliche Betstunde, die bis 18 Uhr dauerte. Hier wurde der Inhalt der letzten Predigt noch einmal durchgenommen, es wurde der Katechismus behandelt, gesungen, gebetet und aus der Bibel vorgetragen. Im Anschluss ging Catharina Margaretha mit den anderen Kindern ins Waisenhaus zurück. Doch auch hier gab es keine Pause für die Mädchen: »Die Größeren werden mit zur Küchen und Haushal-

tung angewiesen, wie auch zum Nehen, und anderer Weiblichen
Arbeit«. Wie die anderen Waisen auch putzte Catharina Linck
Gemüse oder wusch Berge von Geschirr ab, half am Waschtag,
scheuerte Fußböden, trug Wasser, spaltete Holz, hütete Tiere, jätete
Unkraut oder unterstützte die angestellte Waisenpflegerin, die sich
um die Kranken kümmerte und »für die Reinigung, Wäsche der
Kinder und für das Bette machen«[26] zuständig war.

Mußestunden waren verpönt. Die Waisenhauszöglinge lebten,
lernten und arbeiteten in einer Sieben-Tage-Woche.[27] Spielen und
Herumtollen waren in der pietistischen Lebenshaltung geächtet
und den Waisen verboten. Insbesondere das Tanzen – für arme
Leute eine der wenigen einfach zu habenden Vergnügungen – war
Francke ein Dorn im Auge; ein Christ sollte seiner Ansicht nach
nicht nur die Sünde selbst, sondern auch die Verführung meiden:

> Was kan aber bey solcher menschlichen Schwachheit mehr zu
> sündigen reitzen, als wenn Manns und Weibs-Bilder sich also
> mit allerley Gebehrden, Stellungen des Leibes, Umbarmungen
> etc. begegnen? […] Wie kann man sich hernach mit der mensch-
> lichen Schwachheit entschuldigen, wenn man selbst Gelegen-
> heit zur Geilheit und Fleisches-Lust gegeben?[28]

Der Gott Franckes und der Pietisten galt zwar als liebevoll, doch
auch als Herr, der keinen Spaß versteht.

Nach ihrem langen, arbeits- und gebetsreichen Tagespensum
bekam Catharina Margaretha ein Abendessen, das noch einmal
aus Suppe, im Sommer auch aus Salat bestand, dazu Brot. Im Anschluss folgte von 20 bis 21 Uhr das Abendgebet mit dem *examen
conscientiæ*, also einer Gewissensprüfung. Hier musste Catharina
Margaretha Rechenschaft über ihren Tag ablegen. Bei Wohlver-
halten gab es Lob, war sie jedoch unaufmerksam im Unterricht gewesen oder hatte sich vor einer Arbeit gedrückt oder Widerworte

gegeben, wurde sie streng ermahnt und musste geloben, sich künf-
tig zu bessern. Diese Selbstprüfung und -erziehung bereitete die
erwähnte pietistische Autobiographie vor.

Um 21 Uhr schließlich wurde Catharina ins Bett geschickt.
Auch im Schlafsaal standen die Kinder unter Aufsicht:

> […] bey den Mädgen aber, so allesambt in einem besondern Ge-
> mach ihre Bettlein haben, die Pflegerin bleibet und schläfft, da-
> mit viele Unordnung und Ergerniß so unter den Kindern beym
> aus- und ankleiden vorgehen könte, verhindert werde.

Die Pflegerin oder, wie sie später genannt wurde, »Waisenmut-
ter«, war »eine Christliche Prediger Wittib«, die den Mädchen
»zur Aufseherin bestellet worden, die mit ihnen speiset, und sonst
ihrer als eine Mutter pfleget«.[29] Sie führte den gesamten Tag die
Generalaufsicht über die Mädchen, außer wenn sie in der Schule
waren.[30] Auch sie sollte die Kinder zu einem christlichen Lebensweg anleiten, doch waren ihre Aufgaben vornehmlich praktischer
Natur:

> Zweimal soll sie wöchentlich die Mägdlein auf den Köpfen und
> in Kleidern reinigen, welches, wo es nicht gehindert wird, des
> Mittwochs und Sonnabends ordentlich geschehen kann. Sollte
> es bei manchen Kindern nötig sein, könnte es mehrmal gesche-
> hen.[31]

Wie zu der Zeit üblich, schliefen die Mädchen zu zweit in einem
Bett,[32] da der Schlafsaal nicht geheizt wurde und die Wärme eines
anderen Körpers nottat, um im Winter bei eisiger Kälte erholsam
schlafen zu können. Zu den vielen Dingen, die die heranwachsen-
de Catharina Margaretha im Waisenhaus lernte, wird daher auch
die Erfahrung gehört haben, wie schön sie es fand, mit einem an-

deren Mädchen das Bett zu teilen. Möglicherweise machte sie hier ihre ersten sexuellen Erfahrungen – sie wäre schließlich nicht die Erste und nicht die Letzte gewesen, die eine schlafende Aufseherin überlistete. Francke warnte zwar alle Kinder eindringlich vor den »Lüsten der Jugend« und forderte sie auf, das »Fleisch« zu »creutzigen«;[33] doch seine Ermahnungen dürften so wenig gefruchtet haben wie die anderer Erzieher.

Sonntags ging es nicht in die Schule, sondern in die Kirche. Damals stand die alte romanische Georgenkirche mit ihren kleinen, rundbogigen Fenstern noch. Wollte die Predigt kein Ende nehmen, konnte Catharina neben der Kanzel ein Bild mit der Gefangennahme Christi im Garten Gethsemane betrachten sowie die gemalten oder geschnitzten Tafeln und Epitaphe zu beiden Seiten des Altars; außerdem hingen Ölbilder von sämtlichen Pfarrern seit Einführung des Protestantismus an den Wänden. Allzu sehr die Gedanken schweifen lassen durfte sie freilich nicht, konnte sie doch im Lauf der Woche immer wieder nach dem Inhalt der Predigt gefragt werden. Wie viel sie von den großen Streitpredigten Franckes verstand, die sie hier hörte – etwa den Generalangriff auf die Zustände in der lutherischen Amtskirche in seiner Predigt »Von den falschen Propheten« am 14. August 1698 –, mag dahingestellt sein. Sicherlich wird sie zumindest die Atmosphäre des Streits, der Auseinandersetzung, des Ringens um den richtigen Weg im protestantischen Glauben mitbekommen haben. Sie selbst hat sich später mitten hinein in diese Kämpfe begeben.

Mit dem Gottesdienst war dem Christentum am Sonntag jedoch noch nicht Genüge getan. Erst musste Catharina Margaretha »die rechte Stunde vor der öffentlichen Betstunde« besuchen, in der Kirchengeschichte gelehrt wurde, und danach die Betstunde selbst, wie wochentags auch. Denn das eigentliche Bildungsziel in Franckes Schulen bestand nicht in der Vermittlung von Wissen; Kenntnisse waren nur notwendiges Beiwerk zum eigentlichen Er-

Abb. 4: St.-Georgen-Kirche in Glaucha

ziehungszweck – die böse Natur jedes einzelnen Kindes zu über-
winden. An die Stelle des eigenen, selbstsüchtigen, ›viehischen‹
Willens sollte der Wille Gottes treten.[34] Es ging Francke um nichts
weniger, als jede Seele vor dem ewigen Verderben zu erretten; die
christliche Unterweisung sollte die Kinder zu dem machen, was
Gott ursprünglich mit dem Menschen geschaffen hatte: sein Eben-
bild, dessen letztendlicher Daseinszweck nach pietistischer Auffassung im Lob Gottes bestand.

Von diesem Leben im Waisenhaus, bei dem jede Minute reguliert war, hatte Catharina Linck zwischendurch genug. An einem
Tag im Hochsommer[35] lief sie weg. Vielleicht streunte sie durch
Glaucha, sah sich bei den vielen Betrieben im Steinweg um, die
Stärke produzierten, schlenderte durch die weitläufigen Gebäude
des ehemaligen Zisterzienser-Nonnenklosters, das seit der Reformation als Hospital genutzt wurde. Oder versteckte sie sich bei den
großen Schweine- und Schafherden vor dem oberen Rannischen
Tor? Oder in den zur Saale abfallenden Weingärten von Bellendorf,

dem Nachbarort?[36] Wie lange Catharina Margaretha wegblieb, ist im Waisenhausalbum ebenso wenig vermerkt wie der Grund ihrer Flucht. Hielt sie das strenge Reglement nicht mehr aus? Floh sie vor einer Strafe? Hatte sie eine Verabredung? Wollte sie etwas Bestimmtes sehen? Oder fand sie schon damals, dass fünf bis sechs Stunden Gebet pro Tag allzu hart seien, wie sie später dem preußischen General Friedrich Wilhelm von Grumbkow erzählte?[37] Im Waisenalbum wurde lediglich notiert, dass sie »von ihrer Mutter wieder bracht worden«[38] war. Hatte Magdalena Linck ihre Tochter durch Herumfragen aufgespürt und zur Rückkehr ins Heim gezwungen? Oder trieb der Hunger Catharina zu ihrer Mutter zurück, die darauf bestand, dass sich ihre Tochter wieder im Waisenhaus eingliederte, wo sie versorgt war wie nirgendwo sonst? In jedem Fall zeigt die Flucht, dass die junge Catharina die Welt außerhalb des behütenden, aber auch einengenden Waisenhauses lockte. Offensichtlich fand sie schon in sehr jungen Jahren Geschmack am freien Leben. *Herumvagiren*, wie man damals sagte, wurde als Erwachsene zu ihrer Spezialität.

Sicherlich wurde sie nach ihrer Rückkehr körperlich gezüchtigt, hatte sie doch nicht nur gegen die Regeln des Waisenhauses verstoßen, sondern auch ihre Betreuer und ihre Mutter in große Sorge gestürzt. Die Bestrafung der »bösen Mägdlein«[39] nahm der *Praeceptor* vor, der mit Catharina Margaretha nicht nur ein ernstes Wörtlein geredet haben wird. Mögen nicht nur die Strafen, sondern auch die Lebensbedingungen der Zöglinge insgesamt heute hart erscheinen – für damalige Verhältnisse war das Waisenhaus ein geschützter Lebensraum, der den Bedürfnissen von Leib und Seele der Kinder nach modernsten Erkenntnissen gerecht werden wollte. So schickte August Hermann Francke seinen Mitarbeiter Georg Heinrich Neubauer (1666-1725), der das Waisenhaus organisatorisch und finanziell leitete, 1697 in das damals fortschrittlichste Land Europas, die Niederlande, um dort die Waisenhäuser sowie die Erziehung und Pflege der Kinder zu studieren; u.a. sollte Neubauer feststellen, womit sich die Kinder die Zähne beim Mundausspülen reiben, ob sie gebadet werden und was man gegen Grind, Krätze und Ungeziefer tun kann.[40]

Im April 1697, fünf Monate nach Catharina Lincks Aufnahme, lebten bereits 36 Kinder im Waisenhaus, und die Bettelklasse war so angewachsen, dass sie in eine für Knaben und eine für Mädchen geteilt wurde; Catharina erhielt Unterricht mit fünfzig anderen Mädchen, Waisen und Töchtern armer Leute. Während die Waisenjungen ab Mai 1697 in dem ehemaligen Gasthof »Zur goldenen Krone« zur Schule gingen, lebte und lernte Catharina Margaretha weiterhin in den Häusern an der Mittelwache. Ein Jahr später, 1698, beherbergte das Waisenhaus schon 74 Jungen und 26 Mädchen,[41] und die Häuser in der Mittelwache konnten den Raumbedarf nicht mehr decken, zumal August Hermann Francke weitere Schulen gegründet hatte, das deutschsprachige Paedagogium und die Latina. Daher kaufte Francke – immer von Spendengeldern, die er unentwegt auftrieb – am 6. April 1698 das Gasthaus »Zum goldenen Adler«, das am östlichen Rand Glauchas lag, vor dem Rannischen Tor an der südlichen Ausfallstraße Halles, dem Steinweg. War Glaucha insgesamt keine gute Gegend, so war diese Ecke geradezu berüchtigt. Nicht nur die Scharfrichterei, auch mehrere Wirtshäuser besonders üblen Rufs wie etwa »Das Raubschiff« befanden sich hier. Im Steinweg stellten zudem viele Betriebe Stärke her, deren Abfallprodukte traditionell zur Schweinemast genutzt wurden. Selbst die manches gewohnten Zeitgenossen meinten, es stinke hier zum Himmel. Zu Pfingsten kam es am Steinweg, d.h. am heutigen Franckeplatz, Jahr für Jahr zu besonders hässlichen Saufgelagen mit Prügeleien und Messerstechereien.[42] Und ab dem Donnerstag nach Pfingsten fand acht Tage lang ein Kram-, Pferde- und Viehmarkt statt, bei dem der in Glaucha reichlich vorhandene Selbstgebrannte in Strömen floss. Ausgerechnet zu Pfingsten 1698

zogen die Waisenkinder in das Wirtshaus »Zum goldenen Adler«
ein, 71 Jungen und 30 Mädchen. Catharina Margaretha schlief nun
zusammen mit den anderen Mädchen im Dachgeschoss des zum
Gasthof gehörenden Wirtschaftsgebäudes; als Speisesaal diente ihnen eine besondere Stube im Wirtshaus.[43] Dieser Umzug markiert
den Beginn der Franckeschen Stiftungen an dem Ort, wo sie heute
noch stehen. Francke kaufte im Juli desselben Jahres den unbebau-
ten Grashügel neben dem »Goldenen Adler« und begann, recht-
winklig zum Wirtshaus, ein neues Waisenhaus zu errichten. Catharina Margaretha Linck erlebte die feierliche Grundsteinlegung
am 13. Juli 1698 und die Baumaßnahmen aus unmittelbarer Nachbarschaft mit. Auch an der Eröffnungsfeier zu Ostern 1700 nahm
sie teil. Bewohnt hat sie dieses berühmt gewordene Gebäude jedoch nie; schon eine Woche später, am 17. April 1700, wurde sie aus
Franckes Waisenhaus entlassen.

Zöglinge des Waisenhauses waren in Glaucha und Halle bei
Handwerksfamilien begehrt;[44] ihr neuer Lehrling oder ihre neue
Magd verfügte in der Regel über weit bessere Kenntnisse als andere.
Als ein Wagner in Halle Catharina Margaretha Linck aufnehmen
wollte, waren daher vielleicht alle Beteiligten froh, dass ihre Zeit
im Waisenhaus vorbei war. Zum Abschied bekam sie feierlich in
der Klasse einen Katechismus, einen Psalter und ein Neues Testament geschenkt. Catharina verließ das Waisenhaus relativ früh,
mit nicht ganz dreizehn Jahren. Andere Mädchen schieden erst
mit vierzehn bzw. fünfzehn Jahren aus. Das Waisenhausalbum re-
sümiert (»Qualitates abcuntium«) ihren Aufenthalt mit den Worten: »war so vor sich hin«.[45] Anders als ihre Kameradinnen Maria
Nietschmann – »verhielt sich gehorsam« – oder Margaretha Koch –
»hat sich gar fein angelaß[en] ist gehorsam und fleißig gewesen« –
scheint Catharina Linck eine Einzelgängerin gewesen zu sein, die
sich weder durch nennenswerten Fleiß noch durch Gehorsam aus-
zeichnete. Sie mag das Waisenhaus mit Erleichterung verlassen ha-

ben; dass August Hermann Francke persönlich sie unter seine Fittiche genommen hatte, sollte sich jedoch noch mehrfach als großer Glücksfall für sie herausstellen.

»MannsKleÿder«:
Neuorientierung (1700-1703)

B ei dem Wagner in Halle war Catharina Linck zwar der stän-
digen Kontrolle durch die Lehrer und die Aufseherin im Waisenhaus entzogen; sie sollte allerdings weiterhin die öffentliche
Betstunde besuchen. Der Weg nach Glaucha war kurz, und sie wird
auch zu ihrer Mutter und zu Schulfreundinnen Kontakt gehalten
haben. Bald kam es jedoch zu Schwierigkeiten mit dem Wagner
oder seiner Familie, bei der sie, wie damals üblich, lebte und arbeitete. Vielleicht hatte sie gehofft, bei ihrem neuen Herrn zu lernen, wie
man Räder aus Holz macht oder Karren und Wagen zimmert, und
musste stattdessen als Magd die niederen Dienste verrichten, die sie
schon im Waisenhaus hatte tun müssen. Oder war der Wagner un-
zufrieden mit ihr? Jedenfalls wechselte Catharina Linck bald schon
zu einem Knopfmacher und Kattundrucker, dem sie bei seinem
Handwerk half. Er kann das Mädchen zwar nicht als ordentlichen
Lehrling aufgenommen haben; doch da sie später immer wieder in
diesem Beruf arbeitete, muss sie Unterweisung gehabt haben.
　　Ursprünglich hatte das Textilgewerbe in Halle keine Tradition,
da sich das solehaltige Wasser der Saale schlecht zum Walken
eignete.[1] Der Salzexport hatte die Stadt im Mittelalter reich gemacht, doch nach der Zerstörung im Dreißigjährigen Krieg war
Halles alter Glanz vorbei. Als Teil des Erzstifts Magdeburg fiel
die Stadt dem Kurfürstentum Brandenburg zu, dessen Herrscher
geschickt Toleranz als Wirtschaftspolitik übten: Um 1700 leb-

ten in Halle 726 Hugenotten, die sich auf die Woll- und Tuch-
herstellung und -weiterverarbeitung spezialisiert hatten. Höchst-
wahrscheinlich lernte Catharina Margaretha Linck also bei einem
französischen Meister. Da das Knopfmachen und der Kattundruck[2]
zwei verschiedene Handwerke waren, dürfte Catharina Linck in
einer größeren Werkstatt mit verschiedenen Produktionszwei-
gen aufgenommen worden sein. Knopfmacher stellten nicht nur
Knöpfe her, sondern auch Quasten, Gürtel aus Schnüren u.ä. Dafür wurde Seide, Kamelhaar oder Wolle zu vierfachen Fäden ge-
dreht, mit Gold- und Silberdraht zu Schnüren weiterverarbeitet
und schließlich in verschiedenen Mustern auf bzw. um hölzerne
Knopfrohlinge genäht. Das Kattundrucken war eine ganz andere
Arbeit. Baumwolle, aus Nordamerika bzw. der Karibik importiert,
wurde zu Catharina Lincks Lebzeiten immer beliebter, weil sie sich,
im Unterschied zu Wolle, so gut waschen lässt. Die sogenannten
Blau- oder Schönfärber stellten Farben her, wuschen, färbten, beiz-
ten und spülten die Stoffe und erzeugten Muster in verschiedenen
negativen und positiven Druckverfahren. Da sich Catharina Linck
später erfolgreich als Schönfärber und Kattundrucker ausgab, muss
sie sich einiges von dieser Kunst angeeignet haben.

Dennoch war sie auch bei dem zweiten Handwerksbetrieb in
Halle nicht zufrieden – oder mit sich, ihrem Leben und ihren Aus-
sichten. Vermutlich im Frühjahr 1703[3] schnürte sie leichtes Ge-
päck – viel mehr dürfte sie auch kaum besessen haben – und begab
sich auf ihre erste eigenständige Reise. Die bald Sechzehnjährige
wanderte ohne Begleitung nach Calbe, einem kleinen Städtchen
an der Saale wenige Kilometer vor ihrer Einmündung in die Elbe.
Für die 55 Kilometer brauchte sie zu Fuß etwa zwei Tage; sollte sie
immer an der Saale flussabwärts gegangen sein, nahm sie zwischendurch vielleicht auch ein Fischer in seinem Kahn mit. Sie wird fast
kein Geld gehabt und in einer Scheune oder unter freiem Himmel
geschlafen haben.

Catharina Margaretha Linck zog es nach Calbe, weil sie dort Freunde hatte, wie sie später in ihrem Gerichtsprozess angab. Lebte dort eine ehemalige Klassenkameradin? Oder Bekannte oder Verwandte ihrer Mutter aus ihrer Schönebecker Zeit? Calbe liegt nur zwölf Kilometer von Schönebeck entfernt. Hier, am neuen Ort, wo man sie allgemein nicht kannte, wo sie aber Unterstützung fand, vollzog Catharina Linck die große, entscheidende Veränderung in ihrem Leben: Sie zog Männerkleider an.

Vor Gericht nannte sie zwei Gründe für ihren Kleidertausch: Zum einen habe sie keusch leben wollen, zum anderen hätten das »ja mehr WeibsLeuthe gethan«.[4] Der erste Grund brachte wahrscheinlich schon den Untersuchungsrichter zum Lachen: Hätte sie ein keusches Leben führen wollen, wäre sie besser brav im Waisenhaus geblieben. Oder bedrängte sie jemand in der Handwerkerfamilie? Der zweite Grund, den sie anführte, war eine korrekte Beobachtung. Tatsächlich gab es von der Antike bis zum 20. Jahrhundert viele Frauen, die sich als Männer ausgaben.[5] Rudolf Dekker und Lotte van de Pol untersuchten 120 historische Fälle vor allem aus den Niederlanden und kommen in ihrer Studie *Frauen in Männerkleidern. Weibliche Transvestiten und ihre Geschichte* (1990) zu dem Ergebnis, »daß als Frauen verkleidete Männer in der frühen Neuzeit keine kuriosen Einzelfälle waren«:[6] Sie fuhren zur See wie Anne Mills oder Maritgen Jans, dienten wie Geneviève Prémoy, Maria van Antwerpen oder Antoinette Berg als Soldat oder wurden Piraten wie Anne Bonny oder Mary Read. Die meisten der bislang bekannten Fälle stammen aus dem 17. bis 19. Jahrhundert, doch stellte sich auch schon 1188 beim Tod des jungen Novizen Joseph im Kloster Schönau bei Heidelberg heraus, dass er eine Frau gewesen war, die daraufhin Hildegund von Schönau genannt wurde.[7] Im 20. Jahrhundert schaffte es Valerie Arkell-Smith (1895–1960) als Victor Barker zum englischen Offizier,[8] und im Ersten Weltkrieg kämpften zahlreiche Frauen als Soldaten in der russischen Armee.[9]

Zur Kenntnis der Zeitgenossen wie der Nachwelt gelangten die Frauen in Männerkleidern nur, wenn etwas schiefging, wenn sie aufflogen oder unfreiwillig enttarnt wurden. Von daher darf man annehmen, dass die Dunkelziffer noch viel höher ist. Vielleicht gehörte zu Catharina Lincks Freunden in Calbe genau so ein ›Mann‹. Fast alle der heute bekannten Frauen, die als Männer lebten, stammten wie Catharina Linck aus der Unterschicht und versuchten, durch ihren Kleidertausch der Armut zu entkommen und sich die Hierarchie zwischen den Geschlechtern zunutze zu machen. Denn im Gegensatz zur Verwandlung vom Mann zur Frau[10] bedeutet die Verwandlung der Frau zum Mann immer sozialen Aufstieg.[11] Als Mann konnte eine Frau aus der Unterschicht nur gewinnen: Im frühen 18. Jahrhundert standen ihr mit einem Mal Berufsmöglichkeiten, Verdienstquellen, Freiheiten und Rechte offen, von denen sie vorher nur träumen konnte.[12] Weitere Gründe für den Kleidertausch scheinen Reiselust und Neugier auf die Welt gewesen zu sein, aber auch Flucht vor unerträglichen Lebensumständen, Beziehungen, Abhängigkeiten. Die erotischen Gründe für den Kleidertausch reichten vom Wunsch, einen geliebten Mann als Soldat ins Feld zu begleiten, über den Versuch, sich durch die männliche Verkleidung einer arrangierten Eheschließung zu entziehen, bis hin zu der Absicht, Frauen zu verführen oder eine Frau zu heiraten und mit ihr zusammenzuleben.

Catharina Linck vollzog mit ihrer Reise nach Calbe und dem Kleiderwechsel einen radikalen Bruch mit ihrem früheren Leben. Vermutlich erfüllte sie sich damit einen lange gehegten Wunsch. Bereits im Waisenhaus können ihr die großen Unterschiede in der Erziehung der Jungen und Mädchen bitter aufgestoßen sein. Begabte Waisenjungen durften in die Lateinschule gehen, durften physikalische Experimente machen und im Musikunterricht den Generalbass lernen – Mädchen nicht. Beim Wagner und beim Knopfmacher und Kattundrucker in Halle wollte Catharina Margaretha lieber das Handwerk erlernen und nicht nur als Magd schuften. Warum also nicht ihr Glück als Mann versuchen? Aufsässig war sie, das hatte schon ihre Flucht aus dem Waisenhaus gezeigt, mutig auch, und von Regeln und Vorschriften hatte sie nach dem restriktiven Leben im Waisenhaus genug. Vermutlich zog sie mit ihrem Kleidertausch die Konsequenz aus einem ganzen Potpourri von Erfahrungen und Motivationen.

Wie ihr weiterer Lebensweg zeigt, hatte sie die körperlichen Voraussetzungen dafür, als Mann durchzugehen. Der preußische General Friedrich Wilhelm von Grumbkow beschrieb sie ein paar Jahre später als »fort bien faite«, also als sehr gut gebaut. Sie war groß und kräftig, besaß eine robuste Natur, Schauspieltalent und einen verlässlichen Körper – alles andere erledigten die Kleider, die Sein, Stand und Geschlecht bestimmten. Für verschiedene Berufe, aber auch etwa für Juden galten strikte Kleidervorschriften und so auch für Männer und Frauen. Catharina Linck musste untenrum ihren Rock mit einer Kniehose vertauschen, obenrum jedoch in einen anderen *Rock* schlüpfen – in die männliche Oberbekleidung, aus der sich die heutige Anzugsjacke entwickelte. Danach hielt sie jeder, der ihr begegnete, für einen jungen, noch zarten Mann. Sicherheitshalber wird sie sich mit einem Streifen Stoff die Brüste abgebunden haben. Ihren Zopf musste sie nur auf Schulterlänge abschneiden und lösen, denn auch Männer trugen zu der Zeit die Haare beträchtlich lang – August Hermann Francke etwa trug die Haare wie ein Hippie ante verbum. Ein kräftiger Fluch und ein paar derbe Obszönitäten mochten die etwas hellere Stimme und den fehlenden Bart überspielen – wenn ihr nicht sogar ein paar Haare im Gesicht sprossen, schließlich ist und war der Damenbart verbreiteter, als ihn die Mode zulässt. Laut Grumbkow hatte Catharina Margaretha Linck »un beau visage«;[13] ihr schönes Gesicht war demnach nicht von Blattern entstellt wie bei so vielen ihrer Zeitgenossen. Man darf also annehmen, dass sie gut aussah und

als Mann vielleicht sogar besonders attraktiv wirkte. Um restlos zu
überzeugen, mag sie sich schon damals ein Horn in die Hose gesteckt haben, in dessen Spitze sie ein Loch gebohrt hatte; später
war das Halberstädter Stadtgericht sehr erstaunt über ihre Fähig-
keit, im Stehen zu pinkeln. Viele Frauen, die als Männer lebten, be-
herrschten dieses Kunststück.[14]

Catharina Margaretha Linck wusste, dass sie als Mann nicht
wieder in ihre alte Umgebung zurückkehren konnte. Auch heute
kollidiert der ernsthafte Geschlechterwechsel heftig mit den Er-
wartungen der Umwelt. Um 1700 war er – hochadelige Kreise aus-
genommen, für die andere Regeln galten – undenkbar. Catharina
Lincks Entschluss, als Mann aufzutreten, ging daher die Entscheidung voraus, mit ihrem alten Leben zu brechen, mit den Leuten
im Waisenhaus und mit dem Knopfmacher und Kattundrucker.
Sie – er – brauchte in der neuen Existenz einen neuen Broterwerb,
einen neuen Platz, eine neue Gemeinschaft.

*Jehovah Almajo Almejo«:
Unterwegs als Prophet (1703-1704)

Von Calbe kehrte Catharina Linck incognito nach Halle zurück. In die Stadt selbst traute sie sich jedoch mit ihrem neuen Erscheinungsbild nicht – zu groß wäre die Gefahr gewesen, von Freundinnen und Bekannten, denen ihr Gesicht vertraut war, erkannt zu werden. Sie begab sich auf den sogenannten Strohhof, damals noch eine Insel in der Saale direkt bei Halle und Glaucha.[1] Ursprünglich wurden hier die Strohvorräte für die Salzsieder gelagert. Mittlerweile lebte hier der Henker, und in »Schenken niedrigster Art«[2] konnte man nicht nur Alkohol kaufen. Immer wieder wurden auf der verrufenen Insel Morde begangen. Vom Strohhof konnte Catharina Linck nach Glaucha hinübersehen, wo sie vor nicht allzu langer Zeit auf der anderen Seite der Saale brav in Gottesdienst und Betstunde gegangen war. In ihren Männerkleidern muss ihr diese Erinnerung buchstäblich wie aus einem anderen Leben vorgekommen sein. Hier auf dem Strohhof lernte sie die Leute kennen, mit denen sie in den nächsten Jahren durch halb Deutschland ziehen sollte: eine radikalpictistische Täufergruppe, deren Mitglieder in ekstatischen Zuständen das Wort Gottes empfingen.

Während sich gemäßigte Pietisten wie Spener oder Francke als kircheninterne Kritiker verstanden, gingen die radikalpietistischen Splittergruppen[3] einen Schritt weiter: Sie lehnten die Kirche kurzerhand ab. Christus real zu erleben sei in der lutherischen Amtskirche mit ihrem ›toten‹ Gebrauch der Sakramente unmöglich.

Die Institutionalisierung des Glaubens durch die Kirche habe das Christentum von sich selbst entfremdet; im Anschluss an Gottfried Arnolds (1666-1714) Schriften orientierte man sich an frühchristlichen Gemeinschaften ohne klerikale Hierarchie, ohne Dogmenund Regelzwang sowie ohne kirchliches Gebäude. Stark beeinflusst wurden die deutschen radikalpietistischen Gruppen von der mystischen Bewegung in England, wo Jane Leade die *Philadelphian Society* gegründet hatte.

Zum Jahrhundertwechsel 1699/1700 erwarteten viele Radikalpietisten den Anbruch des Tausendjährigen Reichs. In ihren Hochburgen in Berleburg in der Grafschaft Wittgenstein und Laubach in der Wetterau nordöstlich von Frankfurt verfielen manche in geradezu apokalyptischen Taumel. Prediger wie Ernst Christoph Hochmann von Hochenau (1660-1721) wanderten in religiöser Erregung durch die Lande und auch immer wieder in die Gefängnisse, um Christen und Juden aufzuschrecken, zur Buße und zu einem gottgefälligen Lebenswandel zu ermahnen; »fast als ein Trunckener«[4] kam er August Hermann Francke vor. Zu diesen Wanderpredigern zählten auch verschiedene Handwerkergesellen, die zu Beginn des 18. Jahrhunderts als Propheten und Visionäre Gottes Worte im Zustand körperlicher Verzückung empfingen. Ob Gott sich nur in biblischer Zeit ausgewählter ›Werkzeuge‹ bedient hatte oder auch später noch, war unter Theologen umstritten.

August Hermann Francke hielt es für möglich, dass Gott sich auch in der Gegenwart offenbare. 1691 ließ er sich von seinem Freund Andreas Achilles, Prediger am Heilig-Geist-Hospital in Halberstadt, genau über die ekstatischen Eingebungen zweier junger unverheirateter Frauen unterrichten.[5] Als seine Briefe an Achilles entwendet und unter seinem Namen publiziert wurden, schien er öffentlich für die ›begeisterten Mägde‹ Catharina Reinecke und Anna Margaretha Jahn einzutreten. Francke widersprach in einer Streitschrift, die weiteres Aufsehen erregte, zumal die Ereignisse

in Halberstadt eskalierten; wenige Tage nachdem Pastor Johann
Christoph Wurtzler Anna Margaretha Jahn vom Abendmahl ausgeschlossen hatte, verstarb er; in einer Vision bezeichnete Jahn seinen Tod als gerechte Strafe, kündigte allerdings an, sie werde ihn
wieder auferwecken und außerdem eine kranke Jüdin heilen. Die
Wunder blieben aus, der Skandal kochte hoch, und die lutherischen
Ministerien mussten mehrere theologische Fakultäten bitten, die
Vorgänge zu untersuchen. Francke und Spener wurden heftig kritisiert, Andreas Achilles des Landes verwiesen. Francke blieb dennoch an ekstatischen Geistererfahrungen interessiert, wie sich 1713
zeigte, als die ersten Inspirierten in Halle eintrafen. Seine Ehefrau
Anna Magdalena Francke (1670-1734) stand radikalpietistischen
Kreisen sogar besonders nahe (s. S. 80). Das geistige Milieu der
Gruppe, die Catharina Margaretha Linck 1703 auf dem Strohhof
kennenlernte, war dem hallischen Pietismus, wie sie ihm im Waisenhaus begegnet war, nicht völlig fremd.

Welcher Gruppe sie sich anschloss, ist unklar.[6] Es dürfte sich
um eine Handvoll Männer und Frauen gehandelt haben, die auf
dem Strohhof Leute zu Umkehr und Buße aufrufen wollten, die
sie ihrer Meinung nach besonders nötig hatten. Catharina Linck
wird sich als Orientierung suchender junger Mann präsentiert und
eine religiöse Versammlung der Gruppe besucht haben. Schon ihre
Abendmahlsfeier unterschied sich gänzlich von dem, was Catharina Linck kannte. Im gemeinsamen Gebet zeigte der Heilige Geist
an, wer den anderen nach Joh. 13, 5-11 die Füße waschen und zuerst
das Brot brechen sollte. Öfters wählte der Heilige Geist hierfür
cine Frau aus. Namentlich bekannt sind aus der Gruppe Eva Lange und eine Jungfer Elisabeth. Dass Frauen in allen radikalpietistischen Gruppen eine große Rolle spielten – im Gegensatz zur
lutherischen Amtskirche damals –, wird Catharina Linck beein-
druckt haben, auch wenn sie selbst Hosen tragen wollte. Der oder
die Auserwählte reichte mit den liturgischen Worten der Abend-

mahlsfeier nur dem oder der Nächstsitzenden ungesäuertes Brot
und Wein. Wer empfangen hatte, spendete die Sakramente wiederum dem Nächsten, und so reihum. Das solcherart demokratisch
ausgeteilte Abendmahl machte ernst mit dem Satz, vor Gott seien
alle Menschen gleich. Tatsächlich kamen Radikalpietisten aus allen Bevölkerungsschichten und ebneten die Standesunterschiede zwischen sich tendenziell ein. Auch das wird Catharina Linck
stark angesprochen haben. Weder beim Abendmahl benötigte die
Gruppe einen Pfarrer noch bei der Beichte, die damals auch unter
Protestanten noch als persönliches Gespräch mit dem Pastor üblich
war. Die Radikalpietisten hingegen beichteten nur Gott allein und
legten sich für ihre Sünden selbst die Buße auf; verordneten sie sich
Fasten, entsprach die christliche Reue nur allzu oft der Notwendig-
keit, denn die Gruppe lebte von Almosen.

Auch Jakob Böhmes (1575-1624) mystische Sophien-Lehre, die
in radikalpietistischen Gemeinden stark rezipiert wurde, könnte Catharina Linck fasziniert haben. Danach wurde der Mensch
androgyn erschaffen; erst durch den Sündenfall verlor der Mann
seine Weiblichkeit. Als die Jungfrau Maria jedoch den Gottessohn
empfing, wurden die männlichen und weiblichen Elemente wieder vereinigt, und der Mensch (Mann) konnte fortan in der Ver-
schmelzung mit der himmlischen Weisheit (der weiblich gedach-
ten Sophia) geistig wiedergeboren werden, d.h. zur androgynen
Ganzheitlichkeit gelangen.[7] Dass Böhmes patriarchaltheologische
Gedankenfigur nur für Männer aufgeht, muss Catharina Linck
nicht gestört haben. Wollte sie nicht auch Mann-Sein und Frau-
Sein miteinander verbinden und so zu einer neuen Existenz finden?

Als die Gruppe den Strohhof verließ, entschied sie sich, mitzukommen. Heimlich verabschiedete sie sich von ihrer Mutter und
zog zusammen mit ihren neuen Gefährten von Halle zunächst ost-
wärts nach Sora bei Bautzen und weiter nach »Sechsstädten«, d.h.
in das Gebiet des Oberlausitzer Städtebundes (Görlitz, Bautzen,

Kamenz, Zittau, Löbau und Lauban). Vom Wanderleben mag sie
sich Vorteile versprochen haben: Beim Herumziehen von Ort zu
Ort hatten die Leute weniger Zeit und Gelegenheit, ihr auf die
Schliche zu kommen. Doch wie war es innerhalb der Gruppe?
Schlief der junge Mann in Kleidern? Wusch er sich abseits? Wie
reinigte sie unbemerkt von den anderen ihre blutigen Lappen, wenn
sie menstruierte? Oder – waren die anderen im Bilde, tolerierten
oder begrüßten gar dieses besondere Geschöpf Gottes?

Vom heutigen östlichsten Zipfel Deutschlands zog die Gruppe
in südwestliche Richtung weiter, vermutlich durch Böhmen und
an Prag vorbei nach Nürnberg. Seit Halle war sie rund 750 Kilometer zu Fuß gegangen. In der Freien Reichsstadt fanden Radikalpietisten einige Unterstützer und viele Gegner. Der Wanderpredi-
ger Johann Georg Rosenbach (1678-1747) wurde 1703 zehn Tage in
den Turm geworfen;[8] 1707 erlitt der bereits erwähnte Ernst Christoph Hochmann von Hochenau dasselbe Schicksal, nachdem er
vor zweihundert Leuten gepredigt hatte. Auch der Nürnberger
Perückenmacher und prophetische Visionär Johann Tennhardt
(1661-1720) wurde verhaftet.[9] Solche Strafen schreckten radikalpietistische Bußprediger jedoch nicht ab – was war ein irdisches Gefängnis gegen ewige Höllenqual? Und so versammelte auch Lincks
Gemeinschaft außerhalb der Nürnberger Stadttore am Ufer der
Pegnitz eine große Zahl Menschen, und zwar zur Taufe des jungen
Mannes, der sich in Halle der Gruppe angeschlossen hatte.[10]

Die Täuferbewegung hatte 1525 in Zürich ihren Anfang genommen und sich schnell verbreitet. Täufer meinten, die christliche Taufe solle der freiwillige Akt eines sich seiner Handlung be-
wussten Erwachsenen sein und deshalb nicht an Neugeborenen
automatisch vollzogen werden; schließlich habe sich Jesus selbst
als Erwachsener taufen lassen. Durch ihre gewalttätige Herrschaft
in Münster 1534/35 kamen sie in Misskredit, doch gab es auch Ende
des 17. Jahrhunderts noch viele verschiedene Täufergruppen, die

teilweise sehr strenggläubige Gemeinschaften bildeten – wobei die Glaubenssätze sehr unkonventionell sein konnten, wie Catharina Lincks Taufe zeigt.

Zunächst sang die Gemeinschaft der Gläubigen unter offenem Himmel Lieder und betete, von der bereits erwähnten Eva Lange zur Buße ermahnt. Daraufhin ging sie zusammen mit dem Täufling, der wahrscheinlich ein langes weißes Hemd trug, die Brüste darunter mit Stoffbahnen abgebunden, ein paar Schritte ins Wasser. Drei Mal tauchte Eva ihn vollständig unter und taufte ihn im Namen von »Jehova Almajo Almejo« auf die Namen Anastasius Lagrantinus Rosenstengel.[11] So erhob sich Catharina Margaretha Linck aus dem Wasser der Pegnitz als – Mann. Eva Lange gab dem Neugetauften einen zusammengerollten Zettel, der vermutlich mit biblischen oder magischen Sprüchen beschrieben war. Nachdem Rosenstengel den Zettel wie geheißen geschluckt hatte, legte ihm Eva Lange segnend die gekreuzten Hände auf den Kopf und wiederholte die Worte »Jehova Almajo Almejo«. Mit diesem Hokuspokus – die Zauberformel soll ja ebenfalls eine Verballhornung sein, von »hoc est corpus meum« bei der Wandlung – war die Taufe abgeschlossen.

Der neue Name Catharina Margaretha Lincks ist zu ausgefallen und zu ironisch hintergründig, als dass er zufällig oder spontan gewählt worden sein könnte. Linck muss allein oder mit Vertrauten ausführlich darüber nachgedacht haben, wie sie in ihrer neuen Identität als Mann heißen wollte. »Anastasius«, der »Auferstandene«, mochte auf die religiöse Wiedergeburt durch die Erwachsenentaufe zielen; für sich selbst verstand Linck »Anastasius« sicherlich auch als die Auferstehung des Mannes, der sie von nun an sein wollte. Bedenkt man ihren später nachgewiesenen Lederdildo, lachte sie vielleicht auch heimlich über die Nebenbedeutung des Auferstehens – zumal ihr neuer Nachname sowohl ihr Sein als auch ihr Begehren umschrieb: Als »Rosenstengel« war sie sowohl die weibliche Rose wie der männliche Stängel. »Lagrantinus« schließlich ist eine völlig freie Erfindung; es gab diesen Namen nicht. Hieß ihr hugenottischer Lehrmeister vielleicht Le Grand, und Catharina Linck modelte ihn weiblich/männlich (›La-‹… ›-us‹) um? Oder schuf sie bewusst einen Kunstnamen, um ihre künstliche, d.h. selbst geschaffene Identität zu betonen? Alle drei Namen zusammen offenbaren nicht zuletzt Humor und Selbstironie.

Um sprachlich keine Vorentscheidung über ihre oder seine fragliche Identität zu treffen, will ich fortan von Catharina Linck sprechen, wenn sie für ihre Umwelt eine Frau war, und von Anastasius Rosenstengel, wenn er für einen Mann gehalten wurde. Ungereimtheiten werden sich dennoch einstellen, allein schon deshalb, weil Catharina Linck später in den Gerichtsprotokollen als Frau ihr früheres Leben als Mann reflektierte. Doch vielleicht führen ja gerade Uneindeutigkeiten näher an die Person heran.

Die Taufe in der Pegnitz galt als Voraussetzung dafür, den Heiligen Geist empfangen und wie die Jünger zu Pfingsten in Zungen sprechen zu können. Der Zettel, den Rosenstengel hatte schlucken müssen, erinnert an das Büchlein von der Hand des Engels, das Johannes für weitere Offenbarungen verschlingen muss (Offb 10,9-11). Anastasius Rosenstengel hatte ein besonderes Verhältnis zum Heiligen Geist, war er doch am Pfingstsonntag geboren und Pfingstmontag zum ersten Mal getauft worden. Pünktlich noch am Tag seiner Erwachsenentaufe verfiel er in eine religiöse Verzückung. In einer kleineren Versammlung, die innerhalb der Stadt stattfand, vermutlich in einer Privatwohnung, kam der Geist nach Gebeten und Gesängen weiß wie ein Schleier über ihn. Rosenstengel fing an zu toben, wälzte sich mit Schaum vor dem Mund auf der Erde und schlug mit dem Kopf gegen die Wand, bis er schließlich in eine ruhige Trance trat und eine sogenannte ›Aussprache‹ hatte, in der er Gottes Wort offenbarte. Leider ist nicht überliefert, was er genau sagte. Solche körperlichen Verzückungen waren um 1700 keine Seltenheit; die Quäker (engl. »to quake«, »zittern«) hatten ein paar Jahrzehnte zuvor sogar ihren Namen von den Zuckungen erhalten, mit denen sie auf das innere Licht, also Gottes Offenbarung, reagierten. Der demokratische Charakter der radikalpietistischen Bewegung zeigte sich auch darin, dass niedrigstehenden Personen, Mägden und Handwerksgesellen, solche Offenbarungen zugetraut und ihre Aussprachen protokolliert und als Wort Gottes geehrt wurden.

War Rosenstengels Aussprache echt? Autosuggestion könnte eine Rolle gespielt haben, der sehnliche Wunsch, ein Werkzeug Gottes zu sein. Vielleicht half aber auch ein »Quackerpulver«[12] nach, also eine Droge, die psychedelische Visionen hervorrief. Oder war die Aussprache kühle Berechnung: Als Mann und als Medium Gottes erhielt Anastasius Rosenstengel ein soziales Prestige, von dem Catharina Linck nur träumen konnte.

In der Folge ließ sich Rosenstengel vom Heiligen Geist allerdings zu äußerst unglücklichen Prophezeiungen verleiten. Noch in Nürnberg befahl er Jungfer Elisabeth in einer Aussprache, sie solle vierzig Tage und Nächte fasten. Angesichts dieser erschreckenden Diät verfiel der Gefährte der Jungfer ebenfalls in Trance und widersprach Rosenstengel, da Elisabeth ein so langes Fasten nicht aushalten könne. Dieses geistliche Kräftemessen scheint Rosenstengel zu einer besonderen Aussprache provoziert zu haben: Er prophezeite einem reichen Nürnberger Kaufmann, er könne wie Jesus über das Wasser gehen. Am nächsten Tag wurde die Probe aufs Exempel gemacht: Zusammen mit dem Kaufmann ging Rosenstengels Gruppe zur Pegnitz, von vielen Neugierigen und Gaffern begleitet. Nachdem sie gebetet und gesungen hatten, nahmen zwei Mitglieder der Sekte den Kaufmann, der nicht schwimmen konnte, in die Mitte und führten ihn ans Ufer. Nun geschah, was abzusehen war: Statt übers Wasser zu schreiten, fiel der Kaufmann hinein. Unter dem Gelächter der Schaulustigen zogen ihn die Radikalpietisten aus dem Fluss. Dann war Schluss mit lustig: Der Kaufmann wäre beinahe ertrunken – wie konnte Anastasius Rosenstengel ihn überhaupt ins Wasser schicken? Bibelfest verteidigte er sich, der Kaufmann sei untergegangen, weil er wie Petrus in derselben Situation auf dem See Genezareth gezweifelt und nicht den rechten Glauben gehabt habe. Den Rat der Stadt überzeugte diese Argumentation nicht: Die Sekte wurde ausgewiesen. Die Nürnberger warfen Rosenstengel, Eva Lange und den anderen Steine und Kot hinterher.[13]

Hatte Anastasius Rosenstengel Gottes guten Willen grotesk herausgefordert – oder den gesunden Menschenverstand? Dem Kaufmann zu prophezeien, er könne über das Wasser gehen, war viel zu gewagt, als dass rationale Überlegungen hierbei noch eine Rolle gespielt haben können. Rosenstengel war alles andere als dumm; allein der Umstand, dass er mehr als fünfzehn Jahre erfolgreich als Mann durchging und sich aus den brenzligsten Situationen zu retten verstand, bezeugt wache Intelligenz und einen ausgeprägten Sinn fürs Realistische. Seine gewagte Prophezeiung wirkt daher nicht wie einfältige Berechnung, die sich selbst ein Bein stellt, oder Größenwahn. Ihn brachte wahrscheinlich wahrer Glaube, dem rational nicht beizukommen war, in diese Bedrängnis. Wenn nun einmal Gott aus ihm sprach, der Kaufmann könne übers Wasser gehen?

Aus Nürnberg verjagt, zog Rosenstengels Gruppe Richtung Nordwesten weiter. Ob sie tatsächlich die radikalpietistischen Hochburgen, die Wetterau und die Grafschaft Wittgenstein, aufgesucht hat, wie später die verleumdende Broschüre über die *Land- und Leute-Betrügerin* behauptete, ist fraglich. Köln wurde für Rosenstengel die letzte Station seiner Tätigkeit als Prophet. Die Freie Reichsstadt war im Mittelalter die größte und reichste Stadt nördlich der Alpen gewesen; als Rosenstengel ihre Mauern betrat, war sie jedoch nur noch ein Schatten ihrer selbst, obwohl

mit 40 000 Einwohnern immer noch drittgrößte Stadt im Reich.
Der mittelalterliche Baukran, der seit Jahrhunderten unbenutzt auf
dem Turmstumpf des Doms stand, von dem nur der Chor fertig-
gestellt war, zeugte von der vergangenen Herrlichkeit. Dass sich die
Gruppe in das ›Hillije Kölle‹ wagte, zeigt ihr Sendungsbewusstsein
und ihre Streitbereitschaft, denn die wenigen Protestanten hatten
in der katholischen Bastion keinen leichten Stand. Nur auf Druck
einquartierter Truppen aus Brandenburg, Hessen und den Niederlanden durften 1701-1715 reformierte und lutherische Gottesdienste
öffentlich gefeiert werden; Köln diente dem Heiligen Römischen
Reich Deutscher Nation im Spanischen Erbfolgekrieg als wichtiger
Stützpunkt gegen Frankreich, das in die Rheinlande einmarschiert
war, quasi auf Einladung des kurkölnischen Erzbischofs, der bei
dieser Gelegenheit die Stadt wieder seinem Territorium einverlei-
ben wollte; Köln rettete sich, indem es die vornehmlich protestantischen Truppen des Reichs in seine Mauern ließ. Doch blieben die
1697 vom Rat der Stadt beschlossenen Schikanen gegenüber Protestanten in Kraft, denen die Bürgerrechte verwehrt und deren Gemeinden nicht anerkannt wurden.

Und so fand das religiöse Leben der drei reformierten und der
äußerst kleinen lutherische Gemeinde in Köln um 1700 im Geheimen statt.[14] Letztere hatte engen Kontakt zu Spener gehabt, darf
also als pietistisch aufgeschlossen gelten. Vermutlich hielt Rosenstengels Gruppe Versammlungen bei einem Mitglied zu Hause ab.
Hier soll es noch einmal zu einer Unstimmigkeit wegen eines Be-
fehls zum Fasten gekommen sein, den Anastasius Rosenstengel in
Trance erteilte. Und noch einmal sprach der Geist durch ihn, ein
Kaufmann unter ihnen könne über das Wasser gehen – mit denselben fatalen Folgen. Die dementsprechenden Passagen sind in der
Gerichtsakte jedoch sehr wirr niedergeschrieben, so dass Zweifel
bestehen, inwiefern sich tatsächlich alle Ereignisse aus Nürnberg in
Köln wiederholt haben.[15] Legten ihm seine Brüder und Schwestern

im Geiste den Abschied nun nahe, weil seine unsäglichen Prophezeiungen die gemeinsame Sache diskreditierten? Wie konnte Gott
zweimal so sehr irren? Oder wurde ruchbar, dass er nicht als Mann
geboren worden war?

Fest steht nur, dass Anastasius Rosenstengel die Gruppe flucht-
artig verließ.[16] Er begab sich auf eine drei Tage und Nächte dauern-
de Flucht durch einen großen Wald, wohl den heutigen Königs-
forst bzw. das Bergische Land jenseits des Rheins. Völlig mittellos
irrte er ohne Essen und Trinken umher und fühlte sich von einem
schwarzen Geist in Gestalt eines Mannes verfolgt. Immer wieder
versprach ihm dieser Teufel Geld genug für zwanzig Jahre – wenn
er danach ihm gehöre. Rosenstengel gelangte schließlich ins Sauerland, wo er sich bei einem Bauern als Knecht verdingte und die
Schweine hütete. Auch hier verfolgte ihn der Teufel und schlug
ihm den faustischen Pakt vor. Zugleich buhlte in Rosenstengels
wahnhafter Vorstellungswelt jedoch auch ein weißer Geist um ihn,
ebenjener, dem er die Aussprachen verdankte. Der weiße Geist
drängte ihn, Gott treu zu bleiben und sich der radikalpietistischen
Gruppe wieder anzuschließen. Auch mit Panikattacken und Hal-
luzinationen hatte Anastasius Rosenstengel in diesen Wochen und
Monaten zu kämpfen. Einmal kam ihm ein kleines Gewässer un-
überwindlich groß vor, ein anderes Mal fühlte er sich von einer
ganzen Kompanie Reiter verfolgt.

All diese Details erzählte Catharina Linck später dem Untersuchungsrichter. Dass sie ihm einen Bären aufband, ist unwahrscheinlich. Magie und Zauberei, gute und böse Geister gehörten
noch zur Vorstellungswelt der meisten Menschen. Rosenstengels
beängstigende Visionen im Sauerland mögen die Kehrseite seiner
Weissagungen bei den Radikalpietisten gewesen sein, mit denen er
nicht nur aus Abenteuerlust zwei Jahre verbracht hatte. Im Waisenhaus war Catharina Linck dazu erzogen worden, ihr gesam-
tes Leben auf ihr Seelenheil hin auszurichten. Auch wenn ihr das

strenge Reglement dort nicht gefallen und sie es in Halle nicht länger ausgehalten hatte, so war sie doch von ihrer Erziehung geprägt und – wie viele ihrer Zeit – überzeugt, Gott suchen zu müssen. Anastasius Rosenstengel hatte sich auf dem richtigen Pfad gewähnt, doch seine Ausrutscher bei den Prophezeiungen stellten alles in Frage. Als der Bauer den fremden Knecht im Spätherbst 1704, kurz vor dem ersten Schnee, nicht mehr gebrauchen konnte, wusste Rosenstengel nicht weiter und kehrte nach Hause zurück.

»Als Mousquetier gegangen«:
Bei den Soldaten (1705-1712)

Als Anastasius Rosenstengel zu Fuß die etwa 350 Kilometer
vom Sauerland nach Halle wanderte, wird er nicht nur darüber nachgedacht haben, was er seiner Mutter und den Leuten
im Waisenhaus von seinen zwei Jahren als Prophet erzählen wollte
und konnte. Er wird sich auch darauf vorbereitet haben, zu Hause
wieder als Frau aufzutreten. Hunger und Armut plagten ihn in dieser Zeit mehr als der Wunsch, als Mann zu leben; für den Moment
zumindest boten ihm die Männerkleider keinen Vorteil. Dass er
zu Hause durchsetzen konnte, als Mann zu gelten, kann er nicht
erhofft haben.

Wie Catharina Linck in Halle aufgenommen wurde und was
sie tat, ist nicht bekannt. Magdalena Linck arbeitete immer noch
in Franckes Anstalten und dürfte ihre siebzehnjährige Tochter zunächst bei sich aufgenommen und durchgefüttert haben. Vielleicht
versuchte die Heimkehrerin, Arbeit in ihrem alten Beruf zu finden,
als Knopfmacherin oder Kattundruckerin. Was auch immer sie an-
stellte, es scheint ihr nicht geglückt zu sein bzw. nicht gefallen zu
haben. Schon im Frühling 1705 entschloss sie sich zu einer neuen
Wendung in ihrem Leben: Erneut verschwand sie aus Halle, zog
wieder ihre Männerkleider an und wurde nun – Soldat.

In diesen Jahren trat der Spanische Erbfolgekrieg (1701-1714)
in eine erbitterte Phase; in ganz Europa wurden Truppen ausgehoben. Der kinderlose spanische König Karl II. (1661-1700) hatte

Philipp V. von Anjou, den jüngsten Enkel Louis' XIV., als seinen Erben bestimmt, so dass ganz Westeuropa unter französische Kontrolle zu geraten drohte. Gegen diese Entwicklung verbündeten sich u. a. England, die Niederlande und Österreich. Der Kurfürst von Brandenburg nutzte die Situation für die Rangerhöhung seiner Person, seiner Dynastie und seines Landes: Er unterstützte die Allianz mit 8000 Soldaten und wurde dafür 1701 vom Kaiser des Heiligen Römischen Reichs Deutscher Nation als König in Preußen anerkannt.

Auch in Halle und Umgebung wurden Truppen ausgehoben. Mit List oder roher Gewalt pressten die Soldatenwerber Bauernsöhne und Handwerksgesellen, Tagelöhner, Landstreicher, Bettler, Verbrecher und Zuchthäusler zum Fußvolk. Anastasius Lagrantinus Beuerlein oder auch Caspar Beuerlein, wie er sich nun nannte, unterschrieb hingegen freiwillig den Werbekontrakt. Wer sich ohne Zwang zu den Soldaten begab, musste seine eigenen Lebensumstände als geradezu unerträglich empfinden. Anastasius Beuerlein gewann durch seine Unterschrift wieder ein Leben als Mann und ein – überaus bescheidenes – Auskommen.[1] Außerdem sah er weiterhin etwas von der Welt, woran er schon bei seinem religiösen Wanderleben Geschmack gefunden hatte. Dass das Leben als einfacher Soldat äußerst hart war, dass er bereit zum Töten und Sterben sein musste, schreckte ihn offensichtlich nicht oder blendete er noch erfolgreich aus.

Anastasius Beuerlein begann 1705 bei den Truppen des zur Allianz gehörenden Kurfürstentums Hannover als Musketier, also als einfacher Soldat zu Fuß. Die Hannoveraner waren, wie alle übrigen Truppen, denen er sich in den folgenden Jahren anschloss, ein Subsidienregiment, d. h. ein bunt zusammengewürfeltes Söldnerheer, das für fremde Dienste vermietet wurde. Da sich die Uniformierung der Soldaten gerade durchgesetzt hatte, wurde Beuerlein als hannöverscher Musketier eingekleidet: Überm Hemd trug er ein bis zur Mitte der Oberschenkel reichendes, dunkles Kamisol aus Tuch, darüber einen roten Rock mit knielangen Schößen, Kniehosen, lange Wollstrümpfe mit Kniegurt, Schnallenschuhe sowie einen breitrandigen Filzhut und ein Halstuch. Um sich nicht zu verraten, verbarg Anastasius Beuerlein seine Brüste unter einem Stück Weißblech, das er sich um den Oberkörper band.[2] Gegenüber seinen Kameraden konnte er sagen, das Blech diene ihm zum Schutz im Gefecht. Sein wichtigster Ausrüstungsgegenstand als Musketier war das langläufige Gewehr. Wenige Jahre zuvor waren die schweren, großkalibrigen Musketen, von denen sich die Bezeichnung für die Soldaten ableitet, durch die etwas handlicheren Flinten ersetzt worden, die nicht länger mit der Lunte, sondern mittels Hahn und Feuerstein gezündet wurden. Auf dem Boden aufgesetzt, reichte sie dem Soldaten Beuerlein bis in Augenhöhe. Der neue Musketier lernte, die Flinte mittels Ladestock zu laden und sorgfältig zu pflegen, denn sie musste stets einsatzbereit sein. Das Bajonett wurde erst unmittelbar vor Kampfbeginn aufgesteckt. Beuerlein verwahrte es in einer Lederscheide neben seiner zweiten Nahkampfwaffe, dem 70 cm langen Haudegen, den er an einem Gürtel über dem Kamisol befestigte. An einem breiten ledernen Bandelier quer über der Brust hingen ein Pulverhorn und eine lederne Patronentasche mit 24 Schuss Munition sowie Pflegemitteln für die Flinte. Unterm breitkrempigen Hut trug Anastasius Beuerlein die Haare etwa pagenkopflang.

Seine Kompanie gehörte zum Lüneburger Regiment von Oberst Stallmeister und bestand aus etwa 125 Soldaten. Die technische Verbesserung der Gewehre verlangte eine neue Kampfordnung, die durch das Exerzieren eingeübt wurde. In der Schlacht sollten die Soldaten die Befehle der Offiziere schnell und problemlos ausführen und vor allem so oft wie möglich zum Schuss kommen. Absoluter Gehorsam war erste Pflicht, Verstöße gegen die strengen Regeln wurden vom Kompaniechef mit sofortiger kör-

Abb. 5: Preußischer Musketier um 1711

perlicher Züchtigung geahndet. Um nicht aufzufallen, wird sich Anastasius Beuerlein bemüht haben, alle Aufgaben sorgfältig zu erledigen.

Als der neue Musketier zu den hannöverschen Truppen stieß, lag das Lüneburger Regiment im kalten Frühling 1705 noch im Winterquartier; am 25. und 26. Mai fiel etwas weiter östlich noch »dicker Schnee«.³ Die Soldaten waren einzeln oder in kleinen Gruppen in Städten und Dörfern in privaten Häusern einquartiert. Die Hausleute mussten ihnen eine Schlafstelle gewähren, Licht und Wärme in der gemeinsamen Stube und außerdem Salz, Pfeffer und Essig. Je nach Umständen erhielt Anastasius Beuerlein Kostgeld, von dem er sich selbst ernährte, oder Naturalien; zuweilen war mit dem Wirt Verpflegung vereinbart. Dann bekam Beuerlein »täglich 2 Pfd. Roggenbrot, 1 Pfd. Fleisch oder ¾ Pfd. Speck wechselsweise, item eine Kanne Bier, nebst Gemüse, so gut der Wirt dieses letztere hat«.⁴ Sein Sold, der anteilig alle zehn Tage ausbezahlt wurde, betrug etwa zwei Reichstaler zuzüglich einem halben Reichstaler Kleidergeld. Für Schäden an der Uniform oder an der Flinte musste er selbst aufkommen. Ein einfacher Soldat wurde für seinen schweren Dienst lediglich vor dem Verhungern bewahrt. Verachtung gab's von Seiten der zivilen Bevölkerung wie auch der Vorgesetzten gratis dazu.

Krieg wurde nur in der wärmeren Jahreszeit geführt, wenn die Kavallerie- und Transportpferde im Feld genügend zu fressen fanden. Im Frühsommer 1705 erhielt das hannöversche Regiment den Marschbefehl für eine ›Campagne‹, also einen Feldzug gegen die Franzosen in den Niederlanden und in Brabant. Anastasius Beuerlein packte seine Ausrüstung, auch Hemden und Strümpfe zum Wechseln in einen Rucksack aus rauem Kalbsleder und setzte sich mit seinen Kameraden in Bewegung. Auf den langen Fußmärschen musste er nicht nur seine Siebensachen und das geschulterte Gewehr tragen, sondern auch Gegenstände des gemeinsamen Ge-

brauchs wie Kessel oder große Feldflaschen aus Blech. Er wurde
einer ›Zeltkameradschaft‹ zugeteilt, fünf oder sechs Mann, die am
Abend gemeinsam kochten und in einem Zelt schliefen. In solcher Enge musste Anastasius Beuerlein permanent auf der Hut
sein, um sich nicht als Frau zu verraten. Beim Waschen wird er sich
kaum je ausgezogen und gemeinsames Pinkeln wird er vermieden
haben.

Unterwegs wurde freies Brot gewährt, das aus sogenannten
›Backstädten‹ zur Truppe transportiert wurde. Dennoch waren die
Soldaten im Feld oft unterversorgt, wie ein Lied aus der Zeit weiß:

> Ich mag kein Soldat nicht sein,
> Denn sie tragen schwere Geschütze,
> Trinken oftmals aus der Pfütze,
> Tauchen schimmlig Brot darein.
> Ich mag kein Soldat nicht sein.[5]

Schlachten wurden hinausgezögert; waren sie nicht mehr zu ver-
meiden, formierte sich die Infanterie in drei langgezogenen Reihen.
Indem sich die Musketiere der vorderen Reihe hinknieten, die der
zweiten Reihe sich bückten und die der dritten Reihe aufrecht
standen, konnten alle frei zum Schuss kommen. Diese neue, der
einheitlichen Bewaffnung der Infanterie mit Gewehren geschul-
dete Kampfaufstellung führte im Spanischen Erbfolgekrieg zur
sogenannten Lineartaktik bzw. zu ›Parallelschlachten‹, bei denen
sich zwei mehrere Kilometer lange Linien von Musketieren feind-
lich gegenüberstanden. Auf 75 Meter Entfernung trafen mit den
Flinten 56 Prozent der Schützen ihr Ziel, auf 450 Meter noch
8 Prozent.[6] Hinter den Musketieren standen die Offiziere, die den
Marsch nach vorne befahlen und jeden niederschossen, der sich in
die entgegengesetzte Richtung absetzen wollte. 100 bis 150 Meter
hinter der ersten Musketierlinie stand eine zweite, manchmal noch

eine dritte. Kanonen des Feindes richteten in den eng gestellten Reihen der Infanterie katastrophale Verluste an.

Jedes Jahr im Oktober zogen sich die Truppen teilweise in ihre Stammlande zurück, teilweise quartierten sie sich in den großen Städten der Spanischen Niederlande wie Brüssel, Lüttich oder Löwen ein. Erst im Mai des darauffolgenden Jahres begann ein neuer Feldzug. Der Frühsommer 1706 war »so heiß und trocken, daß man auch durch grosse Flüsse zu Fuß gehen konnte«;[7] auf den langen Märschen vom Winterlager ins Kampfgebiet in Brabant im heutigen Belgien wird Anastasius Beuerlein große Strapazen ausgestanden haben. In seinem zweiten Jahr als Musketier verlief der Krieg für die Alliierten günstig, Frankreich wurde stark zurückgedrängt. Der Feldzug von 1707 brachte dagegen kaum eine Änderung der Kräfteverhältnisse.

Bei den hannöverschen Truppen lernte Anastasius Beuerlein das Soldatenhandwerk von allen Seiten kennen. Denn um ein richtiger Soldat zu sein, benutzte er nicht nur das Horn, durch das er stehend pinkeln konnte. »Sie habe ein von Leder gemachtes ausgestopfftes Männliches Glied, woran ein Beütel von Schweine Blasen gemacht«, und daran »zweÿ ausgestopffte von Leder gemachte testiculi gehänget«, gab Catharina Linck später in ihrem Gerichtsprozess zu Protokoll. Die gelernte Knopfmacherin und Kattundruckerin wusste offensichtlich mit ihren Händen umzugehen. Mit »einem ledern Riemen« band sie sich den Dildo samt Hoden um und ging nicht nur regelmäßig zu »unterschiedlichen Mädgens unter denen Soldaten«, also zu Prostituierten, sondern sie habe auch »unterschiedliche Wittwen caressiret, welche den ledernen penem befühlet, auch damit gespielet, und doch nicht erkandt«. Der Lederdildo war ein recht verbreiteter Gegenstand, den auch viele andere Frauen in Männerkleidern benutzten[8] – und sicher nicht nur sie. »Sie wäre manchmahl gantze Meilen« – eine preußische Meile maß damals über sieben Kilometer – »nach einem schönen Weibes

Menschen gelauffen, und alles was Sie erworben, hätte sie daran gewand. Öffters, wenn ein Weibesbild Sie nur im geringsten angegriffen, wäre Inquisita so brünstig geworden, daß Sie nicht gewust wo Sie bleiben sollen.« Und wenn dann im sexuellen Akt ihre »Liebe auf dem höchsten« war, habe »es ihr in den Adern, Arm und Beinen gekribbelt«.[9] Da Rosenstengel/Beuerlein nicht auf Prostituierte angewiesen war und keine Gewalt anwandte, zog er offensichtlich mit seinem glatten Gesicht und seiner guten Erziehung – welcher andere Soldat konnte lesen und schreiben und hatte im Franckeschen Waisenhaus Sitte und Anstand gelernt? – Frauen erotisch an. Ob wirklich jede ihrer Geliebten den ledernen Dildo nicht von einem Penis unterscheiden konnte, wie Linck in der Inquisition wohl auch zum Schutz dieser Frauen behauptete, mag dahingestellt sein. Vielleicht hielt Anastasius Beuerlein deshalb insgesamt ungeheure sieben Jahre beim Militär aus, weil er in zuvor nicht gekannter Freiheit seiner Lust auf Frauen nachgeben konnte.

Trotz dieser Annehmlichkeiten bedeutete Soldatsein vor allem die Bereitschaft zum Kampf und zum Tod. Als Beuerlein im Frühsommer 1708 ahnte, dass er und seine Kameraden bald als Kanonenfutter herhalten sollten, desertierte er im vierten Jahr seines Dienstes. Vermutlich ahnten die Soldaten, dass die große Schlacht bevorstand, die schließlich am 11. Juli 1708 bei Oudenaarde an der Schelde stattfand; obwohl die Alliierten gegen Frankreich gewannen, zählten sie im Anschluss 2790 Tote und Verwundete in ihren Reihen.[10] Zusammen mit zwei Kameraden verließ Anastasius Beuerlein Ende Mai 1708 heimlich die Kompanie. Doch mitten im Kampfgebiet des Krieges kamen die drei nicht weit, zumal sie sicher Schwierigkeiten hatten, arm, wie sie waren, ihre Uniform gegen eine Bauernhose und einen zivilen Rock zu tauschen. In der Nähe von Antwerpen wurden sie von den hannöverschen Truppen wieder eingefangen und zurück zu ihrem Regiment unweit von Löwen gebracht.

Anastasius Beuerlein wurde »in Ketten und Banden« gelegt, wartete also eingesperrt in einem Gefängnis mit scheuernden schweren Eisen an den Gelenken angstvoll auf das Urteil. Dass er seine Kompanie verlassen hatte, war alles andere als ungewöhnlich. In diesem Krieg desertierten so viele Soldaten, dass die preußische Regierung permanent Edikte gegen die Deserteure erlassen musste. Mal sollten sie sofort hingerichtet werden, mal sollten ihnen »nahse und oren abgeschnietten« und sie »ewig zum vestun[g]sarbeit condemnieret werden«,[11] wie Kronprinz Friedrich Wilhelm befahl. Oft genug mussten die scharfen Strafen wieder zurückgenommen und eine Pardonfrist eingeräumt werden,[12] weil man nur so hoffen konnte, einige der vielen entlaufenen Soldaten wieder zurückzubekommen. Anastasius Beuerlein und seine zwei Kameraden wurden jedoch Anfang Juni 1708 gemäß dem gerade geltenden Kriegsrecht zum Tod durch den Strang verurteilt. Zwischen Urteilsverkündung und Exekution verblieb dem Musketier Beuerlein nur wenig Zeit, um darüber nachzudenken, ob, und wenn ja, was hier noch zu tun war. Die Kompanie errichtete einen Galgen und führte die Hinzurichtenden zur Richtstatt. Vor dem aufgestellten Regiment wurde zunächst einer seiner Kameraden gehängt. Anastasius Beuerlein sollte der Nächste sein. Unmittelbar unterm Galgen hatte die 21 Jahre alte Catharina Linck nichts mehr zu verlieren: In letzter Minute gab sie sich preis. Beuerlein bat, noch ein letztes Wort mit dem Prediger reden zu dürfen. Der Wunsch wurde ihm gewährt. Unter vier Augen nahm Beuerlein dem Pfarrer zuerst das Versprechen ab, nicht zu verraten, was er gleich erfahren würde, und seine Hinrichtung nicht zu verhindern. Darauf erzählte der Delinquent dem Pfarrer, »dass er ein Mädchen sei, geboren in Halle in Sachsen«, und »von sehr anständigen Leuten stamme«.[13] Vermutlich blieb Catharina Linck nichts anderes übrig, als Beweise zu erbringen, indem sie diskret ihre Brüste entblößte. Der Pfarrer, so Linck weiter, solle bitte schön dafür sorgen, dass ihr Geschlecht nicht nach ihrem Tod aufffliege, damit ihre Eltern nie von ihrem skandalösen Lebenswandel als Mann und ihrem unehrenhaften Tod als Deserteur erführen. Catharina Linck pokerte hoch und gewann: Der Pfarrer hielt sie für eine ehrsame junge Frau und rettete ihr das Leben. Er brach sein Schweigeversprechen und meldete den Offizieren die ungewöhnliche Entwicklung, die der Fall des Musketiers Beuerlein genommen hatte. Die Herren werden sich kurz beraten haben und entschieden dann, Catharina Lincks Hinrichtung auszusetzen und den Fall zu untersuchen. Nachdem ihr wieder Fußeisen umgelegt worden waren, brachte man sie zurück ins Gefängnis.

Ihr mag das Herz noch stark geklopft haben, als sie erneut angeschmiedet dasaß und wartete, was über sie beschlossen würde. Ihre Selbstpreisgabe war ein Akt der Verzweiflung im Angesicht des Todes gewesen und dennoch genau kalkuliert. Sie hatte sich ausgerechnet, dass es ihr nur schaden konnte, sich früher zu erkennen zu geben; hätte sie etwa schon ihrem Gefangenenaufseher angezeigt, dass sie eine Frau war, wäre sie vielleicht vergewaltigt worden. Sie hatte gewusst, dass die Öffentlichkeit bei der Hinrichtung für sie Schutz bedeuten würde. Mit Nerven wie Drahtseilen hatte sie daher abgewartet, bis man ihr die Schlinge um den Hals legte, um das Gespräch mit dem Pfarrer zu führen, das man ihr als letzten Wunsch nicht hatte abschlagen können. Unsicher, ob ihr weibliches Geschlecht für eine Begnadigung ausreichen würde, legte sie sich die Lüge mit den hochanständigen Eltern zurecht, die sie geschont wissen wollte, und gab sich damit den Anschein größter Ehrbarkeit. Der Pfarrer merkte nicht, welchem durchtriebenen Luder er da aufsaß, und rettete sie scheinbar gegen ihren eigenen buß- und reuevollen Willen.

Der ungewöhnliche Vorfall machte schnell die Runde. Als das Heer der Alliierten am nächsten Tag weitermarschierte, ritt der bereits erwähnte preußische General Friedrich Wilhelm von

Grumbkow (1678-1739) eigens zu den hannöversch-lüneburgischen Truppen, um sich die enttarnte junge Frau anzusehen, die den Marsch mit schweren Fußketten bewältigen musste. Er fragte sie aus und schilderte ihren Fall am Ende des Berichts, den er wöchentlich an den preußischen König Friedrich I. (1657-1713) und den Kronprinzen Friedrich Wilhelm abgehen ließ. In Berlin wird man geschmunzelt haben bei seiner Pointe, Catharina Linck sei aus Franckes Waisenhaus weggelaufen, weil sie es als zu hart empfand, fünf bis sechs Stunden pro Tag zu Gott zu beten.[14]

Catharina Margaretha Linck dagegen hatte vorerst nichts zu lachen. Sie blieb inhaftiert, während die Militärrichter ihre Angaben überprüften. Man schrieb Francke in Halle an, der sich wohl für sie verwendete.[15] Er mag zwar über die Nachricht, dass sie als Mann bei den Soldaten gelandet war, höchst erzürnt gewesen sein; ihre Hinrichtung konnte er jedoch nicht wollen, weshalb er vermutlich bestätigte, dass sie in Halle im Waisenhaus aufgewachsen war, und bat, sie zurückzuschicken. Nach langem Zittern ging damit Catharina Lincks Kalkül auf. Obwohl sie als Anastasius Beuerlein drei Jahre lang regulär als Soldat gedient und ihren Mann gestanden hatte, betrachteten die Militärrichter sie fortan als Frau, die in diesem Krieg nichts zu suchen hatte und demnach auch nicht als Deserteur zu verurteilen war. Frauenverachtung rettete ihr das Leben. Nach sechzehn Wochen in Gefangenschaft wurde Catharina Linck Ende September 1708 von der Lüneburger Kompanie entlassen.

Diesem brenzligen Abenteuer zum Trotz hatte sie vom Soldatenleben jedoch noch nicht genug – schließlich hatte es drei Jahre lang ganz gut geklappt, und das vergleichsweise ruhige Winterlager stand wieder bevor. Statt nach Halle zurückzukehren, wie die Offiziere ihr wahrscheinlich befohlen hatten, wechselte er ausgerechnet zu den preußischen Truppen des Generals Grumbkow, bei denen er sich laut »Instructions-Puncta vor die Königlich Preußische

Infanterie« vom 10. September 1708 für mindestens drei Jahre verpflichten musste.[16] Hier diente er als Augustus oder Caspar Beuerlein in der Freikompanie von General Magnus Friedrich von Horn
(1640-1712) unter einem Hauptmann Becker. Beuerleins Uniform
und Ausrüstung glichen den Hannöverschen, nur der Rock überm
hellen Kamisol war preußisch blau mit weißen Aufschlägen.

Im Winterlager in Soest (Westfalen) wurde Augustus Beuerlein dem berüchtigten Drill unterzogen, den Leopold von Anhalt-
Dessau, die rechte Hand des Kronprinzen und späteren Königs
Friedrich Wilhelm I. in Militärfragen, in die preußische Armee
eingeführt hatte. Da die Flinten nach jedem Schuss neu geladen
werden mussten, ein Musketier also nur ab und an einen Schuss ab-
geben konnte, waren komplizierte Aufstellungs- und Schussregeln
nötig, um in der Schlacht das Feuer auf den Feind nie abreißen
zu lassen. Diese Bewegungsabläufe und die exakten Gewehrgriffe
wurden den Soldaten mit äußerster Brutalität eingebläut, die geringste Nachlässigkeit mit der Peitsche bestraft. Schon der nied-
rigste Offizier durfte jeden Soldaten ohne ein geregeltes Verfahren
halbtot schlagen. Preußische Soldaten sollten vor ihren Offizieren
mehr Angst haben als vor dem Feind – nur so, meinte man, waren sie überhaupt bereit, sich dem Geschützfeuer des Feindes ent-
gegenzuwerfen. Nur umkommen sollten die Soldaten auf dem
Exerzierplatz nicht, denn neue zu werben kostete Geld.

Nachdem Augustus Beuerlein mehrere Monate bei den preußischen Truppen gedient hatte, bekam der Pastor primarius an der
evangelischen St.-Petri-Kirche in Soest, die zugleich Garnisons-
kirche war, einen Brief[17] von August Hermann Francke. Johann
Möller (1646-1722) wird sich nicht wenig die Augen gerieben haben,
als er las, dass sich unter den preußischen Truppen in der Stadt eine
Frau in Männerkleidern befand. Francke dürfte seinen Kollegen
gebeten haben, mit der geziemenden Diskretion die Regiments-
leitung auf den Fall aufmerksam zu machen, Catharina Linck zu

Abb. 6: Preußisches Exerzieren

entlassen und sie nach Halle zurückzuschicken. Nachdem sie auf seine Intervention bei den Lüneburger Truppen hin nicht heimgekehrt war, versuchte Francke nach Kräften, Lincks Lebenswandel zu unterbinden. Woher er allerdings wusste, dass sie als Augustus Beuerlein in Soest steckte, bleibt fraglich. Hatte Catharina Linck ihrer Mutter gelegentlich eine Nachricht zukommen lassen und hatte diese Francke Bescheid gegeben?

Nach ihrer Enttarnung erhielt Catharina Linck im Frühling oder Frühsommer 1709 von den preußischen Truppen einen Pass und wurde nach Halle geschickt. Dieses Mal fügte sie sich ihrem Schicksal. Vielleicht fühlte sie, dass sie zumindest eine Zeitlang Gehorsam und Reue zeigen sollte, um ihren einflussreichen Protektor nicht zu verlieren.

In Halle wird August Hermann Francke persönlich oder einer der Informatoren Catharina Linck tüchtig ins Gebet genommen haben. Wahrscheinlich lebte sie bei ihrer Mutter, die weiterhin im Waisenhaus arbeitete, vielleicht war sie selbst in einer der Franckeschen Einrichtungen als Wäscherin oder Magd beschäftigt, oder sie versuchte, eine Stelle bei einem Knopfmacher, Färber oder Kattundrucker zu finden. Doch der zweite Versuch, in Halle ein Leben als Frau zu führen, scheiterte wie schon der erste ein paar Jahre zuvor, als sie nach ihrer Prophetenzeit zurückgekehrt war. Von anderen Leuten abhängig, ohne finanzielle Mittel – trotz der guten Ernte 1709 kam es zu einer großen Teuerung, weil die Ernte in Frankreich sehr schlecht war[18] –, büxte die 22-Jährige schon wenige Monate später, zum Ende des Sommers 1709, wieder aus. Vermutlich hatte sie von Werbungen in Wittenberg gehört.

Erneut zog sie Männerkleider an, wanderte etwa 75 Kilometer nordöstlich in die Lutherstadt und schloss sich den königlich-polnischen Truppen[19] als Musketier an. Bei seinem neuen Regiment nannte er sich Peter oder Lagrantinus Wannich. Vom Winterlager zog der Musketier mit seiner Kompanie wieder quer durch

Deutschland auf die Kampfplätze des Spanischen Erbfolgekriegs ins heutige Belgien und musste im Sommer 1710 auf einem Feldzug unmittelbar an Kampfhandlungen teilnehmen: gegnerische Söldner erschießen, im Nahkampf mit dem Haudegen erstechen, die eigene Haut retten. In der blutigsten Schlacht des Spanischen Erbfolgekriegs, bei Malplaquet an der heutigen französisch-belgischen Grenze, ließen 35 000 Menschen ihr Leben. Insgesamt sollen in diesem Krieg 700 000 Menschen umgekommen sein, die meisten davon einfache Musketiere.[20] Der Krieg war auch für Peter Wannich bitterer Ernst. Während er als Söldner für die polnischen Truppen kämpfte, wurde er in der Nähe von Brüssel von französischen Einheiten gefangen genommen. Doch einmal mehr zeigten sich seine Gerissenheit, seine Geistesgegenwart und sein Mut, denn ihm gelang die Flucht.

Ohne Truppenanbindung auf eigene Faust im Kriegsgebiet herumzuirren, noch dazu wahrscheinlich ohne Waffe, war jedoch aussichtslos und gefährlich. Und so schloss sich Peter Wannich unter dem Namen Cornelius Hubsch einer weiteren Armee an; dieses Mal zog er den blauen Rock der hessischen Truppen an, bei denen er ein Jahr lang in der Freikompanie von Major Briden diente. Da Anastasius Rosenstengel die verschiedenen Truppen, bei denen er diente, fast immer irregulär verließ – entweder desertierte er oder kehrte nach Gefangennahme nicht zurück –, legte er sich bei jeder neuen Truppe einen anderen Namen zu, um weniger leicht entdeckt zu werden. Alle diese Namen sprechen, wie schon sein erstes männliches Pseudonym, eine beredte und humorvolle, vielleicht sogar selbstironische Sprache. Verwies ›Beuerlein‹ auf seine niedere Geburt, so kokettierte ›Hubsch‹, dem nur zwei ü-Punkte fehlten, mit seiner von Grumbkow überlieferten »beau visage«. Von geradezu moderner Grübelei zeugt ›Peter Wann-ich‹.

So leicht er seine Identität wechselte, so unbekümmert auch sein religiöses Bekenntnis. Je nach Bedarf gab er sich bei den Soldaten mal als evangelisch, mal als katholisch aus und nahm sowohl am Abendmahl als auch an der Eucharistie teil. Mit dieser Skrupellosigkeit gefährdete er nach Auffassung der Geistlichen beider immer noch tief verfeindeten Konfessionen sein Seelenheil. Catharina Linck alias Anastasius Rosenstengel stand darüber. Autoritäten, seien es religiöse, staatliche oder militärische, erkannte sie nur von Fall zu Fall an, wie es ihm gerade nützte.

Zum Winterquartier zogen sich die hessischen Truppen nach Rheinfels im Hunsrück zurück. Hier geriet Cornelius Hubsch mit anderen Soldaten in handfesten Streit. Um was es ging, ist nicht bekannt; es mag Geld gewesen sein, vielleicht argwöhnte aber auch einer der Kameraden, Hubsch sei eine Frau, und forderte ihn heraus. Denn der sonst in seiner Männerrolle so intelligent, vorsichtig und weitblickend agierende Musketier geriet in eine fatale Prügelei – wehrte er sich heftig dagegen, von den Kameraden ausgezogen zu werden? Nachdem man die Streitenden getrennt hatte, wurde Cornelius Hubsch zum Spießrutenlaufen verurteilt.

Es bestehet aber das Spießruthen-Lauffen oder Gassen-Lauffen darinnen, daß der Verbrecher durch ein zwey und mehr hundert Soldaten, drey- vier- fünf- bis mehrmahl lauffen muß, […] und von ieglichem Manne mit einer Spießruthe auf den blossen Rücken gepeitschet wird. Daferne einer zwey bis drey Tage nach einander zu lauffen bestrafft wird, so geschiehet es nicht so vielmahl; es wird auch wohl ein Tag ausgesetzt, da denn der Delinquent, weil die Wunden sodenn schon in etwas verharschet, noch grössere Schmerzen empfindet.[21]

Bei so brutalen Prügeln musste Catharina Linck davon ausgehen, dass ihr Geschlecht entdeckt würde: Selbst wenn sie ein Hemd tragen dürfte, würden ihr die Fetzen schon nach wenigen Metern um den Leib hängen; würde sie ohnmächtig und müsste vom Platz getragen werden, würde ihr jede Kontrolle entgleiten. Ob man ihr nach ihrer Entlarvung so gnädig begegnen würde wie bei den hannöverschen Truppen in Brabant, war nicht gewiss. Doch wie schon unterm Galgen schlug Catharina Linck ihrem scheinbar besiegelten Schicksal ein Schnippchen: Ihr gelang die Flucht. Wie, ist nicht bekannt. Geschick, Raffinesse, Selbstbewusstsein, Mut und ein starker, ausdauernder Körper lassen sich indirekt ablesen.

Nach diesem Vorfall hatte Catharina Linck vom Soldatenleben genug. Oder fand sie nur keine weitere Truppe, bei der sie hätte anheuern können? Soldaten wurden weniger gebraucht, da das Ende des Krieges absehbar war, der mit dem Frieden von Utrecht am 11. April 1713 besiegelt wurde. 1712 kehrte Catharina Margaretha Linck für mehrere Jahre nach Halle zurück.

»*Flenell gemacht*«:
Handwerker in Halle (1713-1716)

C atharina Margaretha Linck war nun 25 Jahre alt und hatte
bereits viel von der Welt gesehen. Sie hatte Erfahrungen gemacht, die sie als Frau und noch dazu aus so niederem Stand nie
hätte machen können. Allein die vielen Städte und Landschaf-
ten, die sie gesehen hatte, die vielen verschiedenen Menschen und
Sprachen, denen sie begegnet war, verhalfen ihr zu einem weiten
Horizont, auch wenn ihre Armut sie in ihrer Lebensführung überall größten Beschränkungen unterworfen hatte. Immerhin hatte sie
sich selbst durchgebracht, und die Erfahrung, dem Tod am Galgen
und auf dem Schlachtfeld entronnen zu sein, wird vieles relativiert
haben in ihrem Leben.

Mit neuem Selbstvertrauen gelang es ihr, sich in den nächsten
Jahren ein so sicheres Auskommen zu verschaffen, wie sie es danach nie wieder haben sollte. Sie fand Arbeit beim Universitätstuchmacher, der von der Politik Friedrich Wilhelms I. (1688-1740)
profitierte. Nachdem dieser 1713 den Thron bestiegen hatte, förderte er das Textilgewerbe, indem er nur einheimische Waren für die
Neuausstattung der Armee einkaufen ließ. Um Rohwolle zu Faden
zu verspinnen, wurden Heerscharen von Arbeiterinnen gebraucht,
die diese zeitaufwändige Handarbeit am Spinnrad für einen Hun-
gerlohn erledigten. Vermutlich fing Catharina Linck als einfache
Spinnerin an, stieg dann aber dank ihrer Vorkenntnisse im Tex-
tilhandwerk rasch auf. Denn beim Universitätstuchmacher stellte

sie Flanell her, ein leichtes Wollgewebe, und bedruckte wie früher schon bei ihrem ersten Meister Baumwollstoffe. Später gab sie nicht ohne Stolz an, »offters 8, 9 und mehr Spinn Mägdgens gehalten«[1] zu haben, also Frauen, die ihr zuarbeiteten.

Mit dem Erfolg bei der Arbeit und dem selbstverdienten Geld verschaffte sich Catharina Linck größere persönliche Freiräume: Nun konnte sie durchsetzen, auch in Halle ab und an Männerkleider zu tragen, wie sie im Verhör später erzählte. Vermutlich zog sie je nachdem, wo sie sich gerade aufhielt, Hosen oder Röcke an. Da sie in ihrer Heimatstadt als Frau bekannt war, wird sie zwar die Catharina geblieben sein; aber vielleicht duldete der Universitätstuchmacher, dass sie bei der Arbeit Männerkleider trug, weil es bei ihren Aufgaben ohnehin praktischer war. Besuchte sie jedoch ihre Mutter in Glaucha, wird sie einen Rock angezogen haben, um sich nicht weiteren Ärger mit den Leuten im Waisenhaus oder gar mit Francke höchstpersönlich zuzuziehen.

In ihrem alten Zuhause hatten sich große Veränderungen ergeben. An den Neubau des Waisenhauses, dessen Einweihung Catharina Linck noch als Zögling miterlebt hatte, waren weitere Gebäude für die wachsenden Stiftungen angefügt worden. Den ehemaligen Gasthof »Zur goldenen Rose« hatte Francke zum neuen Pfarrhaus umgestaltet; im damals besonders berüchtigten »Raubschiff« lernten jetzt die Schüler der Latina. Zwar ergaben die stinkenden Stärke- und Schweinemastbetriebe immer noch eine üble Nachbarschaft, und auch Glaucha war noch das alte: In zwei Wirtshäusern kamen bei gewalttätigen Streitereien dreizehn Studenten, ein Wirt, seine Tochter und eine Magd um.[2] Trotzdem wurde deutlich, dass hier Großes entstand.

Dieses ambitionierte Stiftungswerk wollte auch der neue König sehen. Sein verstorbener Vater hatte das Franckesche Waisenhaus mit umfassenden Privilegien und Steuerbefreiungen unterstützt – anders wäre der rasante Aufstieg der Glauchaschen Anstalten auch

nicht möglich gewesen, bei allem Talent Franckes, Spenden einzuwerben. Der neue König Friedrich Wilhelm I. dagegen stand
Franckes Stiftungswerk zunächst skeptisch gegenüber und wollte
sich selbst ein Bild machen. Am Mittwoch, den 12. April 1713 besuchte er persönlich das Waisenhaus. Zwei Stunden lang ließ er
sich und sein Gefolge, zu dem auch Leopold von Anhalt-Dessau
gehörte, von Francke herumführen.

So hoher Besuch sprach sich schnell herum. Als Friedrich Wilhelm um die Mittagszeit mit Francke auf dem Altan des Hauptgebäudes stand, um die Anstalten von oben zu überblicken, hatten
sich sowohl im Hof als auch auf der Straße viele Leute versammelt,
die den König sehen wollten.[3] Möglich, dass Catharina Linck, be-
nachrichtigt von ihrer Mutter, zu der Menge gehörte, die zu ihm
hochstarrte. Wenn es so war, erhaschte sie an diesem Apriltag einen
Blick auf den Mann, der acht Jahre später ihr Todesurteil unter-
zeichnen sollte.

Die zwei Männer auf dem Altan hätten nicht unterschiedlicher
sein können. Neben dem karitativen Menschenfreund August
Hermann Francke stand ein cholerischer Despot, brutal und un-
beherrscht, der sich nicht zu schade war, seine Untertanen selbst zu
verprügeln; der Rohrstock, den Friedrich Wilhelm[4] ständig bei sich
trug, prasselte sogar auf seine Kammergerichtsräte nieder. In Wut-
anfällen schoss er aus einer Pistole mit Salz auf seine persönlichen
Diener. Frauen verachtete er, Gelehrsamkeit war ihm ein Gräuel.
Alles richtete der Soldatenkönig in seinem Staat auf das Militär aus.
Seine Reformen zielten einzig auf eine Vergrößerung der Armee
und ihrer Schlagkraft. Selbst die religiöse Toleranz, die er wie schon
seine Vorgänger seinem Land verordnete, diente diesem Primat
des Militärs: Immigranten aller Glaubensrichtungen waren ihm in
Preußen willkommen, solange sie sich am Aufbau des Staates beteiligten, Steuern zahlten und Soldaten für sein Heer stellten.

Tatsächlich stand Francke diesem Mann und dem preußischen

Absolutismus jedoch näher, als der Augenschein verhieß. Fleiß, Ordnungsliebe, Pünktlichkeit, Sparsamkeit, Pflichtgefühl und Gehorsam zählen zu den sogenannten preußischen Tugenden, sind jedoch auch genau die Werte, die Francke in seinen Institutionen vermittelte. Ökonomisches Denken und Wirtschaften sowie die Ethik der Arbeit entsprachen Franckes praktischem Pietismus wie auch Friedrich Wilhelms Vorstellungen. Zu den gemeinsamen Werten trat ein gemeinsamer Feind: die lutherische Orthodoxie. Da die Landpfarren von den lokalen Adelsgeschlechtern besetzt wurden, war die lutherische Orthodoxie ständisch eingestellt und opponierte mit dem Adel gegen die absolutistischen Bestrebungen des preußischen Herrscherhauses. Wie Francke war Friedrich Wilhelm an einer Schwächung der orthodoxen Kräfte gelegen. Da Francke an der altlutherischen Dreiständelehre festhielt, das Gottesgnadentum und die Pflicht der Untertanen zu Gehorsam nicht anzweifelte, förderte die preußische Regierung – als einzige im Reich, anderswo wurden Pietisten verfolgt – die pietistische Erneuerungsbewegung, und zwar zu beiderseitigem großen Nutzen.[5] Nach seinem Besuch in Halle unterstützte Friedrich Wilhelm sowohl Franckes Stiftungen als auch die 1694 gegründete ›Reformuniversität‹ Halle, deren theologische Fakultät mit drei pietistischen Professoren besetzt wurde und die sich rasch zum intellektuellen Zentrum des Königreichs Preußen entwickelte. Dafür gewann der König gut ausgebildete und loyale Untertanen sowie kompetente Mitarbeiter für seine Verwaltung. Durch Verordnungen, »daß keiner zu einer Evangelisch-Lutherischen Pfarre vociret, und introduciret werden solle, welcher nicht in Halle studiret, und ein gut Testimonium von der dortigen Theologischen Facultät produciren könne«,[6] wurde der hallische Pietismus fast zur preußischen Staatsreligion.[7]

In jenem Frühjahr, in dem Friedrich Wilhelm I. im Waisenhaus vorbeischaute, kamen auch noch andere Leute nach Halle, so-

genannte Inspirierte.[8] Ihre radikalpietistische Bewegung entstand
in reformierten Gemeinden der Cevennen. Nach dem Edikt von
Fontainebleau (1685) wanderten Inspirierte zunächst nach England
aus, wo sie in den Quäkern Geistesverwandte und bei den Phi-
ladelphiern Sympathien fanden. Seit 1709 bereisten Inspirierte den
Kontinent; 1711 etwa machten einige in Halberstadt Station. Am
17. Mai 1713 kamen Elie Marion und Jean Allut nach Halle. Sie
wohnten bei Abraham Marchand, der in Franckes Schulen Fran-
zösisch lehrte, und suchten, wie alle vertriebenen Franzosen, Kontakt zur reformierten Domgemeinde; die Unterschiede zwischen
den protestantischen Konfessionen, Reformierten und Luthera-
nern, wurden damals noch sehr ernst genommen. Bei einer Knopfmacherin[9] hielten sie inspirierte Versammlungen ab, an denen auch
eine Magd teilnahm, Maria Elisabeth Matthes, Tochter eines An-
gestellten im Waisenhaus. Vermutlich war Catharina Linck ebenfalls mit von der Partie.[10] Wie sie – er – selbst zehn Jahre zuvor
gerieten die Inspirierten regelmäßig in einen ekstatischen Trance-
zustand und riefen als Werkzeuge Gottes zu Umkehr und Buße
auf. Ihre Aussprachen wurden von krampfartigen Zuckungen des
ganzen Körpers begleitet und von ihren Schreibern Charles Portalès und Nikolaus Fario aufgezeichnet.

Diese Konventikel gefielen der Stadtobrigkeit nicht. August
Hermann Francke wurde um ein Gutachten gebeten. Ekstatischen
Geist-Erfahrungen gegenüber wie immer aufgeschlossen, scheint
er eine dieser Versammlungen besucht zu haben; im Anschluss bescheinigte er den Inspirierten zunächst, ihre Aussprachen seien
»keine Betrügerei«.[11] Trotzdem wurden die beiden Franzosen Ende
Juni 1713 ausgewiesen. Der inspirierte Kreis bei der Knopfmacherin hielt sich dennoch und bekam bald sein eigenes Medium: Im
Herbst des Jahres spürte besagte Maria Elisabeth Matthes ›Bewegungen‹, im Januar 1714 erlebte sie ihre erste Inspiration. Catharina
Linck hielt sich dieses Mal klug im Hintergrund. Begeistert von

der Aussprache mitten unter ihnen beschloss die inspirierte Gemeinschaft, ein ›Liebesmahl‹ zu halten, eine Art aufwändigeres und
persönlicheres Abendmahl. Johann Heinrich Pott (1692-1777) teilte
Brot und Wein aus. Der aus Halberstadt stammende Student der
Medizin war den Behörden in Halle kein Unbekannter: 1712 war er
inhaftiert worden, weil er die Predigt eines Pastors mit Schmäh-
rufen unterbrochen hatte. Nachdem seine Mutter 200 Reichstaler
Strafe gezahlt hatte, wurde er wieder entlassen. Er kehrte für kurze
Zeit nach Halberstadt zurück, wo er erneut einen Pfarrer bei der
Predigt beleidigte und ein zweites Mal festgenommen wurde. Zuhause verfügte Pott jedoch über eine starke Hausmacht: Sein Vater Johann Andreas Pott (1662-1729) war Rechtsanwalt, später Königlich Preußischer Rat, und seine Mutter Dorothea Sophia Pott
geb. Machenau (1669-1739) war weit über die Stadtgrenzen Halberstadts hinaus als belesene, kluge und fromme Frau bekannt. Mit
ihren elf Kindern waren die Potts eine bedeutende Halberstädter
Familie, die dem zweitältesten Sohn Johann Heinrich auch den
Weg zurück an seine Universität ebnen konnte. Denn im Januar
1714 war er wieder in Halle und, wie schon erwähnt, bei den Inspirierten aktiv. Das ›Liebesmahl‹, dem Johann Heinrich Pott vor-
saß, ging den Pastoren und Stadtoberen jedoch zu weit. Dieses Mal
hielt Francke die Inspiration für unlauter. Als sich sein Angestellter
Christian Matthes, der Vater des inspirierten Mediums Maria Elisabeth Matthes, weigerte, sich von seiner Tochter zu distanzieren,
entließ ihn Francke.[12]

Kein halbes Jahr später, am 9. Juni 1714, kamen erneut Inspirierte nach Halle, drei Männer und eine Frau aus Amsterdam. Schon
am 16. Juni wurden sie mit Gewalt aus der Stadt verjagt. Johann
Heinrich Pott empfahl sie seiner Mutter in Halberstadt. Am Abend
ihrer Ausweisung erlebte sein jüngerer Bruder, August Friedrich
mit Namen, eine Inspiration – und auch die Brüder Pott sowie
Maria Elisabeth Matthes wurden aus Halle ausgewiesen und ret-

teten sich zunächst nach Halberstadt. Der Prediger der hallischen Domkirche, Theodor Knauth, solidarisierte sich mit den Inspirierten, kritisierte den harschen Umgang mit ihnen in einer Veröffentlichung – und wurde suspendiert. Etliche Jahre bekam er keine gute Anstellung mehr.

Dorothea Sophia Pott begab sich hierauf mit ihren drei ältesten Söhnen im Herbst 1714 in die Wetterau, einem der radikalpietistischen Zentren Deutschlands. Hier lösten ihre Inspirationen eine große Bewegung aus; der ehemalige württembergische Pfarrer Eberhard Ludwig Gruber (1665-1728), der dort in Himbach im religiösen Exil lebte, sowie sein langjähriger Begleiter, der Sattler Johann Friedrich Rock (1678-1749), schlossen sich den Potts an. Schnell fanden die Inspirierten immer mehr Anhänger. Doch nachdem einer der Brüder das Fürstenhaus kritisiert hatte, wurden die Potts am 23. Februar 1715 aus der Wetterau ausgewiesen. Ein Dreivierteljahr nach ihrer Vertreibung aus Halle kehrten die Brüder Pott daher in die Stadt zurück, um ihre Studien abzuschließen. Wie auch die Episode in der Wetterau zeigt, wurden die Standesunterschiede in radikalpietistischen Kreisen tendenziell eingeebnet; es ist also gut denkbar, dass die Studenten und Bürgersöhne Pott Catharina Linck erzählten, was sie in der Zwischenzeit erlebt hatten.

All diese Vorgänge erregten größte Aufmerksamkeit. Selbst die gemäßigten hallischen Pietisten mussten sich weiterhin gegen Angriffe der orthodoxen Amtskirche wehren und legten daher großen Wert darauf, sich von den Inspirierten zu distanzieren, um keine ungeschützte Flanke zu bieten. Ein Wohlmeinender warnte Francke, in Braunschweig glaube man, die hallischen Pietisten machten gemeinsame Sache mit den Inspirierten.[13] Franckes pietistischer Kollege an der Theologischen Fakultät, Professor Joachim Lange, veröffentlichte daher 1715 eine Streitschrift gegen die Inspirierten sowie die – namentlich nicht genannten – Brüder Pott unter dem Titel *Nöthiger Unterricht Von unmittelbaren Offenbahrungen*.

Dass die Pietisten die Radikalpietisten scharf angriffen, wirkte
schon auf die Zeitgenossen kurios und bemüht. Die Grenzen zwischen ihnen waren ja fließend. Bei Franckes hing der Haussegen
schief, weil Anna Magdalena Francke geb. von Wurm (1670-1734)
just zu dieser Zeit in einen Ehestreik trat. Wie viele Radikalpietisten stand sie der Ehe mittlerweile kritisch gegenüber; ein keusches
Leben schien Gott gefälliger zu sein als selbst die ehelich sank-
tionierte Lust. Als August Hermann Francke im Sommer 1715 zum
Pastor an St. Ulrich in Halle ernannt wurde – eine sehr ehrenvolle Beförderung –, musste er sein neues Pfarrhaus alleine beziehen.
Seine Frau weigerte sich mitzukommen und blieb in Glaucha wohnen. Nicht einmal an der Hochzeit ihrer einzigen Tochter nahm
sie teil. Die siebzehnjährige Johanna Sophia Anastasia Francke
heiratete auf Wunsch ihres Vaters im Herbst 1715 seinen Adlatus,
den 27 Jahre älteren Johann Anastasius Freylinghausen. Auch wenn
Anna Magdalena im November des Jahres nachgeben musste und
sich mit ihrem Mann versöhnte, stürzte sich der Stadtklatsch natürlich auf die radikalpietistische Ehekrise der Franckes.

Doch es gab auch andere Sorgen. In Halle trieben in diesen
Jahren Soldatenwerber ihr Unwesen. Seit 1714 lag der Oberstab des
Regiments von Fürst Leopold von Anhalt-Dessau in der Stadt, seine Kompanien wurden auf die umliegenden Ortschaften verteilt.
Das Regiment hatte das Recht, in Halle Soldaten zu werben – wobei dieser Begriff die brutale Menschenjagd verharmlost, mit der
junge Männer gegen ihren Willen zur Armee gezwungen wurden. Es kam vor, dass preußische Werbekommandos Kirchen um-
stellten und Männer aus dem Gottesdienst zerrten oder in Häuser
einbrachen. Obwohl das »Edict, wegen Aufhebung gewaltsamer
Werbung« vom 9. Mai 1714[14] die Werbeexzesse nominell untersagte,
gingen mit stillschweigender Billigung Friedrich Wilhelms I. in-
nerpreußischer Menschenraub und Sklaverei weiter.

Auch Anastasius Rosenstengel geriet 1716 in die Hände solcher

Häscher. Er muss von einem Werbekommando überrumpelt und
gefangen genommen worden sein. Auf der Wache des Regiments
sollte er den Werbekontrakt unterschreiben. Doch er war ja schon
einmal sieben Jahre Soldat gewesen, nun war sein Interesse an diesem Beruf erloschen. Er war 29, hatte halbwegs ruhige und erfolg-
reiche Jahre in Halle hinter sich und wollte auf keinen Fall zurück zum Militär. Seine einzige Chance, den Soldaten wieder zu
entkommen, sah Anastasius Rosenstengel darin, sich als Catharina Linck zu offenbaren. Doch nachdem sie die Soldaten über ihr
Geschlecht aufgeklärt hatte, wurde sie trotzdem nicht freigelassen.
Linck trat als Kerl auf, also konnte sie auch Soldat werden – so
die Logik der Werber, für die jeder geworbene Soldat bares Geld
war. In ihrer Not blieb Catharina Linck nichts anderes übrig, als
einmal mehr August Hermann Francke einzuschalten, der daraufhin bei den Werbern des Regiments intervenierte. Auch andere
Leute protestierten, um sie wieder von den Soldaten loszubekom-
men; zu ihnen mag der Universitätstuchmacher gezählt haben, bei
dem sie arbeitete, ihre Mutter Magdalena oder Johann Heinrich
Pott. Um das strittige Geschlecht von Catharina Linck alias Anastasius Rosenstengel zu klären, wurde eine offizielle Untersuchung
im Rathaus angeordnet. Möglicherweise im Beisein von Vertretern
der streitenden Parteien befanden ein Arzt oder eine Hebamme,
Catharina Linck sei eindeutig weiblichen Geschlechts. Die Werber
mussten sie laufen lassen.

Damit war zwar die Gefahr gebannt, wieder zu den Soldaten zu
müssen; doch ihr relativ selbstbestimmtes Leben in Halle war vorbei. Catharina Linck hatte in den vergangenen Jahren permanent
die Toleranz der hallischen Bevölkerung strapaziert. Man wusste ja
in der Stadt, dass sie eine Frau war; dennoch trug sie immer wieder
Männerkleidung; das scheint eine Weile lang geduldet worden zu
sein, bis zu dem Vorfall mit den Werbern. Hochrangige Personen
hatten sich für sie eingesetzt, *weil* sie eine Frau war, wie die ärzt-

liche Untersuchung zweifelsfrei ergeben hatte. Nun konnten und mussten die Autoritäten der Stadt von ihr verlangen, dass sie sich als solche auch verhielt. Nicht nur Francke, auch andere Honoratioren werden sie ermahnt haben, sich endlich gemäß ihres Geschlechts zu kleiden und zu betragen. Möglicherweise wurde ihr mit Strafe gedroht, wenn sie noch einmal in Männerkleidern erwischt würde.

Doch Catharina Margaretha Linck war nicht bereit, als Frau zu leben; und sie wäre nicht sie selbst gewesen, wenn sie sich durch diesen Befehl hätte einschüchtern lassen. Halle wollte sie nicht als Mann – also wollte sie Halle nicht länger. Doch wohin sollte sie gehen? Johann Heinrich Pott muss ihr in dieser Krise beigestanden haben. Denn wie die holländischen Inspirierten und Maria Elisabeth Matthes begab Linck sich von Halle nach Halberstadt in die Heimat der Potts und wurde Mitglied ihrer Pfarrgemeinde, St. Paul. Pott wurde in ebendiesem Jahr, 1716, von der Universität Halle zum Doktor der Medizin promoviert und begann in Halberstadt als Arzt zu praktizieren.[15] Er wusste, dass Catharina Linck regelmäßig als Mann unterwegs war. Half er ihr trotzdem, als *Schwester* im Glauben? Oder half er bewusst seinem *Bruder* im Glauben? Die Quellen geben leider keine Deutung her. Um nicht abgehalten zu werden, packte Catharina Linck vermutlich heimlich ihre Sachen und verzichtete wohl sogar auf einen Abschied von ihrer Mutter. Vor den Toren Halles zog Rosenstengel wieder seine geliebten Hosen an und wanderte gen Nordosten.

»Sich mit selbiger ehelich versprochen«:
Ehestand (1717-1720)

alberstadt liegt im östlichen Harzvorland etwa 90 Kilometer von Halle entfernt. Im Dreißigjährigen Krieg hatte die wohlhabende Stadt außerordentlich leiden müssen, da sie
zwischen Schweden und Kaiserlichen hart umkämpft war. Mit
dem Westfälischen Frieden fiel das säkularisierte Bistum Halberstadt als weltliches Fürstentum dem Kurfürstentum Brandenburg zu.[1] 1681/82 hatte, wie in Halle, die Pest in der Stadt gewütet;
damals waren noch einmal 2197 Menschen ums Leben gekommen. Mittlerweile ging es den 8000 Einwohnern, die von Handel,
Handwerk und den fruchtbaren Ackerböden der Umgebung lebten,
jedoch wieder besser. Die hohe Stadtmauer mit den sieben Toren
und über dreißig Wehrtürmen umschloss zahllose Fachwerkhäu-
ser mit reichem Schnitzwerk, drei Gymnasien und mehrere Volks-
schulen, Hospitäler und Armenhäuser. In den prächtigen mittelalterlichen Kirchen erklangen dreizehn Orgeln. Der Organist an
der Ratskirche St. Martin, Andreas Werckmeister (1645-1706), legte mit seiner wohltemperierten Stimmung die bedeutendste Mu-
siktheorie der Zeit vor. Der Jurist Samuel von Cocceji (1679-1755)
wirkte in Halberstadt als Regierungsrat des Fürstentums, bis er 1711
zu seiner steilen Karriere nach Berlin aufbrach, wo er 1738 der erste
preußische Justizminister wurde. Halberstadt war eine provinzielle
Metropole, wie sie so typisch für das kleinstaatliche Reich war und
für Deutschland immer noch ist.

Eine Besonderheit Halberstadts zu Beginn des 18. Jahrhunderts
stellte die prosperierende jüdische Gemeinde dar. Ein Achtel der
Bevölkerung gehörte 1728 dem jüdischen Glauben an. Berend Lehmann (1661-1730), der Bankier Augusts des Starken, ließ in Halberstadt eine neue große Synagoge und eine Rabbinatsschule bauen
und spendete Geld, um nach Feuersbrünsten Dächer auch von
christlichen Häusern mit Schindeln statt mit Stroh zu decken.[2]

Außerdem hatte sich in Halberstadt eine der größten Huge-
notten-Kolonien von ganz Preußen niedergelassen. Man zählte
175 reformierte Franzosen, die, wie in Halle, vornehmlich Textilien
herstellten; 1703 boten drei französische Gerber und Handschuh-
macher sowie drei Hutmacher in Halberstadt ihre Waren feil.[3] Bei
einem der drei französischen Strumpfwirker fand Anastasius Lagrantinus Rosenstengel nach seiner Ankunft im Frühjahr 1717 eine
Anstellung. Nicht belegt, aber nicht unwahrscheinlich ist, dass der
Handwerksmeister zu den Leuten zählte, die schon zuvor die holländischen Inspirierten sowie Maria Elisabeth Matthes unterstützt
hatten, als sie auf Einladung der Familie Pott von Halle nach Halberstadt kamen. Wie damals üblich wird Rosenstengel bei seinem
Meister gewohnt haben, der wie die Familie Pott in den eng bebau-
ten Gassen um St. Paul im östlichen Teil der Stadt lebte, nur wenige
hundert Meter vom Fischmarkt, von dem alten Rathaus und dem
Holzmarkt entfernt. Ob die Halberstädter Unterstützer wussten,
dass Catharina Linck als Mann zu ihnen kommen würde, ist offen.

Die französischen Textilhandwerker führten in Deutschland
den Strumpfwirkerstuhl ein, mit dem zehn Maschen gleichzeitig
gestrickt werden konnten. Neben den Strumpfwirkern am Strick-
stuhl arbeiteten in einer Werkstatt auch Spinnerinnen, Näherinnen
und Färber. Als gelernter Schönfärber und Kattundrucker dürfte
Anastasius Rosenstengel die fertigen Strümpfe eingefärbt, mit Ap-
pretur versehen und in einer warmen Presse zum Glänzen gebracht
haben.

In seiner neuen Nachbarschaft lernte Anastasius Rosenstengel
eine junge Frau kennen, die seine eigenen weiblichen Vornamen
trug, die neunzehnjährige Catharina Margaretha Mühlhahn, und
verliebte[4] sich in sie. Sie stammte aus Clausthal im Harz, wo sie
am 10. November 1697 getauft worden war. Ihre Eltern waren
der Puchsteiger, Brauer und Bürger der Stadt Clausthal Johann
Joachim Mühlhahn[5] (1673-1701) und seine noch sehr junge Frau
Catharina Margaretha geb. Eichsfelder (geb. 1681) – die dritte Catharina Margaretha in dieser Geschichte. Als Puchsteiger beauf-
sichtigte Joachim Mühlhahn ein sogenanntes Pochwerk, in dem
Erze mittels einer Stampfmaschine zerkleinert wurden. Der lei-
tende Angestellte im Bergbau des Fürstentums Grubenhagen, das
zum Herzogtum Braunschweig-Lüneburg gehörte, zählte mindestens zur mittleren Schicht der Bevölkerung.[6] Da er das Bürgerrecht
besaß, muss er ein Haus besessen und Steuern gezahlt haben. Vier
Jahre nach der Geburt der ersten Tochter kam der Sohn Johann
Bestian zur Welt. Doch nur fünf Tage nach dessen Taufe starb der
Vater mit nur 28 Jahren am 20. September 1701. Seine erst zwanzig
Jahre alte Witwe geriet dadurch in eine prekäre Situation. Ob sie
mit ihrer noch nicht vierjährigen Tochter und dem Neugeborenen
im Haus ihres Mannes wohnen blieb oder zu ihren Eltern zurück-
kehrte – sie stammte ebenfalls aus Clausthal – und wie sie ihre Kinder großzog, ist nicht bekannt. Dreieinhalb Jahre später ließ eine
Catharina Margaretha Mühlhahn in Clausthal am 17. Februar 1705
einen unehelichen Sohn auf die Namen Johann Otto taufen. Bald
darauf zog sie mit ihrer etwa achtjährigen Tochter nach Halberstadt. Hatte sie dort Verwandte? Vertrieb die Schande sie aus ihrer
Heimat? Kamen ihre kleinen Söhne mit? Belegt ist einzig, dass sie
keine zweite Ehe einging.[7] Um sie von ihrer gleichnamigen Tochter zu unterscheiden, soll sie im Folgenden daher mit ihrem Ge-
burtsnamen Eichsfelder genannt werden, auch wenn sie so gewiss
nicht mehr hieß. Als der gutaussehende Anastasius Rosenstengel

um Catharina Mühlhahn warb, wird die Mutter zunächst erfreut gewesen sein, denn sie lebte mit ihrer Tochter zwar nicht in Armut, aber doch bescheiden. Rosenstengel arbeitete bei dem Strumpfmacher, er schien eine Familie ernähren zu können. Mehr war für ihre Tochter nicht zu verlangen.

Was trieb Anastasius Rosenstengel zu diesem Schritt, der sich als fatal erweisen sollte? Verliebt war er schon früher gewesen, doch das hatte ihn noch an keinem Ort gehalten. Flexibilität war bisher sein wichtigstes Mittel gewesen, um an stets neuen Orten mit immer neuen Menschen seine Existenz als Mann aufrechtzuerhalten. Er war nun dreißig Jahre alt. Wollte er nach all der Unruhe – er hatte seit 1703 alle paar Jahre seine Umgebung gewechselt, oft noch häufiger – endlich irgendwo ankommen? Hoffte Anastasius Rosenstengel, als kirchlich eingesegneter Ehemann endgültig vor Zweifeln Dritter sicher zu sein? Und glaubte Catharina Linck, in Catharina Mühlhahn die Frau gefunden zu haben, die sie decken würde?

Auch über Catharina Margaretha Mühlhahns Gründe, weshalb sie sich zu dieser Ehe entschloss, kann nur spekuliert werden. Umgab Rosenstengel ein unwiderstehliches *Je ne sais quoi*? Ein Hauch Abenteuertum? Oder, im Gegenteil, religiöser Ernst? Durchschaute sie die Frau in Männerkleidern sofort? Ob sich Catharina Mühlhahn schon zuvor mit Frauen eingelassen hat, ist nicht überliefert. Die einzigen ausführlicheren Zeugnisse über sie stammen aus dem Inquisitionsprozess, in dem sie leugnete, das wahre Geschlecht ihres Mannes gekannt zu haben – wie alle Ehefrauen aufgeflogener weiblicher Ehemänner. Die Richter glaubten Mühlhahns widersprüchlichen Aussagen nicht und überführten sie mehrerer Lügen. Überblickt man die vier Jahre, in denen sie mit Anastasius Rosenstengel verheiratet war, kann man davon ausgehen, dass sie wusste, wer und was er war – und sie genau das anziehend fand. Erst im Verlauf ihrer nicht eben glücklichen Ehe veränderte sich diese Einstellung.

Die Liebenden wurden sich einig, und Anastasius Rosenstengel bestellte beim Pastor von St. Paul, Israel C. Clauder (1670-1721), das Aufgebot. Auch Clauder gehörte zu den pietistischen Reformern, schon seit Studienzeiten war er mit Philipp Jacob Spener und August Hermann Francke bekannt. Seit 1708 lebte er mit seiner Frau und seinen drei Kindern in Halberstadt. Da er ordentlich predigte und sein Lebenswandel als vorbildlich galt, war er in seiner Gemeinde recht beliebt.[8] Sein guter Ruf qualifizierte ihn sogar zum Kandidaten für die Pfarrstelle an St. Ulrich in Halle, die jedoch August Hermann Francke erhielt. Als sich Anastasius Rosenstengel bei Pastor Clauder vorstellte, ahnte der nicht, dass er eine Frau vor sich hatte, die im Waisenhaus seines guten Freundes und pietistischen Vorkämpfers erzogen worden war. Befragt nach seinem Stand und seiner Herkunft, erzählte ihm der junge Mann, er sei Schönfärber und Kattundrucker in Halberstadt, stamme aber aus Guttenburg bei Prag, wo sein bereits verstorbener Vater Cornelius Joseph Rosenstengel Berghauptmann gewesen sei. Mit dieser originellen Variante versuchte Anastasius Rosenstengel, Nachforschungen unmöglich zu machen, denn er konnte davon ausgehen, dass niemand in Halberstadt Verbindungen ins ferne Böhmen hatte. Vielleicht war er zusammen mit seiner radikalpietistischen Sekte auf dem Weg von Bautzen nach Nürnberg einmal in diesem nicht identifizierbaren Guttenburg gewesen, so es überhaupt existiert hat. Mit dem »Berghauptmann« ehrte er seinen früh verstorbenen Schwiegervater, den Steiger Johann Joachim Mühlhahn.

Israel Clauder schöpfte keinen Argwohn und verkündete daher zum ersten von drei Malen im Gottesdienst das Aufgebot von Anastasius Rosenstengel und Catharina Mühlhahn. Er schloss mit den dafür vorgesehenen Worten aus Luthers *Traubüchlein* (1529): »Und hette yemands etwas darein zu sprechen / der thu es bey zeit / odder schweige hernach / Gott gebe yhn seinen segen / Amen«.[9] Und tatsächlich hatte jemand dareinzusprechen. Denn mit einem

Abb. 7: St.-Pauls-Kirche in Halberstadt

Mal wurde gemunkelt, Anastasius Rosenstengel sei schon verheiratet und habe in Halle Frau und Kinder. Wie jedes Gerücht vermischte auch dieses Wahres mit Falschem, stammte der Schönfärber ja tatsächlich aus Halle – aber Frau und Kinder? Israel Clauder sah sich gezwungen, den Bräutigam zu einer Stellungnahme aufzufordern. Rosenstengel benannte daraufhin zwei Zeugen, die das Gerücht bestritten. Wer diese Zeugen waren, ob einer der Familie Pott angehörte, ist nicht bekannt. Um das Gerücht vollends zu entkräften, präsentierte Rosenstengel außerdem einen Brief seiner Mutter aus Halle. Diese Angabe im späteren Gerichtsprozess ist mit Vorsicht zu genießen. Magdalena Linck konnte vermutlich nicht oder nur schlecht schreiben. Was hätte sie ihrer Tochter mit Hilfe eines Schreibers bescheinigt? Dass er ihr Sohn war? Wusste Magdalena Linck überhaupt, wo ihre Tochter steckte? Mög-

licherweise schrieb Anastasius Rosenstengel diesen Brief einfach
selbst.

Weitere Schwierigkeiten kamen von Catharina Margaretha
Eichsfelder, der Brautmutter, die schon vor der Hochzeit argwöhnte,
Anastasius Rosenstengel sei kein Mann. Hatte sie noch ein anderes
Gerücht aus Halle gehört, wo eine Frau angeblich jahrelang ver-
sucht hatte, als Mann zu gelten? Eines Abends in der Verlobungs-
zeit wollte Catharina Eichsfelder bei einem Spaziergang in einem
Garten Beweise sehen. Der Bräutigam scheint geschickt mit der
unverblümten Aufforderung umgegangen zu sein: Er zeigte sich
nur bereit, seiner Braut seine Männlichkeit vorzuführen. Zwinker-
te Rosenstengel ihr dabei zu? Catharina Eichsfelder stellte dieser
Beweis nicht zufrieden. Unter vier Augen forderte sie ihre Tochter
auf, in der Hochzeitsnacht nachzufühlen, ob Rosenstengel wirklich
ein Mann sei. Dass die Schwiegermutter schon vor der Hochzeit am Geschlecht ihres Schwiegersohns zweifelte und mit ihrer
Tochter darüber redete, ist einer der Gründe, weshalb Catharina
Mühlhahns spätere Selbstinszenierung als getäuschtes Opfer unglaubwürdig ist: Sie heiratete Anastasius Rosenstengel, obwohl
– oder eher: weil – ihr Bräutigam eine Frau war.

Nachdem Pastor Clauder das Aufgebot ein zweites und ein
drittes Mal im Gottesdienst verlesen hatte und sich kein Wider-
spruch mehr regte, war es dann am Sonntag, den 12. September
1717 so weit. Anastasius Rosenstengel und Catharina Mühlhahn
wurden in der romanischen St.-Pauls-Kirche wie üblich vor dem
allgemeinen Gottesdienst nach lutherischem Ritus getraut. Nachdem beide Clauders Frage, ob sie sich »zum ehelichen gemahl haben« wollen, bejaht hatten, steckten die Brautleute einander Rin-
ge an die Finger, hielten sich an der rechten Hand, und der Pastor
sprach: »Was Gott zu sammen fügt / soll kein mensch scheiden«.
Danach wandte er sich zur Gemeinde und sprach nach Luthers
Traubüchlein in etwa die Worte:

Abb. 8: Israel Clauder

Weil denn Anastasius Lagrantinus Rosenstengel und Catharina
Margaretha Mühlhahn einander zur ehe begeren / und solchs
hie offentlich für Got und der wellt bekennen / darauff sie die
hende und trawringe einander gegeben haben / So spreche ich
sie ehelich zu sammen / ym namen des Vaters / und des Sons /
und des heiligen geists / Amen.[10]

Danach trug er verschiedene Stellen aus der Bibel über die Ehe
vor, etwa »Und Gott der HERR sprach / Es ist nicht gut / das der
mensch allein sey / ich will yhm ein gehülffen machen / die umb
yhn sey« (Gen. 2,18 und 2,22-24). Die Trauung endete mit dem Segen des Paares.

Damit hatte es Anastasius Rosenstengel geschafft: Seine Frau trug nun seinen Ring, seinen Namen, und er selbst galt vor der ganzen Welt als Mann. Nach der Trauung trug Pastor Clauder ins Kirchenbuch ein:

> Der Junggesell Anastasin[us] Lagrantinen Rosenstengel, Schönfärber und Carthundrucker alhier, Hrn. Cornelii Josephi Rosenstengels; gewesenen Berghauptmans in Guttenburg, bey Prage in Böhmen belegen nachgel[assenen] eheleibl[ichen] Sohn und Jungfer Catharina Margaretha Müllhannin, Hrn Johann Joachim Müllhanen, weiland gewesenen Puchsteigers auch Bürgers u. Brauers im Clausthal, nachgelaßene eheleibl[iche] Tochter in unser St. Petri und PauliKirchen öffentl[ich] copulirt.[11]

Auch wenn das Brautpaar alles andere als reich war, wird es ein Hochzeitsmahl gegeben, werden Musiker zum Tanz aufgespielt haben. Schließlich gehörten Hochzeiten, neben den Kirchweihen, zu den größten Lustbarkeiten der Zeit. Die Hochzeit der beiden Frauen war nichts Einmaliges.[12] In England heiratete 1746 Mary Hamilton in Männerkleidern eine andere Frau, in den Niederlanden führte Maria van Antwerpen (1719-1781) gleich zwei Mal eine Frau vor den Traualtar.[13] Jen Manion stellt in ihrer Studie *Female Husbands* (2020) zahlreiche Menschen aus Großbritannien (1740-1840) und den USA (1830-1910) vor, die als Frauen geboren wurden und in Männerkleidern andere Frauen ehelichten. Victor Barker musste 1929 nach einem Sensationsprozess für neun Monate ins Gefängnis, nachdem bekannt wurde, dass er ursprünglich Valerie Arkell-Smith hieß und eine Frau geheiratet hatte.[14] Bedenkt man, dass wahrscheinlich nur wenige weib-weibliche Eheschließungen aufgedeckt wurden und dass von ihnen wiederum heute nur ein Bruchteil bekannt ist, so haben Catharina Linck und Catharina Mühlhahn mit ihrer Heirat einen zwar ungewöhnlichen, aber nicht einmaligen Schritt getan.

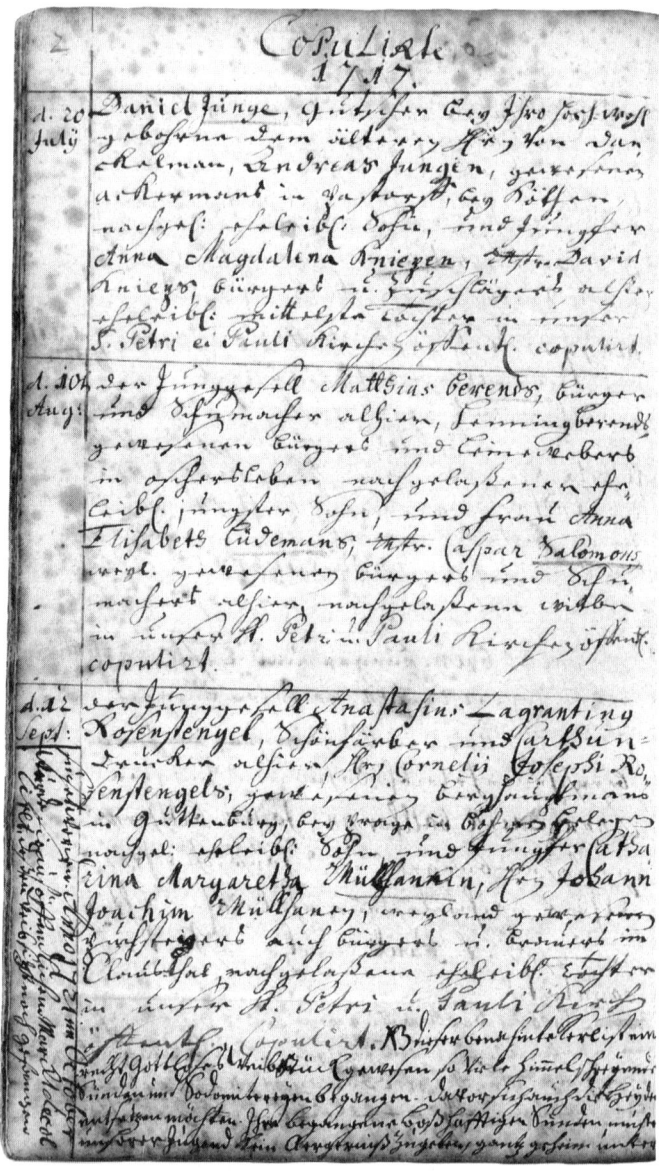

Abb. 9: Traueintrag von Anastasius und
Catharina Rosenstengel vom 12. September 1717,
Kirchenbuch St. Paul, Halberstadt (unteres Bilddrittel)

In der Hochzeitsnacht hatte der frischgebackene Ehemann vor, seine Frau 24 Mal zu beglücken – sie kamen auf drei oder vier Mal. Lachten sie, als Catharina Rosenstengel ihrer Mutter gehorchte und genau nachfühlte? Anastasius Rosenstengel begehrte seine Ehefrau sehr, wie beide später übereinstimmend angaben, und beide scheinen ihre Körper genossen zu haben. Da sie sogar Fellatio praktizierten, müssen sie einen recht spielerischen Umgang mit dem Dildo gehabt haben. Allerdings gab es im Bett auch Schwierigkeiten. Rosenstengel wollte öfter als seine Frau; sie habe deshalb zuweilen »genurgelt«[15], gab Linck später zu.

Zwei Monate nach der Hochzeit gingen die Feierlichkeiten weiter. Am 7. November 1717 wurde die sogenannte Franzosenkirche geweiht, ein Neubau für die französische Gemeinde in Halberstadt. Wegen Rosenstengels engen Beziehungen zu den Hugenotten wird das Ehepaar sicherlich an der Kirchweihe teilgenommen haben. Vier Tage später wurde der Geburtstag der jungen Ehefrau gefeiert. Ließ sich also alles gut an?

Als letzter Beweis für die Männlichkeit des Ehemannes fehlte dem Paar noch ein Kind. Sicherlich wartete ihre Umgebung und ganz besonders die Schwiegermutter darauf, dass Catharina Rosenstengel schwanger werden würde. Um keinen Verdacht zu erregen, behauptete Anastasius Rosenstengel nach mehreren Monaten einfach, sie erwarteten ein Kind; da viele Schwangerschaften in den ersten drei Monaten in Fehlgeburten enden, war dies kein allzu großes Wagnis.

Dennoch wurde Catharina Margaretha Eichsfelder immer skeptischer. Ihr missfiel vor allem, dass ihr Schwiegersohn die Aussteuer ihrer Tochter verkaufte, Leinen, Bettwäsche, Kleider – Sachen, die vermutlich noch aus ihren eigenen Ehejahren und besseren Zeiten stammten. Alles zusammen brachte ihnen etwa achtzig Reichstaler ein. Ein Regierungsrat verdiente dreihundert bis vierhundert Reichstaler im Jahr, ein Schreiber einhundert Reichstaler.[16] Anastasius Rosenstengel verkaufte also Hausrat im Wert von einem bescheidenen Jahreseinkommen. Hatte er die Stelle bei dem französischen Strumpfwirker verloren? Catharina Rosenstengel machte ihrem Mann große Vorwürfe, weil er nichts oder nicht genug verdiente. Anastasius Rosenstengel beantwortete ihre Vorwürfe mit Schlägen – das Eheglück trübte sich rasch. Catharina Margaretha Eichsfelder hatte von alldem bald genug. Bereits ein Vierteljahr nach der Hochzeit drängte sie ihre Tochter zur Scheidung. Die Passage in den Gerichtsakten liest sich so, als habe sie ihre Tochter wieder zu sich befohlen bzw. Anastasius Rosenstengel die Tür gewiesen; ob die drei zusammen wohnten oder getrennt, geht aus der Schilderung nicht klar hervor. Rosenstengel suchte in der Krise Hilfe bei Pastor Clauder und verlangte, seine Frau müsse zu ihm zurückkehren. Für ihn stand nicht nur seine Ehe auf dem Spiel, sondern auch seine Existenz als Mann. Noch einen Skandal konnte er nicht gebrauchen, zumal die Heirat ein Schritt gewesen war, hinter den es kein Zurück gab. Er handelte also, wie ein Ehemann gehandelt haben würde, und schaltete die Autoritäten ein.

Auch Israel Clauder scheint Anastasius Rosenstengel mittlerweile jedoch suspekt geworden zu sein. Er suchte Fühlung mit seinen pietistischen Freunden vom Waisenhaus. Schließlich hatte das Gerücht besagt, Rosenstengel käme nicht aus Böhmen, sondern aus Halle. Und von seiner Mutter dort hatte er einen Brief vorgezeigt. Was geschah, fasst Johann Anastasius Freylinghausen in einem Schreiben an August Hermann Francke von Anfang 1718 zusammen.

Ich wil noch mit einer zwar unsaubern doch recht curieusen Historie von Unser Magdalenen ihrem Mädgen diesen Brief schließen, welche diese ist, daß sie wieder ihre Männerkleider angeleget, nach Halberstad gezogen, den Namen Rosenstengel

angenommen, sich für einem Leinwandsdrucker ausgegeben,
und sich von Unsern guten Herrn Claudern mit einer dortigen
Weibes Person copuliren lassen. Wir haben wegen des Pseudo-
Rosenstengelii Beschaffenheit Herr Clauder Nachricht gegeben,
worauf jener mit seiner jungen Frau sich auß dem Staube gemacht hat.[17]

Israel Clauder konfrontierte Rosenstengel also mit seinem neuen
Wissen, zeigte ihn aber nicht bei den Behörden an. Vielleicht
war es ihm selbst lieber, wenn die Rosenstengels einfach abhau-
ten und er nicht gänzlich blamiert dastand. Da zu befürchten war,
dass seine Schwiegermutter ebenfalls bald hinter sein Geheimnis
kommen würde, entschloss sich Anastasius Rosenstengel zur so-
fortigen Flucht. Die Frage war nur, ob Catharina Rosenstengel ihn
begleiten würde. Hätte sie ihren Anastasius wirklich im Glauben
geheiratet, er sei ein Mann, hätten ihr spätestens jetzt die Augen
aufgehen müssen. Ehrbar wäre sie aus der ganzen Sache heraus-
gekommen, hätte sie Rosenstengel alleine ziehen lassen und sich
bei Clauder als Betrogene und Belogene ausgeweint. Doch weder
wollte sie sich scheiden lassen noch ihren ›Mann‹ aufgeben: Sie
kam mit.

Aber wohin sollten sie ihre Schritte lenken? Anastasius Rosenstengel hatte keine Zeit, Erkundigungen einzuziehen oder einen
neuen Arbeitgeber in einer anderen Stadt zu suchen. Als verhei-
ratetem Mann mit begleitender Ehefrau war ihm auch die Rückkehr nach Halle verwehrt, die er früher in Notzeiten immer wieder
gewählt hatte. Und so blieb ihnen nichts als Betteln. Um möglichst
vielen mildtätigen Leuten zu begegnen, mussten Anastasius und
Catharina Rosenstengel permanent den Ort wechseln. Doch genau ein solches Verhalten versuchte Friedrich Wilhelm I. in seinen
Landen zu unterbinden.

Als haben Wir Uns gemüßiget gefunden zu verfügen, daß

1. Alle Bettler, sie seyn abgedanckte Soldaten oder Bürger, von
denen Gassen durch die Gassen-Meister, mit Assistentz der
Stadt-Diener aufgenommen, und an einen gewissen Orth in
Verwahrung gebracht, hernach examiniret, die in hiesigen Residentzien gehörige wahrhafftige Arme und Nothleidende aus der
Armen-Casse versorget, die Vaganten und aus frembder Potentaten Landen allhier sich aufhaltende, aus der Stadt und Lande
bis über die Gräntze, und die aus denen Städten und Dörffern
Unserer Provintzien, so wohl Soldaten- als Bürger-Armen her-
gelauffen, an den Orth ihrer ehmaligen Wohnung mit einem
Zehr-Pfennig und Paß weggegschaft [werden].[18]

Die Rosenstengels, ein junges, arbeitsfähiges Ehepaar, mussten damit rechnen, zu den »Vaganten« gezählt und also von überall ver-
trieben zu werden. Im Verlauf des Jahres 1718, in dem sie sich zum
Betteln entschlossen, verschärfte Friedrich Wilhelm die Vorschriften weiter und befahl, Bettler ins Zuchthaus zu bringen.[19] Den Rosenstengels fehlte der Pass, den benötigte, wer reisen wollte oder
musste, und der am Stadttor oder im Gasthof vorzuweisen war.[20]
Insbesondere Anastasius musste sich vor den Wächtern und Gen-
darmen in Acht nehmen, um nicht enttarnt zu werden. Dementsprechend wenig Almosen sammelten die beiden ein. Innerhalb
eines halben Jahres waren beide nicht mehr anständig gekleidet. So
konnte es nicht weitergehen. Da Anastasius früher schon großes
Geschick darin bewiesen hatte, sich durchzubringen, verabredeten
die Eheleute, sich auf Zeit zu trennen. Catharina sollte bei ihrer
Mutter in Halberstadt warten, bis Anastasius irgendwo ein Auskommen gefunden hatte und sie nachholte. Er brachte seine Frau
zurück nach Halberstadt, wohlweislich ohne sich selbst dort auf-
zuhalten, und wanderte weiter gen Westen.

Anastasius Rosenstengel verließ Preußen und kam schließlich

nach Hildesheim. Wie in Halberstadt lebten die Einwohner in prächtigen Fachwerkbauten, und ein mittelalterlicher Dom ragte in den Himmel. Anders als Halberstadt war Hildesheim immer noch Bischofssitz, obwohl auch hier die Reformation eingeführt worden war. Allerdings hatte der Bischof in seiner Residenz nichts zu sagen, die Stadt hatte ihre mittelalterliche Selbstständigkeit bewahren können und war trotz der Glaubenskämpfe mehrheitlich protestantisch geblieben. Die Michaeliskirche, der schöne romanische Bau Bischof Bernwards aus dem 11. Jahrhundert, war 1543 in eine evangelische Pfarrkirche verwandelt worden; gleichwohl blieb das Benediktinerkloster St. Michael mit seinen zwanzig bis dreißig Mönchen bestehen.[21] Für ihre Stundengebete und Gottesdienste durften die Mönche die Unterkirche sowie das nördliche Querhaus benutzen. Hier lernte Anastasius Rosenstengel Pater Augustinus Bender kennen. Vielleicht hatte Rosenstengel einen evangelischen Gottesdienst besucht und war im Anschluss noch im katholischen Teil der Kirche herumgestromert, um Ausschau zu halten, ob vielleicht bei den Katholiken etwas für ihn zu holen war. Der weitere Fortgang der Geschichte spricht dafür, dass Pater Bender andeutete oder gar versprach, Rosenstengel zu unterstützen, wenn er zum Katholizismus übertrat. Für die Zeitgenossen kam ein Konfessionswechsel dem Abfall vom Glauben gleich. Diesen gewaltigen Schritt wollte Rosenstengel nur zusammen mit seiner Frau tun – zumal die Mönche für eine zweite gerettete Seele doch noch mehr springen lassen mussten. Rosenstengel scheint eine Verabredung mit Pater Bender getroffen zu haben, denn er wanderte die rund einhundert Kilometer nach Halberstadt zurück, um seine Frau nachzuholen.

Pfarrer Israel Clauder hatte in der Zwischenzeit geschwiegen. Catharina Eichsfelder begegnete dem ungeliebten Schwiegersohn äußerst unwirsch, als er wieder auf ihrer Schwelle stand. In Gegenwart ihrer Tochter und einer Freundin namens Zimmermann verlangte sie ein weiteres Mal Beweise seiner Männlichkeit. Rosenstengel war betrunken – vielleicht auch von der Schwiegermutter zu dem Zweck betrunken gemacht – und fackelte nicht lange: Er holte seinen Dildo und, wohl etwas verborgen, das Horn aus der Hose und pinkelte damit auf seine Schwiegermutter und deren Freundin. Seit fünfzehn Jahren hatte er Übung darin, stehend zu pinkeln, und beeindruckte damit auch Catharina Eichsfelder, die sich ein weiteres Mal zufriedengeben musste. Und so ließ sie auch ihre Tochter mit nach Hildesheim ziehen. Da Catharina Rosenstengel erneut ihren Gatten begleitete, statt zu Hause bei ihrer Mutter zu bleiben, war die Ehe noch nicht zerrüttet; sie hoffte, sich gemeinsam in der neuen Stadt einrichten zu können.

Solche Hoffnungen erwiesen sich jedoch sehr schnell als trügerisch. Was genau geschah, lässt sich nicht sagen. Drängten Pater Augustinus Bender oder der Abt Benedikt Lühmann die beiden, sich katholisch taufen zu lassen, und war insbesonders die überrumpelte Catharina Rosenstengel noch nicht bereit dazu? Wahrscheinlicher ist, dass sie von Pater Bender eine Empfehlung an das Jesuitenkolleg in Münster erhielten. Vielleicht hatte auch ein weiterer Bekannter aus dem Mariano-Josephinum, einem von Jesuiten geleiteten Gymnasium, seine Hände im Spiel. Denn was im konfessionell gespaltenen Hildesheim als Provokation aufgefasst werden konnte, die die Mönche von St. Michael in Schwierigkeiten bringen würde, war im rein katholischen Münster leichter zu bewerkstelligen. Und so zogen Anastasius und Catharina Rosenstengel im Spätsommer 1718 von einem Kloster ins nächste. Eine knappe Woche dürften die beiden für die annähernd zweihundert Kilometer lange Wanderung gebraucht haben, wenn Catharina Rosenstengel so gut zu Fuß war wie ihr Ehemann, ein ehemaliger Soldat.

Der Name der Stadt Münster evoziert einen blutigen Kampf um den allein seligmachenden Glauben. 1532 hatte sich die Bürgerschaft der Stadt der Reformation angeschlossen, um sich dann jedoch den anfangs friedlichen Täufern um Jan Matthys und Jan van

Leiden zuzuwenden, die 1534-1535 für sechzehn Monate ein ›Tausendjähriges Reich‹ errichteten.²² Unter dem gewalttätigen Druck der fürstbischöflichen Besatzertruppen entwickelten sich die Täufer zu grausamen Despoten, die etwa die Polygynie anordneten, gegen die sich nicht wenige Frauen wehrten, die nicht mit einem bereits verheirateten Mann verheiratet werden wollten. Gegner ließen die Täufer ohne Gerichtsprozess hinrichten. Die Truppen des Fürstbischofs von Münster schlachteten die Täufer ähnlich erbarmungslos ab, als sie die Stadt schließlich einnahmen. Jan van Leiden richtete man zusammen mit seinen engsten Gefolgsleuten qualvoll hin. Ihre Leichen wurden an der Lambertikirche in eisernen Körben hochgezogen, die heute noch dort hängen. In der Folge dienten die Exzesse der Täufer als Argument gegen jede protestantische Verlautbarung in der Stadt. Die Rekatholisierung betrieben vor allem die Jesuiten. Die Gesellschaft Jesu war 1534 von Ignatius von Loyola eigens zur Verteidigung und Verbreitung des katholischen Glaubens gegründet worden. Seit 1588 wirkten sie in Münster und kümmerten sich, wie überall, vor allem um die Knaben.²³ Für das ihnen übertragene, altehrwürdige Domgymnasium Paulinum errichteten sie 1590-1593 in der Johannisstraße einen Neubau; vier Jahre später konnte die reich geschmückte, dreischiffige Basilika St. Petri geweiht werden, die zusammen mit einem zurückgesetzten Querbau einen Hof mit dem Schulgebäude bildete. Gegenüber, auf der anderen Straßenseite, wurde zu Beginn des 17. Jahrhunderts nach und nach das große, vielflügelige Gebäude des Jesuitenkollegs erbaut, in dem die Patres wohnten. Da die Jesuiten die männliche Jugend seit Generationen gebildet und beeinflusst hatten, war es Stadt und Orden gelungen, protestantische Abweichler wieder in ihre Reihen zu zwingen. Beäugten selbst manche Katholiken den Jesuitenorden mit Argwohn, so verkörperte er für Protestanten den Antichrist schlechthin.

Dass Anastasius Rosenstengel, der als Catharina Linck im pie-

tistischen Waisenhaus erzogen worden war und eine Karriere als
Prophet hinter sich hatte, ausgerechnet bei den Jesuiten in Münster anklopfte, zeugt daher entweder von staunenswerter Chuzpe
oder – Verzweiflung. Vermutlich zeigte er seine Empfehlung aus
Hildesheim vor. Auf Nachfrage behauptete er, ein armer Sohn von
Täufern zu sein, in Sorge um sein Seelenheil. Offensichtlich wusste Rosenstengel sehr genau, was das Wort *Täufer* in Münster auslöste. Einen solchen Bittsteller konnte die Gesellschaft Jesu nicht
abweisen: Die Rosenstengels fanden Aufnahme im Kolleg. Anastasius wurde als Torhüter eingestellt, wachte also darüber, wer vom
Jesuitengang kommend ins Kolleg wollte, und bekam daher wahrscheinlich die kleine Pfortenstube zugewiesen. Seine Frau Catharina arbeitete vielleicht als Magd in der Küche, in der Brauerei oder
in den Stallungen, vielleicht auch als Pflegerin im neu gebauten
Krankenhaus. Aus der schlimmsten materiellen Not waren die Rosenstengels erst einmal heraus.

Dafür mussten sie sich jedoch im katholischen Glauben von Pater Ludolph Schaumburg (geb. 1674) unterweisen lassen. Er lehrte
am Paulinum in Münster »die Humaniora, die Philosophie, Ma-
thematik, h. Schrift und das Hebräische«,[24] darüber hinaus an der
Jesuitenhochschule in Paderborn, der Academia Theodoriana, ka-
nonisches Recht. Für die Rosenstengels benötigte Schaumburg jedoch eher die Argumente aus seinem späteren *Catechismus polemicus,
das ist Catholischer Catechismus, Und nützliche Glaubens-Streitigkei-
ten Frag-weiß vorgestellet* (1721).

Über ein Jahr lebten Anastasius und Catharina Rosenstengel
bei den dreiunddreißig Patres des Jesuitenkollegs in Münster. Was
ihnen weiterhin fehlte, war ein Kind. Um Verdächtigungen zuvor-
zukommen, verkündete der Ehemann wohl auch in Münster, seine
Frau sei schwanger. Um wirklich Vater zu werden, schlug Rosenstengel Catharina Margaretha vor, sich von einem Dritten ein Kind
machen zu lassen. Darauf ging die junge Ehefrau jedoch nicht ein,

Abb. 10: Tor und rechts daneben das kleine Fenster
der Pfortenstube des Jesuitenkollegs Münster

oder es kam nicht dazu. Vielleicht wollte Catharina Rosenstengel nicht, weil sie damals die Liebe mit ihrem weiblichen Ehemann noch sehr genoss. Während der Zeit in Münster riss einmal beim heftigen Liebesspiel der Dildo ab – ein Ereignis, dem beide später in der Inquisition jeweils eine ganz unterschiedliche Bedeutung beimaßen.[25]

Alles in allem konnten sie überaus froh über ihren Unterschlupf bei den Jesuiten sein, denn da die Ernte wegen des heißen und trockenen Sommers 1719 schlecht ausfiel, verteuerte sich das Brot.[26] Hörten sie in dieser Zeit von einem anderen Gast erzählen, der sich 65 Jahre früher hier im Kolleg aufgehalten hatte? Die Jahresberichte der Jesuiten verzeichnen für 1654 den Besuch Christinas von Schweden, die kurz zuvor abgedankt hatte und sich auf der Durchreise nach Brüssel befand; sie reiste inkognito und – in

Abb. 11: Jesuitenkirche St. Petri in Münster

Männerkleidern.[27] Das ehemalige Jesuitenkolleg in Münster darf
sich also rühmen, Anlaufstelle für Frauen in Männerkleidern aus
höchsten und niedrigsten sozialen Schichten gewesen zu sein. Ludolph Schaumburg könnte den Rosenstengels Christina als Vorbild
genannt haben, weil die ehemalige schwedische Königin ebenfalls
zum katholischen Glauben übergetreten war.

Denn der Aufenthalt der Rosenstengels im Jesuitenkolleg St.
Petri hatte aus Sicht der Gastgeber ein klares Ziel: die katholische
Taufe der beiden. Nach einem halben oder Dreivierteljahr Unterweisung drängte Pater Ludolph Schaumburg auf diesen Schritt.
Und so blieb den Rosenstengels nichts anderes übrig, als die Zeche
für ihre Aufnahme zu zahlen: Beide ließen sich, wahrscheinlich im
Winter 1719/20, öffentlich in der Jesuitenkirche St. Petri von Pater Ludolph Schaumburg zuerst katholisch taufen und dann noch
einmal trauen.[28] Anastasius Rosenstengel nahm dieses Mal die Namen Johannes Lagrantinus an. Für ihn war diese Taufe die drit-

te seines Lebens, die er als pragmatischer Überlebenskünstler vermutlich unbeteiligt über sich ergehen ließ. Schon bei den Soldaten
hatte er an katholischen Eucharistiefeiern teilgenommen; Treue
zur lutherischen Konfession wäre ideologischer Luxus gewesen.
Catharina Rosenstengel dagegen scheint Skrupel gehabt zu haben.
Sie leugnete später in der Inquisition zunächst, in Münster katholisch getauft und getraut worden zu sein; erst, als man ihr zusetz-
te, gab sie die Konversion und zweite Eheschließung zu, beteuerte
aber, nur die Armut habe sie zu diesem Schritt verleitet.

Ab diesem Konfessionswechsel dürfte Catharina Rosenstengel ihre Ehe in Frage gestellt haben. Sie war ohne inneren An-
trieb katholisch geworden, gehörte jetzt den gottlosen Papisten an,
und trotzdem war ihre materielle Existenz einmal mehr gefähr-
det. Denn mit Taufe und Trauung war der Aufenthalt der Rosenstengels im Jesuitenkloster an sein Ende gekommen. Rosenstengel
wurde als Pförtner gekündigt und dem Paar vermutlich nahege-
legt, sich einen anderen Wohnsitz zu suchen. Da Rosenstengel in
Münster keine Arbeit fand oder keine finden wollte, versuchte er
noch einmal, seine Konversion zum Katholizismus zu Geld zu machen: Zu Beginn der Fastenzeit, also Ende Februar 1720, verließ er
allein die Stadt, zog im Umland umher und erzählte den Leuten,
er sei ein armer Sohn gottloser Täufer, bekenne sich aber mittlerweile zum katholischen Glauben. Die Fastenzeit war für Bitten um
milde Gaben gut gewählt, sind Katholiken doch in diesen Wochen
besonders zu einem frommen Leben gehalten. Zu Ostern, das in
diesem Jahr auf den 31. März fiel, kehrte Anastasius Rosenstengel
wieder zu seiner Frau nach Münster zurück. Reichtümer hatte er
bei seinem Vagantenleben nicht angehäuft, und so stand das Ehepaar nur noch drängender vor der Frage, wie es weitergehen sollte.
Catharina Rosenstengel wird ihrem Mann heftige Vorwürfe gemacht haben, die er mit Schlägen quittierte. »Zum besten habe Sie
sich nicht mit ihr vertragen«,[29] gab Catharina Linck später zu.

Catharina Rosenstengel wollte zu ihrer Mutter zurück. Anastasius begleitete sie nach Hause – fast dreihundert Kilometer und, wie immer, zu Fuß –, verabschiedete sich jedoch sicherheitshalber schon vor den Toren Halberstadts von seiner Frau. Eine Begegnung mit Pfarrer Clauder oder seiner Schwiegermutter schien nicht ratsam. Ob sie eine Verabredung trafen, unter welchen Umständen sie ihre Ehe wieder aufnehmen wollten, ist offen.

Zurück in protestantischen Landen, verfiel Anastasius Rosenstengel auf die Idee, dass, was bei den Katholiken gelungen war, auch bei den Protestanten möglich sein sollte: aus deren Missionseifer Kapital zu schlagen. Er beschloss, eine ihm noch unbekannte Stadt aufzusuchen und wanderte ins nur einen langen Tagesmarsch von Halberstadt entfernte Helmstedt im Herzogtum Braunschweig. Schon von weitem erblickte er den über fünfzig Meter hohen Turm des prächtigen Juleums, der braunschweigischen Landesuniversität. Wie Halberstadt, Hildesheim und Münster war Helmstedt eine kleine, für die Gegend jedoch sehr bedeutende Stadt. Rosenstengel wusste, dass er nur in wenigstens mittleren Zentren auf Menschen stoßen würde, die etwas für ihn tun konnten und wollten. In Helmstedt machte er Johann Friedrich Heine (1688-1749) zu seinem Gönner. Er war seit sechs Jahren Pastor von St. Marienberg, einem ehemaligen Augustinerinnenkloster, das 1569 in ein evangelisches Damenstift umgewandelt worden war. Als Anastasius Rosenstengel nach Helmstedt kam, lagen Kirche und Kloster noch westlich vor den Toren der Stadt. Nach den guten Erfahrungen mit Klöstern in Hildesheim und Münster erschien Rosenstengel das Damenstift St. Marienberg vermutlich ähnlich günstig; in einer größeren Wirtschaft gab es immer etwas zu tun, und auf einen Esser mehr oder weniger kam es nicht an.

Und so suchte Anastasius Rosenstengel Pastor Johann Friedrich Heine auf und spielte ihm eine herzergreifende Komödie vor. Mit »sehr niedergeschlagene[m] Angesicht und betrübte[m] Hertzen« erzählte er ihm, er sei vor 24 Jahren in Nürnberg geboren worden. Seine Eltern seien Inspirierte bzw. Quäker gewesen, die ihn acht Tage nach seiner Geburt an der Vorhaut mit einer Nadel hätten ritzen lassen. Getauft habe ihn eine Prophetin namens Eva in Köln am Rhein, als er schon zwölf Jahre alt war. Diese Taufe sei nach Art der Quäker im Namen Jehova Almajo Almejo vollzogen worden. Nachdem diese Sekte aus Köln verjagt worden sei, hätten ihn »nach vielen Fatalitäten«[30] die Jesuiten in Münster aufgenommen, die ihn als Torhüter beschäftigt und im katholischen Glauben unterwiesen hätten. Da sie ihm aber verboten hätten, in der Bibel zu lesen, sei er davongelaufen und habe sich bis Helmstedt durchgeschlagen. Nun bitte er den Pastor Heine, ihn in der lutherischen Konfession zu unterrichten, damit sein Seelenheil nicht Schaden nähme.

Lügen, die so nah wie möglich an der Wahrheit bleiben, hinterlassen den sichersten Eindruck. Vieles von dem, was Rosenstengel Heine erzählte, war tatsächlich geschehen – nur war nichts davon wahr. Den Quäkern eine Art Beschneidung nach jüdischem Ritus zu unterstellen und zugleich die Erwachsenentaufe, war freie Phantasie; die Quäker lehnten jegliche Sakramente, also auch die Taufe, ab, von der Beschneidung ganz zu schweigen. Da im Zeitalter nur schwer überprüfbarer Gerüchte die Quäker freilich im Ruf standen, gottlos und sonderlich zu sein und die soziale Ordnung zu gefährden – in der Gewissheit, jeder trage das innere Licht Gottes in sich, weigerten sie sich etwa, vor Höherstehenden den Hut zu ziehen –, konnte Anastasius Rosenstengel ihnen allerhand Lästerliches ungestraft nachsagen. Galt es doch, das eigene Schicksal in grauenhaften Farben zu schildern, um das Mitgefühl von Pastor Heine zu erregen. Zum selben Zweck gab sich Rosenstengel für vierundzwanzig Jahre aus, obwohl er mittlerweile zweiunddreißig Jahre alt war. Dass er sich in Münster hatte katholisch taufen lassen, unterschlug er, wohl wissend, dass dieser Schritt Pastor Heine mehr als skeptisch machen würde. Dagegen hatte der Lutheraner Heine jedes Verständnis für den unkatholischen Wunsch des jungen Mannes, selbstständig in der Bibel zu lesen – gehörte die eigenständige Bibellektüre doch auch zu den vorrangigen Erziehungszielen im Franckeschen Waisenhaus. So musste Heine, wie der Jesuitenpater Ludolph Schaumburg vor ihm, die Chance wittern, ein verirrtes Schaf in die rechtmäßige Kirche führen zu können.

Auch Pastor Heine ließ sich diese Gelegenheit nicht entgehen. Er verschaffte Anastasius Rosenstengel eine Unterkunft im Kloster St. Marienberg, wenn er und seine junge Frau Amalia Helena ihn nicht sogar in ihrem eigenen Pfarrhaus aufnahmen. Sicherlich hielt Heine den Gast zur Arbeit in der Stiftswirtschaft an; und persönlich unterrichtete er ihn in den »nöthigsten Stücken des Christenthums«, wie er später ins Kirchenbuch eintrug. Anders als in Münster brauchte es dazu nicht lange, fehlte es doch nicht an Vorbildung. Schon am Sonntag, den 12. Mai 1720 wurde Rosenstengel im Gottesdienst in der dreischiffigen Pfeilerbasilika St. Marienberg zum vierten Mal getauft. Diese Erwachsenentaufe war so ungewöhnlich, dass der Pastor, anders als sonst, im Anschluss alle Einzelheiten dieses Falls sowie die genaue Taufhandlung ins Kirchenbuch eintrug:

D[en] 12 Mai ist Largrantinus Rosenstengel, welcher zum Vatter hatt Cornelium Largrantinum Rosenstengel einen Berghauptmann zu Guttenberg in Böhmen, der aber alle seine Güter verlassen und zu der Inspiranten Secte sich begeben, als er zu Nürnberg bey solcher Secte gebohren und erzogen und im 12ten jahr seines alters folgender massen getauffet, da er unter Wasser mit seinem gantzen Leibe getauchet und alle dreymahl dabey von seiner Prophetin Jehova Almage Almego geruffen worden, weil er ein großes Verlangen zu der Evangelisch Lutterischen Religion getragen und dahero in den nöthigsten stücken des Christl

Glaubens von mir unterrichtet, bey einer Volkreichen Versammlung, in der seine tauffe [...] im Nahmen G[otte]s des Vatters
Sohnes und H[eiligen] Geistes verrichtet, von mir Jo[hann] Frider[ich] Heine Pastore huius loci nach dem Befehl Christi [...]
folgender massen getauffet [...].

Zuerst sang die Gemeinde mehrere Lieder, darunter »O Vatter all-
mächtiger Gott«, »Gloria in Excelsis« sowie »Allein Gott in der
Höhe«. Danach verlas Pastor Heine »die Epistel«, und nach weiteren Gesängen predigte er schließlich »Von der Inspiranten Lehre nach Anleitung des ordentl[ichen] Evangelii«. In »einer kleinen
Rede vor dem kleinen Altar« begründete Heine schließlich, »warum die tauffe zu wiederholen« sei. Er prüfte den Täufling, der das
»Glaubens Bekäntniss« ablegen musste, und taufte ihn schließlich
»nach den in der neuen Kirchen Ordnung [...] vorgeschriebenen
Ceremonien« auf den Namen Julius Augustus. Seine stadtpromi-
nenten Paten waren »der Secretarius Academio Herr[n] Dencker« von der Bibliothek der Helmstedter Julius-Universität, ein
Ratsherr der Stadt mit Namen Stiesser sowie für das gastgeben-
de Kloster St. Marienberg die »Klosterjungffer« Walbeck. Im Anschluss an den Taufakt sang die Gemeinde erneut mehrere Lieder,
darunter »Nun laßt uns Gott dem Herrn« und »Es ist das heyll
uns kommen«. Damit schloss Pastor Heine den Gottesdienst. Seinen ausführlichen Bericht über diesen ungewöhnlichen Fall, den
er vielleicht auch zur eventuell nötig werdenden Rechtfertigung so
detailreich ins Kirchenbuch eintrug, beendete er mit dem Wunsch,
dass der Täufling »beständig bleibe und endlich seelig werde«.[31]
Mit dieser Taufe kehrte Rosenstengel in den Schoß der lutherischen Kirche zurück, was ihm durchaus am Herzen lag; in der Inquisition rechtfertigte sich Catharina Linck für diese weitere Taufe
mit den Worten, »Sie hätte mit Gott einen Neuen Bund auffgerichtet, Sie hätte gemeinet, daß es nöthig sey«.[32] Vor allem aber

D. 12 May sf Largraphius Rosenstengel, welchem die [...]
Comedium Rosenstengel einen Bergkrüppen zu
Kuttenberg in Böhmen, [...] aller seiner [...]
[...] der inspiranten Secte ergeben, als um zu Nürnberg bei
solcher Secte [...] und [...] und in [...] seiner [...]
folgenden [...] gebracht, der [...] Manier [...] seinen
[...] gebracht, und alle [...] die freien Propheten
Jehovah Almage Almego genösse [...], weil er ein [...]
[...] zu [...] Evangelisch Lutherischen Religion geboren [...]
[...] in den wichtigsten Stücken des Christ [...] [...] ein [...]
[...], bei einem [...] [...], in dem [...]
die [...] ist der [...] [...] [...] Geist [...]
[...] Jo. Frider. Heine Pastore hujus loci [...] dem [...] Christi
und [...] des [...] Consistorii folgende [...]
[...]: Dom Brandt [...] [...] [...] O [...] all
[...] als [...] Gloria in excelsis intoniret, [...]
[...] die Collecte [...], die Epistel [...]
[...] [...] [...] [...] [...]
[...] [...] [...] [...] des [...] Inspiranten [...] [...] Ableitung des [...] Evangelii [...]
und [...] die [...] [...], [...] Acker
[...] [...] und dem [...] Altar, [...] ein
[...] und die [...] [...] [...], [...]
[...] [...] [...], in examine [...] [...] [...]
[...] des Baptizandi und [...] [...] in dem [...] [...] Ord.
[...] pad. II § IX pag [...] [...] Ceremonien [...]
[...] [...] [...] dem [...] [...] [...] und [...] zu [...]
[...] [...] [...] seiner [...] [...] [...]

453

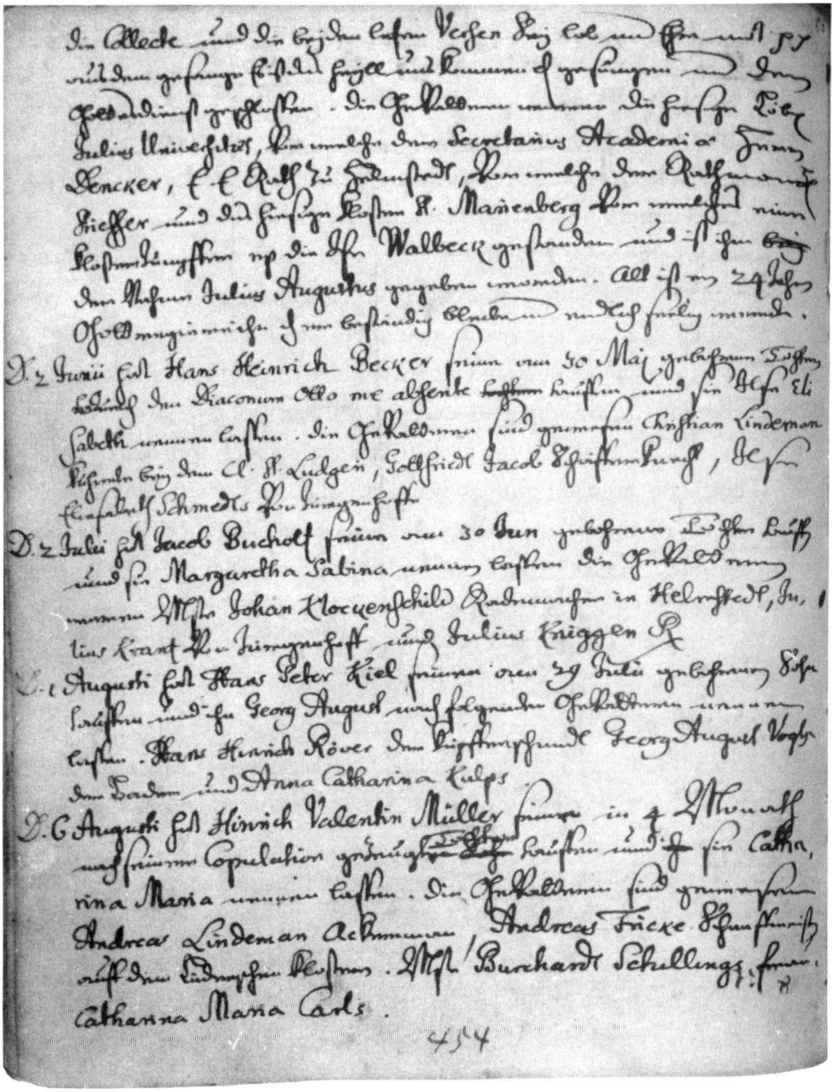

Abb. 12: Taufeintrag von Lagrantinus Rosenstengel im
Kirchenbuch St. Marienberg in Helmstedt vom 12. Mai 1720
(gesamte linke Seite sowie die ersten neun Zeilen der rechten)

war es Julius Augustus Rosenstengel erneut gelungen, sich Gönner zu verschaffen. Seine Paten schenkten ihm die stolze Summe
von 25 Reichstalern, von denen ihm die Hälfte ausgezahlt wurde.
Die andere Hälfte nahm Pastor Heine in Verwahrung – ein Zeichen verbliebenen Misstrauens gegen diesen merkwürdigen jungen Mann? Rosenstengel erzählte Pastor Heine von seiner Absicht,
seine »Geistliche Mitschwester«, die er im »Inspiranten Stande mit
sich herumgeführet«, in Halberstadt abzuholen »und sich mit derselben allenfals zu Helmstedt trauen [zu] laßen«.[33] Rosenstengel
hatte also vor, seine Frau Catharina ebenfalls in die lutherische Kirche zurückzuführen und sich ein drittes Mal mit ihr zu verheiraten. Dafür winkte vielleicht noch mehr Geld, mit dem wieder
ein Hausstand zu gründen war. Ein solideres Leben vielleicht mit
einer Arbeitsstelle bei einem der Gönner schien in Reichweite. Offensichtlich glaubte er, seine Frau würde ihn begleiten, wenn er mit
seinen Talern in der Tasche klimperte. Und so verabschiedete sich
Julius Augustus Rosenstengel von Pastor Heine und den Helmstedter Freunden, kündigte an, bald zu zweit zurückzukehren, und
machte sich schon Ende Mai 1720 auf den Marsch nach Halberstadt. Hatte er in Helmstedt erfahren, dass Pastor Clauder mittlerweile Erster Prediger an der Altstädter Nicolaikirche in Bielefeld
geworden war?

Doch in Halberstadt überraschten ihn unerwartete Umstände: Catharina Rosenstengel war krank und musste das Bett hüten.
Ihr Mann ließ Medizin, nämlich eine Kanne Wein, für die Kranke kommen. Dennoch misstraute Catharina Eichsfelder ihm mehr
denn je. Schon zum dritten Mal hatte ihre Tochter wieder bei ihr
Zuflucht suchen müssen, offensichtlich konnte der Herr Schwiegersohn seine Frau, deren Aussteuer er versetzt hatte, nicht ernähren, auch wenn er jetzt gerade spendabel auftrat. Als er ihre bettlägerige Tochter streichelte, warf sie ihn hinaus. Ob Catharina
Rosenstengel damit einverstanden war, ist unklar. Vielleicht hatte

ihre Mutter sie in den zurückliegenden Wochen bearbeitet, sich scheiden zu lassen. Vielleicht hatte sie genug von diesem wechselvollen und unsicheren Leben an Rosenstengels Seite, zumal sie in der Krankheit ihre Armut in dieser Ehe umso härter spürte. Vielleicht war sie aber einfach zu schwach, um zu protestieren und einzugreifen. Denn nun überschlugen sich die Ereignisse.

Die Quellen geben nicht eindeutig Auskunft, ob der fatale Streit unmittelbar bei der neuerlichen Ankunft Anastasius Rosenstengels im Hause Eichsfelder ausbrach oder ob sich der Tumult nicht eher bei einem zweiten Besuch des Schwiegersohns ereignete. Das Geschehen spricht mehr dafür, dass sich die Schwiegermutter vorbereitet und Verstärkung geholt hatte. Denn in einem heftigen Wortgefecht klagte nicht nur Catharina Eichsfelder, sondern auch eine Nachbarin mit Namen Petersen Anastasius Rosenstengel an, kein Mann zu sein. Als der Schwiegersohn sich wieder nur mit Worten verteidigte, wollten Eichsfelder und Petersen sein Geschlechtsteil sehen. Es kam zu einem Handgemenge, die beiden Frauen – vielleicht war noch Hilfe herbeigerufen worden – schnappten sich den Degen des ehemaligen Soldaten, fesselten ihn auf einen Stuhl und schlitzten ihm die Hose auf. Was sie entdeckten, dürfte sie nicht wenig überrascht haben. Anastasius Rosenstengel trug sowohl das Horn als auch den Lederdildo am Körper. Nachdem er aber immer noch behauptete, er sei ein Mann, »hätten Sie ihr das Geburts Glied von einander geklappet« – also die Schamlippen geöffnet – »und gefunden, daß Sie nicht das aller geringste Männliches an sich habe, da Sie ihr dann Schläge darzugegeben«.[34] Die Schwiegermutter nahm das lederne Instrument und das Horn an sich, brachte die Beweisstücke zum Stadtgericht und zeigte Anastasius Rosenstengel an.

»Mit anderen Weibes Bildern Unzucht getrieben«: Inquisition (1720-1721)

Nach Catharina Eichsfelders *denuntiatio* eilten die Gerichtsdiener zu ihrer Wohnung und nahmen die gefesselte Catharina Margaretha Linck fest. Zu Eichsfelders Entsetzen verhafteten sie zudem ihre Tochter. Damit hatte die Mutter nicht gerechnet. Nach drei Jahren maßlosen Ärgers über Anastasius Rosenstengel wollte Catharina Eichsfelder ihn endlich einfach loswerden. Sicher wünschte sie ihrer Tochter eine zweite Chance. Hätte ihr Schwiegersohn ihre Tochter ernähren können, hätten die Eheleute ein solides Leben geführt, hätte Eichsfelder Merkwürdigkeiten wohl hingenommen. So aber erschien ihr die Anzeige als probates Mittel, ihre Tochter von ihrem Schwiegersohn zu trennen. Doch sie hatte die strafrechtlichen Folgen unterschätzt und angenommen, nur Anastasius Rosenstengel würde verhaftet, ihre Tochter hingegen als Betrugsopfer bedauert werden. Sicher handelte sie im Affekt – und bereute ihre Tat noch oft.[1]

Catharina Linck und die kranke Catharina Rosenstengel geb. Mühlhahn wurden von den Gerichtsdienern in das Richthaus der Stadt Halberstadt am Fischmarkt Nr. 5 geworfen. »Quicquit igitur tibi non vis fieri, alteri non feceris«, also »Was du nicht willst, das man dir tu, das füg auch keinem andern zu« war an der Fassade des 1665 erbauten Gebäudes zu lesen. In seinem Keller wurden Catharina Linck und Catharina Mühlhahn getrennt voneinander eingesperrt, damit sie ihre Aussagen nicht absprechen konnten.[2]

Wahrscheinlich kettete der Kerkermeister sie an, wenn er ihnen nicht gar Hände und Füße im Block festschraubte. Die dunklen, feuchten und ungeheizten Verliese wurden jahrelang nicht gereinigt. Zu essen gab's wenig. Die entbehrungsreiche, krankmachende Haft während eines Inquisitionsprozesses glich einer schweren Leibstrafe *vor* der Verurteilung. Nicht nur ihrer Tochter, auch sich selbst hatte Catharina Eichsfelder das Leben schwergemacht. Sie musste nun nicht nur für sich, sondern auch für ihre Tochter Geld verdienen, der sie »Kleider und Bette nach Nohtturft«[3] ins Richthaus brachte. In dessen oberen Stockwerken fand die gerichtliche Untersuchung (*Inquisitio)* statt.[4]

Die Inquisition war kein Sondertribunal bei Hexenverfolgungen, sondern die übliche Form des Strafprozesses. Da das gesamte Leben Catharina Margaretha Lincks vornehmlich aus ihren Gerichtsakten hervorgeht, sei der juristische Ablauf eines Inquisitionsprozesses[5] ein wenig ausführlicher skizziert. Die *Peinliche Gerichtsordnung Kaiser Karls V.*[6] (1532; ›peinlich‹ von lateinisch ›poena‹, die Strafe) gilt als »die bedeutendste, ja die einzig bedeutende gesetzgeberische Arbeit des Heiligen Römischen Reichs deutscher Nation«.[7] Dieses Strafgesetzbuch blieb über dreihundert Jahre lang gültig, auch wenn neben ihm in den einzelnen deutschen Staaten Partikulargesetze galten. Auch das brandenburg-preußische Strafrecht entstand in großer Abhängigkeit zur *Peinlichen Gerichtsordnung*. Der Jurist Benedict Carpzov (1595-1666), der als Senior des Leipziger Schöppenstuhls, als Dekan der Juristischen Fakultät der Universität Leipzig und als juristischer Autor die Rechtsprechung in ganz Deutschland beeinflusste, formte den Inquisitionsprozess aus. Sein Werk *Practica nova imperialis Saxonica rerum criminialium* (1635) gilt nicht nur als der wichtigste Kommentar zur *Peinlichen Gerichtsordnung*, sondern stellte zugleich ein vollständiges System des Straf- und Strafprozessrechts auf. Die *Practica nova* übte zusammen mit Carpzovs weiterem Werk *Peinlicher Sächsischer*

Abb. 13: Richthaus in Halberstadt

Inquisition- und Achtsproceß (1638) über ein Jahrhundert lang »unumschränkte Herrschaft über die strafrechtliche Doktrin und Praxis ganz Deutschlands«[8] aus.

Der Inquisitionsprozess gegen die beiden Catharinen wurde nach der *Criminal-Ordnung* geführt, die seit 1720 im Fürstentum Halberstadt galt.[9] Ähnlich wie das 1721 *Verbesserte Land-Recht des Königreichs Preußen*[10] gehört die Halberstädter *Criminal-Ordnung* dem Geiste nach ins 17. Jahrhundert, teilweise werden Carpzovs *Practica nova* sowie die *Peinliche Gerichtsordnung* selbst noch wörtlich zitiert.[11] Von der aufkommenden Aufklärung zeugen nur die angemahnte Zurückhaltung in Prozessen gegen angebliche Hexen sowie die Ächtung von Verstümmelungsstrafen; Verurteilte sollten besser in ein Zuchthaus oder des Landes verwiesen werden. Erst lange nach Lincks und Mühlhahns Inquisitionsprozess hinterfragten Johann Samuel Friedrich Böhmers *Observationes selectae ad Bened. Carpzovii practicam novam rerum ciminalium* (1759) die *Peinliche Gerichtsordnung* im Licht der Aufklärung.

Der Inquisitionsprozess unterschied sich stark von heutigen Strafprozessen. So waren Anklage, Beweisaufnahme, Verteidigung und Befragung (Inquisition) nicht getrennt. Der *inquirierende* Richter und die (mindestens) zwei Schöffen waren oft keine ausgebildeten Juristen. Als von der Obrigkeit eingesetzter Beamter war der *Inquirent* nicht unabhängig, sondern weisungsgebunden. *Ex officio*, also von Amts wegen, musste er Verbrechen aufdecken (also wie heute die Staatsanwaltschaft) und den Täter in der Inquisition überführen. Diese Offizialmaxime sollte eine gerechte Strafverfolgung gewährleisten, die alle Verbrechen erfasste, auch diejenigen, bei denen kein formeller Ankläger auftrat, sondern die etwa durch eine *Denuntiatio* dem Gericht bekannt wurden. Der Inquisitionsprozess begann in der Regel mit der Festnahme des oder der Angeklagten (*Inquisit* bzw. *Inquisitin*). Im sogenannten artikulierten Verhör wurde ihnen ein schriftlich in einzelnen Artikeln festgelegter Fragenkatalog vorgelegt, den sie kurz und eindeutig zu beantworten hatten. Das artikulierte Verhör sollte die Tat in alle Bestandteile auflösen und in Frageform den gesamten Tathergang erfassen. Neben dem wörtlich protokollierten Verhör nahm das Gericht auch Zeugenaussagen und Augenscheinbeweise auf.[12] Nach Abschluss der Ermittlungen bekam der Inquisit Gelegenheit zur Verteidigung (*Defension*), die ein Advokat vortragen durfte; laut *Criminal-Ordnung* musste ein rechtskundiger *Defensor* beteiligt werden, wenn dem Inquisiten die Todesstrafe drohte, selbst gegen seinen Willen.[13] Die Defension war das einzige und letzte Mittel, die Ergebnisse der Inquisition in Frage zu stellen oder zu widerlegen. Eine Berufung (*Appellation*) war ausgeschlossen.[14] Schließlich wurden die Inquisitionsakten, also die Verhörprotokolle samt Zeugenaussagen und Defension, an ein oft weit entferntes übergeordnetes Spruchkollegium *(Dikasterium)* geschickt, das nach Aktenlage ein *Consilium* verfasste, im formellen Sinn also kein Urteil fällte, sondern einen Rat gab.[15] Der Inquisitionsprozess teilte sich also in ein ermittelndes Gericht – den Inquisitionsrichter und die Schöffen – sowie in ein erkennendes Gericht, das aus Mitgliedern einer juristischen Universitätsfakultät oder einem Schöppenstuhl bestand. Auf diese Weise sollte sichergestellt werden, dass nicht Laien vor Ort willkürlich ein Urteil fällten, sondern juristische Fachleute Recht sprachen; außerdem versprach man sich hiervon eine einheitliche Rechtsprechung in den Territorialstaaten. Vor allem aber wurden auf diese Weise die abhängige und weisungsgebundene Verwaltung (das Inquisitionsgericht) einerseits und die unabhängige Rechtsprechung (Schöppenstühle und Juristenfakultäten) andererseits getrennt. Allerdings wurde die Unabhängigkeit der Justiz durch das letzte Wort, das sich absolut regierende Fürsten zubilligten, ad absurdum geführt.

Das Dikasterium würdigte alle eingereichten Akten und nutzte das ausführliche artikulierte Verhör als schriftlichen Ersatz für die fehlende unmittelbare Aussage des Inquisiten, den die Rechtsgelehrten nie zu sehen bekamen. Schließlich sandten sie dem Inquisitionsgericht ihr Consilium schriftlich zu. Der Richter vor Ort war an das Consilium gebunden, das erst durch seine Bekanntgabe zum Urteil wurde. Lag kein Freispruch vor, wurde das Urteil am sogenannten *Endlichen Rechtstag* öffentlich verkündet und vollzogen.[16] Der Endliche Rechtstag erinnerte pro forma an die Öffentlichkeit, die in der alten deutschen Gerichtsbarkeit üblich gewesen, durch den Inquisitionsprozess jedoch völlig ausgeschlossen worden war: Sowohl Ermittlung als auch Urteilsfindung fanden hinter verschlossenen Türen statt. Da das Urteil bereits gefällt war, erschöpfte sich der Endliche Rechtstag in einer theatralen Geste, die den feierlichen Auftakt für die öffentliche Vollstreckung des Urteils bildete – die Leibstrafe oder die Hinrichtung.

Von heute aus gesehen erscheint der Inquisitionsprozess auch deshalb fragwürdig, weil er die Folter als Mittel der Strafrechtspflege zuließ. Gemäß der *Peinlichen Gerichtsordnung* konnte ein Täter nur durch ein Geständnis oder durch die Aussage zweier unmittelbarer Tatzeugen überführt werden.[17] Da sich die zwei Zeugen in der Regel nicht fanden und ein Indizienprozess, wie er heute möglich ist, in Artikel 22 der *Peinlichen Gerichtsordnung* ausgeschlossen wurde, zielte die Inquisition stets auf das Geständnis. Gestand die Inquisitin nicht freiwillig, wurde sie bei starken Verdachtsmomenten durch die Folter buchstäblich erpresst.[18] Die für Linck und Mühlhahn geltende *Criminal-Ordnung* schloss sich auch in diesem Punkt der *Peinlichen Gerichtsordnung* an.[19] Um die Folter anwenden zu dürfen, musste das ermittelnde Gericht von einem übergeordneten Spruchkollegium einen Zwischenentscheid *(Interlocutum)* einholen, »nach ermessung eyns guten vernünfftigen Richters«, verlangte die *Peinliche Gerichtsordnung*.[20] Auch wenn hierdurch erneut Willkür verhindert werden sollte, wurden in der Praxis die Regeln häufig nicht eingehalten; juristische Kommentatoren klagten, die Richter würden im Wirtshaus trinken, statt die Folter zu überwachen.[21]

Zum ersten Verhör von Catharina Margaretha Linck und Catharina Margaretha Mühlhahn begab sich der Halberstädter Stadtrichter August Heinrich Meschmann[22] Anfang Juni 1720 ins Richthaus am Fischmarkt. Der Kerkermeister führte ihm und den vier Schöffen zunächst Catharina Linck vor, die sicherlich gezwungen worden war, wieder Frauenkleider anzuziehen. Die Schöffen sollten den Richter kontrollieren und stellten ein letztes Minimum an Öffentlichkeit her. Ein »Gerichtssekretarius« protokollierte Lincks Antworten auf die vorbereiteten Frageartikel wortgetreu. Außerdem sollte er auch körperliche Reaktionen festhalten, wenn sie etwa bei einer Frage zitterte oder errötete.[23] Einen rechtlichen Beistand durfte Catharina Linck in dieser Phase nicht hinzuziehen.

Der Tatverdacht, der im Raum stand und den die Inquisition klären sollte, lautete »Sodomiterey«. Sie umfasste ein weit gespanntes Spektrum lustvoller Betätigungen: Selbstbefriedigung, Sex zwi-

schen Frauen bzw. zwischen Männern,[24] Oral- oder Analverkehr
(ganz gleich mit welchem Partner), Sex mit Heiden, Tieren, leblosen Dingen, Leichen oder mit dem Teufel. *Ex negativo:* Nur diejenigen sexuellen Betätigungen waren nicht sodomitisch, die po-
tentiell einem neuen Christen zum Leben verhelfen konnten. Wie
andere *delicta atrocissima*, also abscheulichste Verbrechen, Mord,
Hexerei, Hochverrat, wurde Sodomie mit dem Tod auf dem Scheiterhaufen bestraft.

Im ersten Verhör war Richter Meschmann gehalten, eine güti-
ge Atmosphäre zu schaffen, um ein freiwilliges Geständnis zu er-
reichen, das als *regina probationum*, als Königin der Beweise galt.
Linck wurden daher wahrscheinlich die Fesseln abgenommen. Da
sie wusste, was auf sie zukommen konnte, wenn sie die Aussage
verweigerte, und da erdrückende Beweise gegen sie vorlagen, sagte
sie ohne Zwangsmaßnahmen detailliert aus. Sie gestand nicht nur
bereits bewiesene Delikte, ging also nicht nur auf ihre unrecht-
mäßige Ehe und den Gebrauch des Dildos ein, sondern erzählte
Meschmann in dem sich über Wochen erstreckenden Verhör ihre
gesamte Lebensgeschichte. Da auch bei einem Geständnis umfas-
send *inquiriert* werden sollte, fragte Richter Meschmann auch nach
ihrem Leben als Prophet bei der radikalpietistischen Täufergruppe,
als Soldat bei verschiedenen Truppen und schließlich auch nach
ihren diversen Taufen. Auf manche Frage wird ihn erst Catharina
Mühlhahn gebracht haben, die parallel aussagen musste.

Nachdem das artikulierte Verhör abgeschlossen war, erhielt
Catharina Linck Gelegenheit zu ihrer Verteidigung. Gemäß der
Criminal Ordnung wurde ein *Defensor* bestellt, in diesem Fall wohl
der Advokat Knoche,[25] der Einblick in die Inquisitionsakten erhielt und sich mit Catharina Linck besprechen durfte, allerdings
nur »in Beysein einer Gerichts Person«.[26] Da die Pflichtverteidiger
für ihre Arbeit sehr schlecht bezahlt wurden – wegen der Armut
der Inquisitin zahlte der Fiskus –, hielt sich ihre Leistung in Gren-

zen.[27] Linck ging in ihrer Verteidigung auf verschiedene Punkte ein. Für ihre Desertionen als Soldat sei sie bereits bestraft worden, und die Anschuldigung, sie habe ihre Ehefrau bestohlen, sei nicht richtig, denn von dem Geld, das sie für den Verkauf ihrer Aussteuer eingenommen habe, habe sie sie schließlich ernährt. Ihre wiederholten Taufen fielen nicht in die Zuständigkeit eines weltlichen Gerichts: »alles dieses stünde Gott abzubitten, und Gott vergebe es ihr auch«. Und was ihren Geschlechtertausch anging, argumentierte sie sophistisch: Gott habe nur Weibern, also Ehefrauen, verboten, Männerkleider anzuziehen, Jungfrauen hingegen nicht. Außerdem behauptete sie, wie früher schon erwähnt, sie habe keusch leben wollen und deshalb Männerkleider angezogen. Den Dildo rechtfertigte sie damit, sie habe »müßen mitmachen, wie andere Soldaten gemacht«.[28]

Obwohl sie sich also durchaus verteidigte, gestand Catharina Linck ein, »Mißethaten« begangen zu haben, die sie reuten und für die sie den Tod »Zehnmahl verdienet« habe, weshalb sie »gerne sterben«[29] wollte. Ihr umfassendes Geständnis deutet darauf hin, dass ihr tatsächlich daran gelegen war, mit Gott wieder in ein gutes Verhältnis zu treten. Akzeptierte sie die Todesstrafe, reinigte die Sühne sie von ihrem Verbrechen. Ohne diese religiöse Hoffnung – oder Angst vor dem Fegefeuer – hätten nicht viele Todeskandidaten ihre Hinrichtung so gefasst abgewartet, wie aus zeitgenössischen Berichten hervorgeht. Vermutlich wusste Catharina Linck, dass das Spiel aus war, und vielleicht wunderte sie sich, wie lange es doch gutgegangen war – schließlich hatte sie vor zwölf Jahren schon einmal unterm Galgen gestanden. Oder war ihr Wunsch, sterben zu wollen, ähnlich strategisch-rhetorisch wie ihre Beichte damals, mit der sie den Pfarrer becircte? Defensor Knoche plädierte auf »perpetuos Carceres«, also lebenslange Kerkerhaft.

Während Catharina Linck einem artikulierten Verhör unterzogen wurde, durfte Catharina Mühlhahn zunächst *summarisch* aussagen, ohne festgelegten Fragenkatalog. Ihre Inquisition drehte sich vor allem um die Frage, ob und, wenn ja, ab wann sie wusste, dass ihr Mann eine Frau war. Mühlhahn behauptete, sie habe geglaubt, einen Mann zu heiraten. Sie präsentierte sich als »einfältig Mägdgen«, dem die Anatomie des Mannes unbekannt und das daher leicht zu betrügen war. Ihr Mann habe sein Glied »steiff und schlap« machen und damit pinkeln können, auch wenn er sich dabei merkwürdig oft die Schuhe »bepißet« habe. Nie habe ihr der vermeintliche Penis ihres Mannes Lust, sondern im Gegenteil von Anfang an Schmerzen bereitet. In der Hochzeitsnacht »hätte ihr vermeintlicher Mann sein Glied in ihres nicht bringen können, sondern Sie wohl 8 Tage gequälet und gemartert, daß Sie große Schmertzen davon gehabt, und ihr Geburts Glied sehr geschwollen, nach 8 Tagen wäre es angegangen.« Sie habe ihren Mann nie nackt gesehen und beim Beischlaf die Riemen nicht gespürt, mit denen Linck den Dildo umgeschnallt hatte. Erst nach einem Jahr Ehe habe sie zu ihrem größten Schrecken und Erstaunen »die von ihrer Mutter übergebene Lederne Wurst«[30] entdeckt, als ihr Mann schlief und sie doch einmal nachguckte. Danach habe sie nie wieder mit ihm bzw. ihr sexuell verkehrt.

Nach diesem summarischen Verhör wollte Catharina Mühlhahn »gegen juratorische Caution«[31] aus der Haft entlassen werden, d.h., sie wollte einen Eid als Sicherheitsleistung schwören – Geld hatte sie ja keins. Gemäß den Regeln des Inquisitionsprozesses schickte das Halberstädter Gericht ihren Antrag an den Schöppenstuhl in Minden, der als übergeordnetes Spruchkollegium fungierte, und bat um eine Entscheidung. Der Schoppenstuhl lehnte den Antrag vermutlich mit Hinweis auf die *Criminal-Ordnung* ab, die eine Freilassung gegen Kaution untersagte, wenn das inquirierte Verbrechen mit einer Leibes- oder der Todestrafe zu ahnden war.[32] Stattdessen ordnete der Schöppenstuhl die *Inquisitio specialis* an.[33] Denn auch dem Gericht war aufgefallen, wie oft Mühlhahn vor und während ihrer Ehe hätte erkennen müssen, dass Anastasius Rosenstengel eine Frau war. Zudem verwickelte sie sich in Widersprüche. So behauptete sie zuerst, Catharina Linck habe den Dildo nie tiefer als einen halben Finger in ihre Scheide einführen können; später erklärte sie jedoch, sie habe den Dildo deshalb nicht von echtem Fleisch unterscheiden können, weil er in ihrem Körper warm geworden war.

Da Mühlhahns Naivität gespielt schien, wurde nun auch sie dem strengeren artikulierten Verhör unterzogen. Hier blieb die *Coinquisitin* zwar bei ihrer Aussage, sie habe erst in Münster das wahre Geschlecht ihres Mannes entdeckt und danach nicht mehr mit Linck geschlafen. Doch nun gab sie an, sie habe Lincks Dildo in die Aa geworfen – dabei lag dem Halberstädter Stadtgericht doch der Dildo vor, der als *das* Beweisstück des gesamten Prozesses ausnehmend gewürdigt wurde. Entgegen ihrer ersten Beteuerung musste Mühlhahn nun eingestehen, dass sie in Münster katholisch getauft und noch einmal getraut worden war. Außerdem gab sie zu, einmal ihren Mann mit Fellatio beglückt zu haben. Dieses Detail ihres Liebeslebens hatte Catharina Linck zu Protokoll gegeben. Als lustvoller Akt, der nicht der Zeugung dient, galt Fellatio selbst zwischen Eheleuten als Sodomie. Mühlhahn wollte auch mit der ledernen Wurst im Mund nichts Ungewöhnliches bemerkt haben.

Da Mühlhahn allem Anschein nach nicht die Wahrheit gestand, ordnete Richter Meschmann die *Confrontatio*[34] beider Inquisitinnen an. Er hoffte, im Wortgefecht mit Linck würde Mühlhahn aus der Deckung kommen und sich verraten. Und so wurden die beiden aus ihren getrennten Verliesen geholt. Im Verhörsaal des Richthauses sahen sie sich nach vielen Wochen wenn nicht Monaten zum ersten Mal wieder. Beide werden von der auszehrenden Kerkerhaft gezeichnet gewesen sein. Wie schauten sie sich an? Die *Gegenüberstellung* gehört zu den traurigsten Momenten dieser ganzen Geschichte, denn beide verrieten auf ihre Weise die andere.

Inquisit hat zwar [...] der Coinquisitin unter Augen gesagt, daß
wie Sie ihr das lederne Ding einmahl in den Mund gesteckt,
wäre Sie, die Linckin, splitter nackend gewesen, und habe die
Coinquisitin Muhlhahnin ihr die Brüste befühlet, und also wohl
wißen und fühlen können, ob das Ding leder oder Fleisch gewesen, allein es wiederspricht hierin die Coinquisitin derselben
und saget: die Linckin wäre nicht nackend gewesen, Sie hätte
das Hembde darum geschlagen gehabt, die Brüste hätte Sie wohl
gefühlet, aber die Linckin hätte dabeÿ gesaget, viele Mannsleüte
hätten solche Brüste.[35]

Aus Liebe, Fürsorge oder Großmut hätte Catharina Linck die ganze Schuld auf sich nehmen und behaupten können, ja, sie habe
Mühlhahn betrogen. Sie hätte damit das Todesurteil abwenden
können, das auch ihrer Frau drohte. Stattdessen gab sie zu Protokoll, dass Mühlhahn im Liebesspiel ihre Brüste liebkost und sie
also als Frau begehrt habe. Damit zog Linck Mühlhahn ins Verderben. Wollte sie sich rächen, weil ihre Frau ihre Mutter nicht an
der Anzeige gehindert hatte? Mühlhahn ihrerseits verriet Linck,
indem sie sich auf geradezu absurde Weise von ihr distanzierte sowie von dem sexuellen Glück, das sie einmal geteilt hatten. Catharina Mühlhahns Strategie, sich als dumm und dämlich darzustellen,
glich zwar einer verzweifelten Farce, doch genau diese gespiel-
te Naivität rettete ihr das Leben. Mit Catharina Linck hatte nur
eine Tatzeugin ausgesagt, es fehlte eine zweite. Und da Catharina
Mühlhahn auch in der Confrontatio kein Geständnis ablegte, miss-
lang dem Richter Meschmann der Beweis. In seiner Verteidigungs-
schrift verlangte der Defensor Knoche, Mühlhahn sei aus Mangel
an Beweisen »pure zu absolviren«,[36] also freizusprechen.

Neben den Inquisitinnen befragte das Stadtgericht Halberstadt
auch Zeugen und Sachverständige. Richter Meschmann schrieb
die Regimenter an, bei denen Linck gedient hatte. Die hannöver-

schen Truppen übersandten einen Bericht, der den Inquisitionsakten beigelegt wurde. August Heinrich Meschmann bat auch Catharina Lincks Mutter Magdalena, die immer noch in Halle im
Waisenhaus arbeitete, um eine schriftliche Aussage.[37] Wahrscheinlich wandte sich Meschmann zunächst an Francke selbst. Ein nach-
gewiesener Brief Franckes an den Arzt und Leiter der Waisen-
hausapotheke Christian Sigismund Richter »wegen der Linckin«[38]
dürfte in diesem Zusammenhang stehen. Magdalena sagte aus, sie
habe an ihrer Tochter als Kind nichts Männliches bemerkt. Allerdings sei ihr aufgefallen, dass ihr »membrum muliebre«, also ihre
Scheide, als Kind »wenige und fast gar keine Öffnung gehabt« habe,
woraus sie schloss, dass sie »also zum Beÿschlaff wohl nicht tüchtig seÿn mögte«.[39] Magdalena Linck versuchte also, ihre Tochter
in Schutz zu nehmen, indem sie ihren Körper als nicht ganz funk-
tionstüchtig darstellte. Dem widersprachen zwei Halberstädter
Ärzte. Als sie zusammen mit einer Hebamme Catharina Linck
untersuchten, hätten sie, so ihr Bericht, »an derselben gar nichts
hermaphroditisches, vielweniger Männliches, sondern Sie schlechterdings als eine Weibes Person beschaffen gefunden«. Außerdem
könne man aus der Größe ihrer Brüste und der Weite ihrer Scheide rückschließen, »daß Sie ihre weibliche Glieder nicht gäntzlich
würde haben ruhen laßen, sondern solche beÿ Ihrem herum Vagiren
wohl schändlich dürffte gemißbraucht haben«.[40] Die Ärzte hielten
demnach Catharina Lincks Aussage für unglaubwürdig, sie habe
nie mit einem Mann verkehrt oder sich mit dem Dildo penetrieren
lassen. Die Medizin der Zeit war überzeugt, sexuelle Aktivität am
Körper ablesen zu können. So mussten Männer in Sodomieprozessen Anusuntersuchungen über sich ergehen lassen.

Catharina Linck wurde medizinisch begutachtet, weil die Straf-
barkeit ihres Verhaltens auch von der Beschaffenheit ihres Körpers
abhing; das Halberstädter Stadtgericht musste feststellen, ob sie
vielleicht ein *Hermaphrodit* oder eine *Tribade* war. Als intersexuelle

Person wäre ihr Fall juristisch wesentlich schwerer einzuschätzen gewesen. Dass immer wieder Menschen zwischen den Geschlechtern geboren werden, war seit der Antike bekannt, auch wenn man vor bildgebenden Verfahren und Hormonanalysen nur diejenigen Fälle feststellen konnte, die äußerlich Merkmale von beiden Geschlechtern zeigten. Gerade im 18. Jahrhundert interessierte man sich sehr für diese Körper und diskutierte, inwiefern sie als Männer oder als Frauen einzuschätzen waren.[41] Anders lag der Fall bei den Tribaden.

TRIBADES, heissen solche Weibsbilder, welche ein so grosses und langes Schamzünglein haben, daß es fast einer männlichen Ruthe gleichet, und damit bey andern ihres Geschlechts die Stelle einer Mannsperson vertreten können.[42]

Der Mythos der Tribade gehört zu den schillerndsten Gedankenfiguren seit der Antike.[43] Sie geistert durch zahllose wissenschaftliche, juristische, poetische und pornographische Zeugnisse. Fast gewinnt man den Eindruck, in früheren Zeiten habe jeder und vor allem jede hoffen können oder – je nach Temperament – fürchten müssen, einmal einer phallischen Frau zu begegnen. Die Tribade galt als lasterhaft per se, ihr sodomitisches Treiben als besonders strafbar. Im 18. Jahrhundert erschienen mehrere medizinische Schriften, die die angeblich sittlich notwendige Klitorisamputation von Tribaden chirurgisch detailliert beschrieben. Der Rat der päpstlichen Glaubenskongregation, Ludovico Maria Sinistrari, nahm um 1700 die traditionelle Genitalverstümmelung von Frauen in nordafrikanischen Ländern als Beweis dafür, dass dort die tribadische Physiologie besonders verbreitet war – und mit ihr Sodomie unter Frauen.[44] Vor dem Hintergrund solcher weit verbreiteter Vorurteile musste das Halberstädter Stadtgericht untersuchen, ob Catharina Linck etwa eine Tribade war – was jedoch ausgeschlossen werden konnte.

Auch Catharina Mühlhahn wurde vom »Stadtphysicus« untersucht. Dies geschah zum einen, weil den Akten ein ärztliches Attest über den Gesundheitszustand der Inquisitinnen beizugeben war,[45] damit die Urteilsfasser unter Umständen ihr Strafmaß danach richteten. Zum anderen wurde der Arzt beigezogen, weil Mühlhahn angab, »summe Melancholica« zu sein, also im höchsten Grade schwermütig. *Melancholia* war als Krankheit anerkannt und konnte im Inquisitionsprozess ähnlich wie eine schwere körperliche Krankheit die Folter abwenden.[46] Doch der Arzt wollte Mühlhahn keine Depression bescheinigen; sein Attest kam ebenfalls zu den Akten.

Während Catharina Linck darauf wartete oder befürchtete, dass auch Catharina Mühlhahns Spezialinquisition abgeschlossen würde, wurde sie außerhalb der Kerkermauer zum Gegenstand wüster Polemik.

»Land- und Leute-Betrügerin«:
Gegenstand von Polemik (1720)

Im September 1720 erschien eine zehn Seiten umfassende Broschüre mit dem Titel *Umständliche und wahrhaffte Beschreibung
einer Land- und Leute-Betrügerin.*[1] Weder den Namen des Autors
noch den Verlag oder den Erscheinungsort gab die Titelei preis.
Das Frontispiz zeigt »Catharina Margaretha Linckin« sowohl »Als
eine Weibes-Person und Inspiratische Prophetin« als auch »Als
eine verstellte Manns-Person und Soldate, unterm Nahmen Anastasius Lagarantinus Rosenstengel«. Da Rosenstengel auch als Prophet in Männerkleidern unterwegs gewesen war, zeigt schon dieser
frei erfundene Kupferstich, dass es dem Werk nicht um Information, sondern Polemik ging: Catharina Lincks skandalöser Ge-
schlechts- und Lebenswandel sollte die Inspirierten als gottlose
Sekte brandmarken.

Das Pamphlet besteht aus zwei Teilen. Die programmatische
Einleitung zielt *expressis verbis* gegen die »so genannten Inspiraten«, die unter dem Mantel eines gottgefälligen Lebens die »verdammlichsten Sünden« begingen: Sie ließen die Kinder nicht taufen, missachteten die Bibel und gäben stattdessen »unter allerhand
lächerlichen Posituren« vor, in ekstatischen Eingebungen den Geist
Gottes zu empfangen. Dabei handelten sie den »geschriebenen
gött- und bürgerlichen Gesetzen schnur stracks zuwider«; sie seien
daher keine »heilige und verehrens würdige Propheten«, sondern
»die grösten und ruchlosesten Sünder«.[2]

Nach dieser Frontalattacke auf die Inspirierten referiert der Autor im zweiten Teil Catharina Lincks Lebensweg. Er erzählt von ihrer Erwachsenentaufe in Nürnberg und ihren Prophezeiungen und hält fälschlich Rosenstengels Täufergruppe für Inspirierte, obwohl diese erst 1713 nach Halle kamen, also zehn Jahre nach Catharina Lincks Prophetenzeit. Ein »junger Studiosus« – gemeint ist Johann Heinrich Pott – soll die Gruppe in Halle verteidigt haben, dabei war er zu der Zeit, als Catharina Linck sich ihr anschloss, noch ein Schuljunge. Gegen die Chronologie behauptet das Pamphlet weiter, Linck habe auch Schwarzenau und Laubach besucht, wo nicht nur die Gemeinde der Inspirierten florierte, sondern wo sich auch die Buttlarsche Kommune – früher misogyn als »Rotte« bezeichnet – aufgehalten hatte, über deren rituelle Sexualpraktiken in Windeseile ganz Deutschland unterrichtet war.[3] Nach den weiteren zwei Taufen in Münster und Helmstedt deutet der Autor schließlich die »schändlichsten Unflätereyen«[4] an, die Linck mit ihrer Frau getrieben haben soll. Den eigentlichen Skandal erkennt der Autor in den religiösen Verirrungen Lincks; die gleichgeschlechtliche Unzucht dient ihm eher als Beleg für ihre Verdorbenheit. »Inspiraten«, so die Suggestion, seien Leute wie diese gottlose Frau: Sie fingierten ihre angeblich göttlichen Offenbarungen genauso, wie Linck die Welt über ihr wahres Geschlecht getäuscht habe.

Offensichtlich setzt dieses Pamphlet den erbitterten Streit fort, den Vertreter des hallischen Pietismus mit den Inspirierten führten. Catharina Margaretha Linck hatte die Vorgänge in Halle in den Jahren 1713-1715 ja selbst miterlebt. Mehrfach waren die Inspirierten aus Halle ausgewiesen worden, und der Theologieprofessor Joachim Lange (1670-1744) hatte ihnen 1715 eine erste Streitschrift hinterhergeschickt, *Nöthiger Unterricht von unmittelbaren Offenbarungen.* Nachdem die Potts die Wetterau wieder verlassen hatten, wurde der Sattler Johann Friedrich Rock das Hauptmedium

Abb. 14: Joachim Lange

der dortigen Inspirierten. Ihr Wortführer Eberhard Ludwig Gruber schied die ›falschen‹ von den ›wahren‹ Inspirierten und festigte
die Gruppe mit einer Gemeindeordnung. Joachim Langes Attacke
beantwortete er noch im selben Jahr mit der Schrift

Unterschiedliche Erfahrungs-volle Zeugnisse / Welche Einige in
Gott verbundene Freunde Von der so sehr verhassten und verschrey-
ten Inspirations-Sache / nach ihrem Gewissen und wie sie vor Gott
und Menschen davon Red und Antwort zu geben getrauen / abge-
fasset; und an statt einer buchstäblichen Apologie gegen die weit-

läuffige Schriften / so von Hall und anderstwoher dagegen herauß
gekommen / Jedermann zur gründlichen und unpartheyischen Prü-
fung und Einsicht hiermit offentlich dargelegt haben.[5]

Außerdem veröffentlichte Gruber das Werk *Historische Umstände*
Zur Prüfung des Geistes Der so genannten Inspirierten und Inspiration;
Ob das Werck von Gott oder vom Satan sey? Dass die Inspirationen
von Gott kämen, zeige die Tatsache, dass einfältige Mägde zu kräf-
tigen Predigern geworden seien, ja die Inspiration sei

> gar auf die Wiegen-Kinder gekommen / daß sich solche an der
> Mutter Brüsten zu aller Welt und der gottlosen Verfolger Erstau-
> nen auffgerichtet / und die penetranteste Vermahnungen zur
> Gottseligkeit gehalten / da sie zuvor und hernach nicht einmal
> lallen können.[6]

Schließlich attackierte ein weiterer Teil der Veröffentlichung Joachim Lange auch direkt: *Summarischer gründlicher Erweiß / Daß*
Hrn Joachim Langens […] Schrifft Von unmittelbaren Offenbarun-
gen […] kein wahrer / Sondern ein unzulänglicher / partheyischer und
höchst gefährlicher Unterricht sey. Nicht alle Unregelmäßigkeiten
unter radikalpietistischen Gruppen seien den wahren Inspirierten
zuzuschieben, meinte Gruber, schließlich hätten »Spitzbübereyen,
Abfälle, Gräuel, Hurereyen, Ehebrechereyen, Sodomitereyen« in
Franckes Waisenhaus dessen Ruf ja auch nicht beschädigt. Und ja,
die Inspirierten ließen sich auf ihren Reisen von Wohltätern aushalten – aber die Glauchaschen Anstalten seien ebenfalls allein auf
Spenden gebaut. Süffisant fragte Gruber, ob Francke und Lange
grollten, weil nicht jede gute Spende »im Hallischen Schul-Beu-
tel«[7] ankomme.

Joachim Lange, das »Schwert der theologischen Fakultät«[8]
Halles, war Francke nibelungentreu ergeben. In der polemischen

Auseinandersetzung mit den Gegnern des Pietismus entwickelte er sich zum Mann fürs Grobe. Ein so erfahrener und erprobter Streit-schriftenautor wie er ließ sich ob der Gruberschen Provokationen nicht lumpen und konterte, indem er Johann Gustav Reinbecks *Unterricht Von nöthiger Prüfung der Geister / in diesen letzten und ge-fährlichen Zeiten zur Warnung kürtzlich und gründlich mitgetheilet* (1715) mit einer Vorrede versah, »Darinnen er die wieder ihn von einem Adhaerenten der so genannten neuen Propheten herauß-gegebene Schmähschrift kürzlich abfertiget«.

Angesichts dieser Vorgeschichte war es sehr wahrscheinlich Joachim Lange selbst, der mit seiner schnellen und spitzen Feder die Broschüre über die »Land- und Leute-Betrügerin« zusammen-schrieb; so gut eingearbeitet ins Thema war sonst keiner. Allerdings musste er nur wenige eigene Worte finden, er konnte viel abschrei-ben: Offensichtlich lagen ihm die Akten (oder eine Abschrift) von Lincks Inquisitionsprozess vor, denn er übernahm einige Passagen wortwörtlich.[9] Eine Vertrauensperson in Halberstadt muss ihm Zugang verschafft haben. Spätestens durch die Zeugenaussage von Magdalena Linck wussten die hallischen Pietisten von dem Prozess, vermutlich erfuhren sie aber sofort von Lincks Verhaftung, wie die vielfältigen Verbindungen zwischen Halberstadt und Halle nahele-gen. So berichtet auch Christian Wolff (1679-1754), der bedeutende Aufklärer der mittleren Periode und Professor für Philosophie in Halle, »Daß unter meinem Prorectoratu wegen einer inquisita aus Halberstadt Anfrage geschahe, die im Waisen Hause auferzogen worden: Ob sie getaufft, und auf was für Religion sie erzogen sey? weil sie es nicht gewust«.[10] Dass Catharina Linck, die sich als Er-wachsene drei Mal taufen ließ, nicht gewusst haben soll, welches ihre ursprüngliche Konfession war, erscheint höchst unwahrschein-lich; allzu kundig flunkerte Anastasius Rosenstengel den katho-lischen und protestantischen Pfarrern vor, was sie entsetzen musste, um von ihnen Unterstützung zu erlangen. Wolffs Bemerkung ziel-

Abb. 15: August Hermann Francke um 1725

te darauf ab, die Erziehung im Waisenhaus zu diskreditieren; lag er
doch selbst im Streit mit Joachim Lange und den hallischen Pietisten, die erbittert gegen ihn intrigierten, bis er seinen Lehrstuhl
verlor und des Landes verwiesen wurde. Allerdings wurde er un-
autorisiert zitiert; von dem anonymen Druck mit dem angeblichen
Verlagsort Kassel distanzierte sich Wolff ausdrücklich.[11] Auch ihm
mag also eine Bemerkung untergeschoben worden sein.

Wie auch immer – Catharina Lincks Geschichte glich einer
Bombe in den Händen der Kritiker des Waisenhauses. Lange handelte daher schnell. Das Pamphlet eignete sich nicht nur blendend
dazu, sich von dem ehemaligen Zögling der Anstalten zu distanzieren, sondern auch, um im Streit mit den Inspirierten nachzutreten.
Nur sollte es so aussehen, als ob ein neutraler Autor die Broschüre
verfasst habe. Joachim Lange konnte dieses Mal unmöglich offen
in Erscheinung treten. Zu oft und zu lange hatte Francke persön-

lich seine schützende Hand über Catharina Linck gehalten, als dass Lange sich als sein Parteigänger hätte zu erkennen geben dürfen. Eine große Leerstelle gähnt denn auch im Text: Der Name August Hermann Franckes fällt an keiner Stelle, obwohl der Autor auch die Krisen beschreibt, die Linck mit dessen Hilfe überwand.

Langes Vornewegverteidigung durch Angriff ist wohl gelungen, denn eine Reaktion darauf ist nicht bekannt. Fast ist es verwunderlich, dass Franckes Gegner den Rosenstengel-Skandal nicht aufgriffen, um den Begründer der Glauchaschen Anstalten empfindlich zu treffen. Gegen die Veröffentlichung intimer Details aus ihrem Leben war Catharina Margaretha Linck machtlos. Sie saß im Richthaus und wurde missbraucht in einem Streit, mit dem sie nichts zu tun hatte. Ihre Lebensführung wurde verhöhnt, verfälscht und instrumentalisiert. Zu einer Zeit, die noch keine Tageszeitungen oder gar *yellow press* kannte, werden sich die Leute die Broschüre über die »Land- und Leute-Betrügerin« gegenseitig aus der Hand gerissen und laut vorgelesen haben.

»Und ist das Urthel gewiß curieux zu lesen«:
Urteil und Hinrichtung (1721)

N achdem die Vernehmungen in Catharina Lincks und Catharina Mühlhahns Inquisitionsprozess abgeschlossen, die
Zeugen und Sachverständigen gehört und die Defensionen einge-
reicht waren, wurden die Inquisitionsakten sauber abgeschrieben
und in Gegenwart der Inquisitinnen oder ihres Defensors, der die
Vollständigkeit der Akten überprüfen und per Unterschrift bestätigen musste, geschlossen.[1] Es war ungefähr Dezember 1720, beide
Frauen saßen nun seit über einem halben Jahr im Richthaus. Zur
Urteilsfindung wurde das Aktenpaket an die Juristische Fakultät
der Universität Duisburg an den fernen Niederrhein geschickt –
eine in mehr als einer Hinsicht ungewöhnliche Entscheidung.

Dem Stadtgericht war freigestellt, an welches Dikasterium es
sich wandte, allerdings mit einer Einschränkung: Seit dem 29. April
1720 – also wenige Monate vor Beginn des Prozesses gegen Linck
und Mühlhahn – war die Aktenversendung in Inquisitionsprozes-
sen nur noch innerhalb des Königreichs Preußen erlaubt.[2] Dem
Stadtgericht Halberstadt war mit dieser Einschränkung ein zuvor
oft angefragtes Spruchkollegium entzogen, die Juristische Fakultät
der Universität Helmstedt[3] im Herzogtum Braunschweig. In dieser Situation hätte es nahegelegen, die Akten an die Juristische Fakultät der Universität Halle zu schicken, die ähnlich häufig wie die
Helmstedter Fakultät vom Halberstädter Stadtgericht angegangen wurde und die zu den gefragtesten Spruchkollegien überhaupt

zählte.[4] Die hallischen Pietisten konnten jedoch auf keinen Fall
diese explosiven Gerichtsakten an Franckes eigener Universität
dulden; denn dann hätte Christian Thomasius (1655-1728), der Senior der hallischen Juristenfakultät, intime Kenntnisse über Vorgänge erhalten, die Francke äußerst schaden konnten, war Thomasius doch der erste hallische Aufklärer gewesen, den sich die
Pietisten zum Feind gemacht hatten.[5] Nur wenig später, 1723, be-
wegten Lange und Francke den König dazu, Christian Wolff zu
entlassen und des Landes zu verweisen – der Tiefpunkt in der Geschichte der Aufklärung in Deutschland. In dieser Dauerfehde mit
den Aufklärern an der Universität übten die pietistischen Kreise
in Halle demnach Druck auf das Halberstädter Stadtgericht aus,
das sich daraufhin zum ersten Mal überhaupt an die weit entfernte
und völlig unbeteiligte Juristische Fakultät der Universität Duisburg wandte.[6] Vielleicht hatte auch der Halberstädter Maulwurf,
der den hallischen Pietisten Lincks Inquisitionsakten zugespielt
hatte, seine Hand im Spiel.

Das Herzogtum Kleve fiel 1614 an Brandenburg und gehörte
somit seit 1701 zum Königreich Preußen. Die Universität Duisburg war 1655 als protestantisches Bollwerk gegen die Universität
in Köln und das Jesuitenkolleg in Düsseldorf gegründet worden,
ohne jedoch mit einer ausreichenden finanziellen Grundlage aus-
gestattet zu werden. Die prunkvolle Eröffnungsfeier der Universität Halle verschlang 1694 mehr Geld, als die kleine Universität
Duisburg in der gesamten Zeit ihres Bestehens zur Verfügung hatte.[7] 1720 schrieben sich in Duisburg nur 39 Studenten ein. Als die
Akten aus dem fernen Halberstadt im Winter 1720/21 in Duisburg
mit der Post eintrafen – sie waren etwa vier Tage unterwegs gewesen[8] –, befand sich die Juristische Fakultät gerade in einer per-
sonellen Übergangsphase. Eigentlich war sie mit drei Professoren
besetzt, doch just zu der Zeit, als Lincks und Mühlhahns Inquisitionsakten ankamen, vertrat nur ein einziger Professor die Fakul-

Abb. 16: Caspar Theodor Summermann

tät, Caspar Theodor Summermann (1674-1752).[9] Er war seit 1701
ordentlicher Professor an der Universität Duisburg und verfügte
also über zwanzig Jahre Erfahrung; seine juristischen und wissenschaftlichen Leistungen galten als unbedeutend, er war wohl eher
ein guter Lehrer. Eigentlich wies der Dekan die eingehenden Fälle Berichterstattern aus dem Kreis der Professoren zu, die dann
das Consilium schrieben, das entweder bei einer Fakultätssitzung
diskutiert und beschlossen oder im Umlaufverfahren von den übrigen Mitgliedern der Fakultät abgesegnet wurde. In der besonderen Situation im Winter 1720/21 übertrug sich der Dekan Summermann Lincks Fall selbst. Ein Aktuar verfertigte die Reinschrift
von Summermanns Consilium. Es begann mit dem *Rubrum,* das
die Inquisitinnen, das Gericht sowie die Anklage nannte; darauf
folgten Spruch (*Nigrum*) und Kostenentscheid.[10] Das Consilium
wurde als Urkunde gesiegelt und mit der Kollektivunterschrift der

Fakultät versehen. Zusammen mit den *rationes decidendi,* also den Entscheidungsgründen, wurde alles zusammen auf die Post gegeben.

Im April 1721 traf das Urteil in Halberstadt ein. Laut *Criminal-Ordnung* musste die Sendung Catharina Linck und Catharina Mühlhahn mit unerbrochenem Siegel gezeigt werden.[11] Die beiden wurden also aus ihren Verliesen geholt, um das ungeöffnete Paket zu betrachten, das aus Duisburg gekommen war – wissen, was ihr Stündlein geschlagen hatte, durften sie jedoch nicht. Was hatten Kälte und Dunkelheit, der Hunger und die Ratten in der Zwischenzeit aus ihnen gemacht? Waren die beiden völlig aufgelöst, als sie wieder im Keller festgeschmiedet wurden? Erst in ihrer Abwesenheit öffnete ein Mitglied der Regierung des Fürstentums Halberstadt die Sendung. Die Duisburger Juristische Fakultät erkannte,

> Daß Catharina Margaretha Linckin, oder der so genante Anastasius Lagrantinus Rosenstengel, wegen ihrer begangenen und bekandten Mißethaten dem Nachrichter an seine Hand und Bande zu lieffern, von Ihm zur gewöhnlichen Richtstatt zu führen, alda ihr selbsten zur wohlverdienten Straffe, andern aber zu einem abscheulichen Exempel mit dem Strange vom Leben zum Tode zu bringen, und solchem nach deren Cörper zu verbrennen.[12]

Seitdem der alttestamentarische Gott die Stadt Sodom vernichtet hatte, galt die gleichgeschlechtliche Unzucht unter Juden wie Christen als eine der grässlichsten Sünden[13] und daher als schweres Verbrechen. Catharina Linck hatte gleich auf mehrere Arten Sodomie begangen: Einmal, indem sie mit Frauen sexuell verkehrt hatte, dann, weil sie dazu einen leblosen Gegenstand, den Dildo, benutzt hatte, und schließlich, weil sie damit auch noch Fellatio praktiziert hatte. Artikel 116 der *Peinlichen Gerichtsordnung* verlangte die Todesstrafe:

> Straff der vnkeusch, so wider die natur beschicht. Jtem so
> eyn mensch mit eynem vihe, mann mit mann, weib mit weib,
> vnkeusch treiben, die haben auch das leben verwürckt, vnd man
> soll sie der gemeynen gewohnheyt nach mit dem fewer vom
> leben zum todt richten.[14]

Bei lebendigem Leib verbrannt zu werden, galt als die grauenvollste aller Hinrichtungsarten. Der Tod trat erst nach langen Qualen ein, und die Hinrichtung galt erst als vollzogen, wenn die Asche von Leiche und Scheiterhaufen in den Wind gestreut war.[15] So wurde dem Delinquenten nicht nur eine christliche Bestattung versagt, sondern auch die Erinnerung an ihn vollständig ausgelöscht. Das *Vivicomburium* verlegte das Fegefeuer, das etwa einer als Hexe Verurteilten im Jenseits bevorstand, schon in ihre letzte Lebenszeit.

In der Praxis hatten sich allerdings leichte Abmilderungen zu Gunsten der Verurteilten ergeben. Seit den 1660er Jahren war es üblich geworden, Sodomiten zunächst durch das Schwert hinzurichten und anschließend zu verbrennen. So erläutert ein Consilium der Tübinger Juristenfakultät 1700:

> Weil man aber dieser Orthen Teutschlands, in specie [insbesondere] bey unsrer Fakultät, von dieser Straffe des vivicomburii schon vor geraumer Zeit ex ratione evitandae desperationis [um die Verzweiflung zu vermeiden] nicht unbillig abgangen, wie wir dann fast kein Exempel finden, da dieselbe in hoc imprimis delicto dictiret [in diesem besonderen Vergehen ausgesprochen], sondern anstatt dessen immer die Schwerdtstraffe nebst Verbrennung des entseelten Körpers angesetzt worden.[16]

Die Enthauptung durch das Schwert galt als die einzige ehrenvolle Art, hingerichtet zu werden; die Umwandlung einer ›unehrlichen‹ Hinrichtungsart (Hängen, Rädern) in Enthaupten wurde daher als Gnade angesehen. Die Leiche von Sodomiten im Anschluss zu verbrennen, schien den Richtern jedoch immer noch notwendig, um Täter und Tat vollständig auszulöschen. Die letzte Verbrennung fand in Deutschland 1786 statt.[17]

Da Caspar Theodor Summermann Catharina Linck vor dem Verbrennen hängen statt enthaupten lassen wollte, erkannte er auf eine härtere Strafe als üblich. Linck stand mit Summermanns Urteil ein unehrenhafter Tod sowie ein qualvolles Sterben bevor: Am Strang erstickten viele Delinquenten nur sehr langsam, denn um den Tod hinauszuzögern, verwendete man oft eine Kette, die sich nicht vollständig zuzog.[18] Wem dagegen der Kopf abgehauen wurde, starb binnen Sekunden.

Für Catharina Mühlhahn sah die Lage anders aus. Über sie verfügte Summermann kein endgültiges Urteil, sondern ein Interlocutum. Er verlangte, dass

> Die Catharina Margaretha Muhlhahnen aber zur Erlernung der Wahrheit mit der scharffen Peinlichen Frage ziemlicher maßen (nemlich im Zweÿten Grad) anzugreiffen.[19]

Wie schon zuvor die Kollegen in Minden glaubte auch der Duisburger Professor der Coinquisitin nicht und ordnete daher die Folter an, um ein Geständnis zu erpressen. Da Folter nur bei starken Indizien für ein *delictum atrocissimum* verlangt wurde, hielt Summermann Mühlhahn für so schuldig wie Linck; es lag nur noch kein Beweis vor – sprich das Geständnis –, auf Grund dessen er sie hätte verurteilen können.

Die Folter war kein Strafmaß, sondern eine Fortführung der Inquisition, ein *peinliches* Verhör. Die *Criminal-Ordnung* unterteilte die Folter in zwei Vorstufen und drei Grade.[20] Beim bloßen Erschrecken (*territio verbalis*) wurden der Inquisitin in der Folterkammer die Instrumente gezeigt und ihre Funktion erklärt. Da die Inquisitin jedoch nicht wusste, dass sie nur *territio verbalis* zu ertragen hatte und also davon ausgehen musste, gleich gefoltert zu werden, gestand sie oft schon in diesem Moment – oder erfand eine Aussage. Die *territio realis* hielt sich nicht mehr nur mit Worten auf. Hier zog der Henker der Inquisitin die Kleider aus, legte ihr Daumenschrauben an oder fesselte sie an die Streckbank. Bei der Folter ersten Grades drehte er die Daumenschrauben zu. Führte der Schmerz noch nicht zu einer Aussage, wurde mit »Banden oder Schnüren der Anfang gemachet«: Der Henker zog eine dünne Schnur auf dem Arm der Inquisitin fest und schnell hin und her, so dass sie sich tief ins Fleisch eingrub. Bei Folter zweiten Grades, zu der Mühlhahn verurteilt worden war, zog der Henker diese Schnur bis zum Knochen durch. Außerdem peinigte er die Inquisitin nach den Daumen- auch noch mit Beinschrauben, den ›Spanischen Stiefeln‹. Zuletzt konnte die Inquisitin bei Folter zweiten Grades »an der Leiter mäßig aufgezogen«[21] werden: Die Streckbank kugelte ihr die Gelenke aus. Den dritten Foltergrad überlebten viele Männer und Frauen nicht; einige fielen ins Koma – den sogenannten ›Hexenschlaf‹. Dem Gesetz nach sollte die Folter nie länger als eine Stunde dauern;[22] doch sprechen die vielen Ermahnungen in den Folterparagraphen der *Criminal-Ordnung* für sich. Die von Christian Thomasius betreute und von Martin Bernhardt verfasste Dissertation *De tortura* (1705) brandmarkte die Folter als ungerechtes, trügerisches, kurz: ungeeignetes Mittel juristischer Aufklärungsarbeit.[23] Franckes Kollege und Gegner an der Universität Halle fand in Berlin jedoch kein Gehör: Friedrich Wilhelm I. hielt an der Folter fest.

Mit dem ungewöhnlich entehrenden Todesurteil für Catharina Linck und dem überaus harten Interlocutum für Catharina Mühl-

hahn war der Verfahrensgang jedoch noch lange nicht beendet. Auf
Anweisung König Friedrich Wilhelms I.[24] mussten seit 1717 in »allen Fällen, wo es auf Leib- und Lebensstrafe und Landesverweisung ankommt«, Urteile vor ihrer Vollstreckung zur Überprüfung
nach Berlin geschickt werden, desgleichen, wenn »die Richter Lin-
derung oder Verschärfung der Strafe für angezeigt«[25] hielten. Die
brandenburgisch-preußische Regierung im Fürstentum Halberstadt und in der Grafschaft Hohenstein meinte, dass sich durch
die neue Prozedur die Prozesse nur in die Länge ziehen und sich
die Kosten erhöhen würden, weil »lüderliche Metzen, diebisches
Gesindel«[26] im Gefängnis ernährt werden müssten. Doch ihr Protest gegen diese Beschneidung der eigenen Kompetenzen[27] verhall-
te ungehört. Am 7. Mai 1721 übersandte die Halberstädter Regierung daher die Inquisitionsakten zusammen mit dem Duisburger
Urteilsspruch sowie einem Anschreiben an Friedrich Wilhelm zur
Confirmation nach Berlin. Im Begleitbrief regte das Regierungskol-
legium um den Präsidenten Friedrich von Hamrath an, Catharina
Lincks Strafe in die für Sodomie übliche abzuändern, nämlich Tod
durch Enthaupten mit anschließender Verbrennung. Artikel 116 der
Peinlichen Gerichtsordnung sehe zwar das Comburium vor, es habe
sich jedoch die Tradition entwickelt, die Delinquenten »vorhero
[…] tödten zu lassen«, und zwar mit dem Schwert. Nur so könne
der Unterschied gewahrt werden zwischen »Sodomiterey̆ so zwischen Menschen und Menschen, und derjenigen welche zwischen
Menschen und Viehe begangen wird«. Daher sehe die Halberstädter Regierung

> keine Ursach, warumb die Inquisitinn eben mit dem Strange,
> und nicht vielmehr mit dem Schwerdte, zumahlen Sie ein Wei-
> bes Bild, vorhero getödtet und darauff verbrandt werden solle.

Auch für Catharina Mühlhahn bemühte sich die Halberstädter Regierung um Strafmilderung. Die Coinquisitin möge zwar »eine schwere Straffe zu gewarten haben«, falls sie noch nicht die ganze Wahrheit gesagt haben sollte; doch da sie bereits durch die eingetretene Situation stark bestraft sei und außerdem ihre Mutter den Fall denunziert habe, schlugen die Räte vor, »die erkante Tortur in etwas zu mildern«.[28]

Die Halberstädter Regierung adressierte ihr Schreiben zwar an Friedrich Wilhelm I., vermerkte jedoch auf dem Umschlag, es sei bei dem »Würckl[ichen] geheimbten Estats-Rahts, Herrn von Katschen Excell[enz] abzugeben«. Christoph von Katsch (1665-1729) gehörte dem Geheimen Rat an, dem höchsten Organ der Regierung, die nicht nur Exekutive, sondern auch Legislative und Judikative umfasste[29] und an deren Spitze der absolutistisch regierende König stand. Katsch war im Geheimen Rat für das Kriminaldepartement zuständig, d.h., in sein Ressort fielen alle Strafprozesse, die wegen einer höchstrichterlichen Entscheidung eingingen. Als enger Vertrauter des Königs war er *privatissime* angewiesen, darüber hinaus seine Kollegen im Geheimen Rat auszuspionieren.[30] Kaum ein preußischer Beamter der Epoche wurde so gefürchtet und so gehasst wie Christoph von Katsch.

Wie üblich leitete er die Prozessakten an das Criminal-Collegium[31] weiter, eine eigenständige Behörde von rund 35 Spezialisten im Strafrecht. Einige von ihnen waren Richter am Kriegs-, Hof- und Criminalgericht, andere am Cammergericht oder auch am Berliner Stadtgericht.[32] In ihrer Tätigkeit als Räte im Criminal-Collegium begutachteten sie die eingesandten Urteile und bereiteten den Urteilsspruch des Königs vor. War ein solches Gutachten erstellt, referierte Katsch den Fall im Geheimen Rat, der daraufhin dem König ein Urteil vorschlug. Friedrich Wilhelm behielt sich das letzte Wort vor. Anhand des Gutachtens und der Urteilsempfehlung prüfte er das Strafmaß und verschärfte es in der Re-

Abb. 17: Friedrich Wilhelm I.

gel. Der Soldatenkönig war berüchtigt dafür, Hinrichtungen auch
bei geringen Vergehen anzuordnen; einfache Diebe wurden ebenso aufgeknüpft wie Deserteure. Oft verlangte er grausame Exe-
kutionen: Während andere Regenten allmählich auf das Rädern
oder das Zwicken mit glühenden Zangen verzichteten, hielt er die
Henker immer noch zu solchen Torturen vor der eigentlichen Hinrichtung an. Auch führte er längst außer Gebrauch gekommene
Strafen wieder ein: Kindsmörderinnen wurden per Edikt vom
30. August 1720 »gesackt«, also in einen Sack eingenäht und ertränkt,[33] die Leichen von Selbstmördern wurden öffentlich ›exe-
kutiert‹. Einzig Leibstrafen nahmen in seiner Regentschaft ab; sie
widersprachen seiner utilitaristischen Maxime, konnten Verstüm-
melte doch nur schwer für sich selbst sorgen und fielen der All-

gemeinheit zur Last. Hatte sich Friedrich Wilhelm entschieden, stand das Urteil endgültig fest und wurde zur Ausführung an die Behörden vor Ort geschickt.

Zweieinhalb Monate nachdem die Halberstädter Regierung die Akten von Lincks und Mühlhahns Prozess nach Berlin geschickt hatte, legte das Criminal-Collegium sein Gutachten vor. Dieses ausführliche Gutachten[34] ist das Herzstück der heute noch erhaltenen Gerichtsakten, das den Verlust der Inquisitionsprotokolle zumindest teilweise ersetzt. Denn vor der juristischen Einschätzung des Falls trägt das Gutachten alle vorherigen Prozessschritte zusammen und paraphrasiert Lincks und Mühlhahns Aussagen teilweise recht ausführlich. Das Gutachten schildert zunächst Catharina Lincks Lebensweg vom Waisenkind zum Propheten und Soldaten, ihre verschiedenen Taufen sowie ihre Ehe mit Catharina Margaretha Mühlhahn; mit Interesse am Detail verweilt das Gutachten beim *corpus delicti*, dem Lederdildo. Nach Anmerkungen zu Lincks Verteidigung folgt die Aussage der Coinquisitin Catharina Margaretha Mühlhahn sowie die Einschätzung, dass deren artikuliertes Verhör keine nennenswerten neuen Erkenntnisse geliefert habe. Confrontatio, Zeugenaussagen und die Strafmaßvorschläge des Defensors werden behandelt, das Urteil der Juristischen Fakultät der Universität Duisburg zitiert sowie das Schreiben der Halberstädter Regierung zusammengefasst. Zum Schluss kommen die Kriminalräte zu ihrer eigenen Bewertung des Falles, die in zwei Aspekten bemerkenswert ist: Zum einen konnten sich der vorsitzende Direktor Johann Heinrich von Fuchs und die acht mitunterzeichnenden Kriminalräte nicht auf ein Urteil einigen. Und zum anderen liefen alle juristisch denkbaren Lösungen des Falles sowohl für Catharina Linck als auch für Catharina Mühlhahn auf eine Strafmilderung hinaus.

Für Linck formulierten die Kriminalräte zwei verschiedene Urteilsvorschläge. Das Hauptvotum leitete aus Artikel 116 der *Pein-*

lichen Gerichtsordnung die Todesstrafe ab; einige der Kriminalräte
waren sogar der Ansicht, dass Frauen mit einem Dildo noch wi-
dernatürlicher handelten, als wenn sie nur ihre Körper gegenseitig
genossen. Allerdings stimmten auch die Vertreter dieser strengen
Meinung dem Vorschlag der Halberstädter Regierung zu, Tod
durch den Strang mit Tod durch das Schwert zu ersetzen. Diesem
Votum schloss sich die Mehrheit der Räte an, also mindestens fünf
der neun Unterzeichner.

Eine Minderheit im Collegium argumentierte anders. Lag hier
überhaupt Sodomie vor? Waren Frauen körperlich tatsächlich fä-
hig, sodomitisch zu handeln? Neu und kritisch interpretierten ma-
ximal vier Kriminalräte die einzige Stelle in der Bibel über gleichgeschlechtliche Handlungen, die traditionell auch auf Frauen
bezogen wurde. Im Brief des Paulus an die Römer heißt es in einer
lutherischen Bibelausgabe von 1756:

> Darum hat sie Gott auch dahin gegeben in schändliche lüste.
> Denn ihre weiber haben verwandelt den natürlichen gebrauch
> in den unnatürlichen.
> Desselbigen gleichen auch die männer haben verlassen den na-
> türlichen brauch des weibes, und sind an einander erhitzet in
> ihren lüsten, und haben mann mit mann schande getrieben, und
> den lohn ihres irrthums (wie es denn seyn solte) an ihnen selbst
> empfangen. (Röm. 1, 26-27)

Die Kriminalräte, die sich dem Sondervotum anschlossen, konnten sich ohne mindestens einen echten Penis keinen echten Sex
vorstellen. Sie meinten, Paulus halte die Lüste der Frauen nur für
schändlich, »wenn Sie mit einem Vieh zu schaffen gehabt« – man
muss hinzufügen: mit einem männlichen Tier. Wegen ihrer phallischen Auffassung von Sexualität kannten diese Kriminalräte nur
eine Ausnahme, nämlich die Tribaden, die mit der »Clitore, so

starck versehen, daß Sie damit solches Schandwerk unter einander
an sich verüben können«.[35] Doch da Catharina Linck ärztlich at-
testiert keine Tribade war, konnte auch dieser Fall ausgeschlossen
werden.

Und wie war das mit dem Dildo? Nein, meinten die Kriminalräte in ihrem Sondervotum entgegen der juristischen Tradition, es
könne »keine würckliche Sodomiterey̆ mit dem leblosen ledernen
Instrument begangen werden«. Im vorliegenden Fall sei »vermittelst dergleichen Instruments vera coniunctio corporum nicht geschehen, noch weniger ab agente Semen immittiret« worden, »so
bey̆des ad formale delicti einer eigentlichen Sodomiterey̆ requiriret werde«. Will heißen: weder habe der Dildo die Körper der
beiden Frauen wirklich miteinander verbunden, noch sei Sperma
vom einen in den anderen Körper geflossen, was für das Delikt der
Sodomie jedoch notwendig sei. Tatsächlich hatte sich *emissio* bzw.
immissio seminis in Sodomieprozessen von Männern zur lebensent-
scheidenden Frage entwickelt. War Sperma aus purer Lust ohne
Absicht der Zeugung eines Christen verschwendet worden? Wohin
genau hatte sich dieses Sperma ergossen? Nur in die Luft oder etwa
in einen anderen männlichen Körper? Ohne Beweis – nach den
Gesetzen des Inquisitionsprozesses also ohne Geständnis –, dass
es beim Analverkehr zur Ejakulation gekommen war, wurden im
18. Jahrhundert Männer nicht mehr hingerichtet.[36] Da es bei Catharina Lincks sexuellen Begegnungen mit Catharina Mühlhahn
eo ipso nicht zur Spermaverschwendung gekommen war, folgerten
die Berliner Kriminalräte in ihrem Sondervotum, dass auch in ihrem Fall die Todesstrafe nicht verhangt werden könne; schließlich
habe sie das einzige ihrer Verbrechen, das mit dem Tod zu bestrafen
war, die Sodomie, gar nicht begangen. Da ihre »übrige[n] Verbrechen aber, als Mißbrauch der Heil[igen] Tauffe, und öffterer Abfall
von der Religion, keine absolute Todes Straffe nach sich ziehen«
würde, solle in ihrem Fall »Gnade vor Recht« walten: Catharina

Linck sei »mit scharffen Staupen Schlägen auszuweisen, und nachmahls Zeitlebens in ein Zucht oder Spinnhauß wohlverwahrlich zu
bringen und darinnen zur Arbeit anzuhalten«.[37]

Staupenschläge – also Prügel auf den nackten Rücken mit einer
Rute (»Staupe«), meist vierzig Schläge – und lebenslanges Zuchthaus erscheinen heute als harte Strafen für ein Verhalten, das in
den westlichen Staaten nicht länger als Verbrechen gilt. Dennoch
markiert dieses Sondervotum im Gutachten des Berliner Criminal-Collegiums einen Wendepunkt in der juristischen Diskussion
über Sodomie und Frauen.[38] Die sogenannte Unzucht zwischen
Frauen wurde in juristischen Kommentaren im 18. Jahrhundert zu
einer physischen Unmöglichkeit bzw. zu einem Problem männlicher Phantasie. Die Autoren der *Peinlichen Gerichtsordnung* hatten sich im 16. Jahrhundert einen sexuellen Akt »weib mit weib«
noch vorstellen können. Zweihundert Jahre später führte die ent-
gleiste Aufklärung zu einer »Polarisierung der ›Geschlechtscharaktere‹«.[39] Das alte phallozentristische Verständnis von Sexualität
und die neuen Rollenkonzepte für Frauen und Männer führten die
Behauptung ad absurdum, Frauen könnten miteinander Sex haben, wie die *Peinliche Gerichtsordnung* noch annahm. Denn in dem
neuen, komplementären Aktiv-passiv-Modell der Geschlechter
bedeutete ›Frau mit Frau‹ ›passiv mit passiv‹ bzw. ›nicht-phallisch
mit nicht-phallisch‹ – und war also unlogisch, ja undenkbar. Obwohl offiziell strafbar und in Gesetzestexten evident, hielt man Sex
zwischen Frauen mittlerweile de facto für nicht existent. Artikel 116
der *Peinlichen Gerichtsordnung* irre sich, was Frauen anging, meinte man im weiteren Verlauf des 18. Jahrhunderts. Karl von Grolman (1775-1829) schrieb in *Grundsätze der Criminalrechtswissenschaft* (1798):

Die P.G.O. sagt zwar auch im Art. 116 *Weib mit Weib;* allein da
hier gewiß nicht an Tribaden, noch an den Fall einer Natursel-

tenheit gedacht wurde, so muß man wohl annehmen, daß der Verf. der P.G.O. bloß durch den allgemeinen Begriff der sodomia ratione sexus [in Bezug auf das Geschlecht], daß sie in einem Beyschlafe zwischen Personen *einerley* Geschlechts bestehe, getäuscht worden sey.[40]

In der Folge wurde im *Strafgesetzbuch für die Preußischen Staaten* (1851) Unzucht zwischen Frauen nicht mehr erwähnt und war seitdem nicht mehr strafbar. Die Ursprünge dieser gedanklichen Entwicklung zeigen sich in dem Sondervotum einiger Berliner Kriminalräte im Gutachten zu Catharina Lincks Fall.

Im Gegensatz zum umstrittenen Urteil für Catharina Linck war man sich im Criminal-Collegium über das Urteil für Catharina Mühlhahn einig. Einer »einfältigen und zu diesem Laster verführten Person« könne nicht die Todesstrafe zuerkannt werden. Damit aber »das Mittel die Wahrheit heraus zukriegen, nicht härter als die Straffe selbsten seyn möge«, solle Mühlhahn die Folter erlassen und sie »extra ordinarie […] in ein Zucht oder Spinnhauß auff drey Jahr« eingesperrt werden, um danach »das Land auff Ewig zu räumen«.[41] War ein Inquisit *confessus vel convictus*, also entweder geständig oder durch zwei Tatzeugen überführt, wurde die poena ordinaria verhängt, die reguläre Strafe, die in der *Peinlichen Gerichtsordnung* vorgesehen war. Eine *poena extraordinaria* konnte hingegen bei einem leichten Delikt verhängt werden, wenn die Inquisitin weder geständig noch überführt, das Gericht aber dennoch von ihrer Schuld überzeugt war.[42] Außerdem wandte man wie in Mühlhahns Fall die poena extraordinaria an, wenn die Folter als Mittel der Untersuchung die Strafe an Härte übersteigen würde. Als zur Tat Verführte sollte sie auch nur ein Drittel der Inquisitionskosten zahlen, Catharina Linck dagegen zwei Drittel.[43] Mit dieser Urteilsempfehlung des Criminal-Collegiums ging Catharina Mühlhahns Strategie endlich auf: Die Berliner Krimi-

nalräte hielten sie für geistig so arm, wie sie immer getan hatte, und
wollten sie weder foltern noch hinrichten lassen. Die Landesverweisung nach drei überaus harten Jahren im Zuchthaus wog allerdings schwer: Sie würde alle Rechte verlieren, die ihr als Untertanin
des preußischen Königs zustanden und Voraussetzung dafür waren,
ihr Brot rechtmäßig zu erwerben. Landesverwiesenen blieb nichts
anderes übrig, als in den Nachbarstaaten, in die sie abgeschoben
worden waren, durch Betteln oder Stehlen zurechtzukommen.

Das Gutachten des Criminal-Collegiums landete zunächst
auf dem Schreibtisch von Christoph von Katsch. Er dürfte überrascht gewesen sein, in Catharina Linck einer Bekannten vom
Hörensagen wiederzubegegnen. Als Generalauditeur des preußischen Heers hatte er schon 1708 von dem Deserteur gehört, der
sich unterm Galgen als Waisenmädchen aus Halle entpupp-
te. Nun erinnerte Katsch den von Berlin abwesenden König an
diese Anekdote, als er ihn schriftlich über diesen ungewöhnlichen
Fall unterrichtete, der zur Entscheidung anstand. Er skizzierte
kurz Catharina Lincks Lebensweg samt ihrer Enttarnung im Spanischen Erbfolgekrieg und erläuterte dann die unterschiedlichen
juristischen Einschätzungen ihres Falls: »[D]ie Urthelsfaßer können sich wegen dieses seltzsahmen casus, auch das hiesige Criminal Collegium selbsten unter sich der Bestraffung wegen darüber
nicht vereinigen«, stellte er fest. Katsch selbst plädierte für hartes
Durchgreifen: Catharina Linck habe »nicht nur den Todt durch
das Schwerdt verdienet«, sondern im Anschluss sei auch »der Cörper zum abscheulichen Excempel öffentlich zu verbrennen«. Bezüglich Catharina Mühlhahn schloss sich Katsch dem Votum der
Berliner Kriminalräte an, sie sei »auff etliche jahr ins spinnhauß zu
schicken«. In seinem Immediatbericht vom 26. Juli 1721 machte er
den König jedoch nicht nur auf die juristischen Schwierigkeiten
des Falls aufmerksam, sondern auch auf die gute *story*: »in Summa
es seynd solche umbstände bey der Sache, die so leichte nicht in

der welt passiret seÿn mögen, und ist das Urthel gewiß curieux zu
lesen«.

Friedrich Wilhelm schrieb denn auch auf den Rand von
Katschs Bericht eigenhändig: »Soll das Urtell schicken«.[44] Erinnerte er sich ebenfalls an die Geschichte von dem Waisenmädchen, die
Grumbkow ihm und seinem Vater vor Jahren aus dem Krieg mitgeteilt hatte? Möglicherweise kannte er sogar schon Teile der Fort-
setzung. Denn am 4. Oktober 1720, also kein Jahr zuvor, war Friedrich Wilhelm ein zweites Mal bei August Hermann Francke zu
Besuch im Waisenhaus gewesen. Spätestens seitdem die Broschüre
über die »Land- und Leute-Betrügerin« erschienen war, hatte Catharina Lincks aufsehenerregender Prozess die Runde gemacht.
Ob Francke und Lange jeden Klatsch darüber in Gegenwart des
Königs unterdrücken konnten? Wie auch immer, seine Untertanin
Catharina Margaretha Linck war Friedrich Wilhelm keine Unbekannte, und es ist möglich, dass er das Gutachten seines Criminal-
Collegiums zumindest teilweise las.

Im Geheimen Rat wurde Lincks und Mühlhahns Fall am
13. Oktober 1721 besprochen. Gemäß des vorgesehenen Verwal-
tungsablaufs trug Christoph von Katsch seinen Kollegen die Einschätzung des Criminal-Collegiums vor. Das Ergebnis ihrer Diskussion überrascht:

> Die Linckin sonst Rosenstengel genant, soll vorkommendem
> Umbstand nach mit der erkanten Halsstrafe verschonet, hin-
> gegen mit starken Staupenschlagen auß der Stadt gebracht, auff
> Lebzeit ins Zuchthauß geliefert, und so verwahret werden, daß
> sie nicht gelegenheit habe andere zu verführen. Die Mülhanin
> soll sonder tortur auff 3 Jahr ins Zuchthauß gebracht werden.[45]

Die Geheimen Räte schlossen sich also dem Sondervotum des
Criminal-Collegiums für Catharina Linck an und rückten von der

Todesstrafe ab; nach einer Prügelstrafe sollte sie für den Rest ihres Lebens im Zuchthaus einsitzen. Ob sie Katsch überstimmten oder ihn überzeugten, geht aus den Akten nicht hervor. Für Catharina Mühlhahn schwächten sie das ohnehin schon milde Urteil des Criminal-Collegiums weiter ab und erließen ihr die Landesverweisung nach den vorgesehenen drei Jahren Zuchthaus. Beides waren gnädige poenae extraordinariae.

Dieser Spruch des Geheimen Rates wurde am selben Tag Friedrich Wilhelm I. vorgelegt. In Erwartung seiner Unterschrift wurde ebenfalls am 13. Oktober 1721 ein Brief an die Halberstädter Regierung mit genau dem gleichen Wortlaut aufgesetzt.[46]

Doch Friedrich Wilhelm unterschrieb nicht. Er ließ Catharina Linck so wenig davonkommen wie neun Jahre später Hans Hermann von Katte (1704-1730), den Freund und Fluchthelfer, vielleicht Liebhaber seines Sohnes Friedrich.[47] Während Friedrich lebenslang Gerüchte begleiteten, er sei ein Anhänger der ›griechischen Liebe‹,[48] gilt sein Vater als homophob ante verbum. Dabei spielte auch in Friedrich Wilhelms Leben Erotik zwischen Männern eine große Rolle. Während er überlegte, ob er Lincks mildes Urteil unterschreiben solle, könnte er aus seinem Fenster geblickt und seinem Regiment ›Langer Kerls‹ beim Exerzieren zugesehen haben. Friedrich Wilhelm liebte großgewachsene Männer. Augenlust eines homoerotischen Voyeurs und Uniformfetischisten? Andere Könige verschwendeten ein Vermögen für Mätressen; Friedrich Wilhelm, sonst geizig bis ins Mark, gab für schöne große Männer schwindelerregende Summen aus. Seinen Liebling, den Norweger Jonas Henrikson, ließ er nach dessen frühen Tod 1728 als Skelett präparieren und ausstellen.[49] Nachdem die Leidenschaft des preußischen Königs bekannt geworden war, versuchten Diplomaten in ganz Europa, seine Gunst mittels einschlägiger ›Geschenke‹ zu gewinnen: homoerotisch grundierter Menschenhandel, ja Sklaverei. Auch sonst suchte Friedrich Wilhelm ausschließlich die

Gesellschaft von Männern; mag sein abendliches Tabakskollegium den Anschein bierseliger Kumpanei erwecken – doch wie will man die Männerbälle verstehen, die Friedrich Wilhelm als Tanzvergnügungen nur für Männer unter explizitem Ausschluss von Damen veranstaltete?[50] Manche seiner Biographen verweisen auf der verzweifelten Suche nach positiven Eigenschaften ihres derben Helden darauf, er sei immerhin ein treuer Gatte gewesen; vielleicht beruhte dieses angeblich tadellose Eheleben aber mehr auf seiner Unlust an Frauen. Friedrich Wilhelms eigenem Verständnis nach hatte seine königliche Freude an Männern nicht das Geringste mit den Sodomitereien einer Catharina Linck zu tun.

Während in Berlin das milde Urteil des Geheimen Rats ununterschrieben liegen blieb, traf ein Schreiben des Bürgermeisters von Halberstadt ein, Christian Just Lindholtz, der um eine zügige Entscheidung des Falles bat, da die Stadt »die Inquisitin mit schweren Kosten erhalten«[51] müsse. Das Schreiben datierte ebenfalls vom 13. Oktober 1721, dem Tag, an dem sich der Geheime Rat mit dem Fall befasst hatte. Doch der König ließ sich Zeit. Zehn Tage später, am 23. Oktober 1721, folgte eine zweite Bitte aus Halberstadt, das Urteil möge nun endlich übersandt werden, da in der Zwischenzeit »die Inquisitin durch die langwierige Hafft und Verpflegung Ihnen sehr zur Last säßen«.[52] Dieses Mal kam das Schreiben von der Halberstädter Regierung; offensichtlich hatte der Bürgermeister Lindholtz den Regierungspräsidenten Hamrath um Unterstützung gebeten.

Catharina Linck und Catharina Mühlhahn saßen nun beide seit fast eineinhalb Jahren im Richthaus. Linck wusste, dass sie Taten gestanden hatte, die mit dem Tod zu bestrafen waren. Aber das Consilium war schon im Frühjahr 1721 aus Duisburg eingetroffen. Auch wenn ihr das Urteil nicht mitgeteilt worden war, konnte die lange Verzögerung der Urteilsverkündung nur bedeuten, dass über ihr Todesurteil verhandelt wurde. Fing sie Mitte Oktober 1721 an

zu hoffen? Es gibt keine Nachrichten darüber, wie sie ihre Haftzeit verbrachte. Sollte die Reue, die sie während der Inquisition für
manche ihrer Taten an den Tag gelegt hatte, der Wahrheit entspro-
chen haben, mag sie, ihrer spirituellen Haltung gemäß und ihrer
pietistischen Erziehung getreu, das Gespräch mit Gott gesucht
haben. Vielleicht überwog aber auch ihre andere Natur, und die
Abenteurerin sann auf Mittel, dem Kerker zu entkommen. Sicher
ist nur, dass die Lebensbedingungen im Halberstädter Richthaus
unmenschlich waren – wie die Eingaben des Bürgermeisters und
des Regierungspräsidenten indirekt bezeugen.

Mühlhahn lebte in noch größerer Ungewissheit als Linck. Sollte
ihr das Duisburger Interlocutum mitgeteilt worden sein, musste sie
das Schlimmste befürchten: schwere Folter, drohende Hinrichtung.
Vielleicht legte sie sich Strategien zurecht, vielleicht betete sie die
Antworten hinunter, die sie unter der Folter geben wollte, vielleicht
war sie aufgelöst in Angst. Doch anders als Linck konnte sie sich
berechtigte Hoffnungen machen; sie hatte nicht gestanden, es gab
außer Linck keine Zeugen, vielleicht gelang es ihr doch noch, heil
aus diesem Loch wieder herauszukommen. Und vielleicht haderte
sie zwischendurch mit sich, ihrer Frau, ihrer Mutter: Warum hatte
sie Catharina Linck geheiratet? Wie war es zu dem halbkriminel-
len Leben gekommen? Warum hatte ihre eigene Mutter sie angezeigt?

Ohne dass Catharina Linck und Catharina Mühlhahn darüber
unterrichtet wurden, gingen in Berlin die Verhandlungen über ihr
Schicksal weiter. Der zweite Brief aus Halberstadt, der um ein zügi-
ges Urteil bat, überschnitt sich mit der erneuten Beschäftigung des
Geheimen Rats mit dem Fall. Denn Friedrich Wilhelm fand das
Urteil zu mild. Am 20. Oktober 1721 musste der Geheime Rat auf
seine Intervention hin das Urteil revidieren. Das noch nicht unterzeichnete Schreiben an die Halberstädter Regierung vom 13. Oktober 1721 wurde durchgestrichen und um die Notiz ergänzt:

Weile S[eine] Konigl[iche] M[ajestät] es zu gelinde finden, so
bleibt es bey der vom Criminal collegio secundu plurima [mehr-
heitlich] ertheilten Sententz daß sie mit dem Schwerdt zu richten. Die Mulhanin soll aber auf 3 Jahr ins Spinnhauß [...].[53]

Fünf Tage später ließ Friedrich Wilhelm den milden Urteilsvor-
schlag vom 13. Oktober an entscheidender Stelle abändern:

[D]ie Lincken sonst Rosenstengel genant die sich fälschlich für
eine Mans Pesohn ausgegeben, und sich mit der Muhlhahnen
wüklich trauen laßen, und beyde als Mann und Frau etliche jahr
mit einander gelebt [soll] vorkommenden umbständen nach mit
dem Schwert vom Leben zum Tode gebracht werden [...], Die
Mulhahnin aber soll ohne dieselbe mit der Tortur zu belegen auf
3 jahr ins Spinnhaus [...] gebracht werden.[54]

Friedrich Wilhelm verschärfte oft die Urteile der niederen Instan-
zen bzw. die Urteilsvorschläge seines Criminal-Collegiums; aus
drei Jahren Festungshaft machte er zwanzig Jahre, eine sechsjäh-
rige Festungshaft verwandelte er in eine Todesstrafe. Und in der
»Verordnung, daß in puncto Sodomiae ohne einigen Unterschied,
ob Immissio Seminis geschehen oder nicht, die Straffe des Feuers
zuerkannt werden soll«, wandte er sich am 11. April 1725 explizit an
die Mitglieder seines Criminal-Collegiums, die ihm in dieser Frage
zu spitzfindig gelinde Urteile schrieben.[55] Verstand er in diesem Fall
unter Sodomie »Unzucht mit dem Viehe«, so ließ er im »Kriegs-
Articul, vor die Unterofficirer und gemeine Soldaten« offen, welche Verfehlungen er mit dem strengen Befehl in Artikel 22 meinte:
»Sodomiterey aber [soll] mit dem Feuer bestraffet werden«.[56] Un-
berührt von den Reformen der Aufklärung auch im Rechtswesen,
war er von der Wirksamkeit der Folter als Methode, die Wahrheit zu erfahren, ebenso überzeugt wie vom erzieherischen Erfolg

abschreckender Strafen. *In dubio pro poena mortis* könnte man seine Einstellung zusammenfassen. Und so zwang er den Geheimen Rat, dem Mehrheitsvotum des Criminal-Collegiums zu folgen und ordnete für Linck Tod durch das Schwert an, wie die Halberstädter Regierung angeregt hatte. Bezüglich Catharina Mühlhahn beließ es Friedrich Wilhelm bei der milden Strafe, die der Geheime Rat empfohlen hatte, und verurteilte sie zu drei Jahren Spinnhaus ohne nachfolgende Landesverweisung.

Mit Friedrich Wilhelms Unterschrift war die Entscheidung über Catharina Lincks und Catharina Mühlhahns Schicksal gefallen. Am 25. Oktober 1721 erging das Urteil an die Halberstädter Regierung. Da zwischen Berlin und Halberstadt eine direkte Reiterpostverbindung bestand,[57] erreichte das Schreiben bereits ein oder zwei Tage später Halberstadt. Doch nach genauer Lektüre zögerten der Bürgermeister Christian Just Lindholtz und der Rat der Stadt Thomas Koch, das Urteil, das sie bereits zweimal angemahnt hatten, nun auch vollstrecken zu lassen. Stattdessen wandten sie sich am 29. Oktober 1721 an die Regierung des Fürstentums Halberstadt und machten auf eine Lücke im Urteil aufmerksam. Denn während das Consilium der Duisburger Juristenfakultät angeordnet hatte, die Leiche Lincks nach der Hinrichtung zu verbrennen, schwieg das königliche Urteil zu der Frage, wie mit dem Leichnam verfahren werden sollte. Lindholtz und Koch fragten daher an, ob Linck, »wenn Sie mit dem Schwerdte abgethan, verbrandt oder begraben, und ob sie in loco honesto eingesencket«,[58] also in einem geweihten Grab bestattet werden solle. Dem Bürgermeister und dem Rat ging es dabei weniger um Catharina Lincks Leben nach dem Tode als um Kostenersparnis; Holz und Teer, die für den Scheiterhaufen benötigt wurden, waren teuer und aufwändig zu beschaffen, weshalb die Behörden höchst ungern Leichen öffentlich verbrannten.[59] Einen Tag später, am Donnerstag, den 30. Oktober 1721, reichte der Regierungspräsident Friedrich von Hamrath diese

Anfrage an den König weiter. Am Montag, den 3. November wies
Friedrich Wilhelm die Halberstädter an, dass Linck »nach der execution durch den Schinder unterm Galgen oder sonst unehrlichen
art eingescharret werden soll«.[60]

Diese Anweisung dürfte am 4. oder 5. November 1721 in Halberstadt eingetroffen sein. Nun waren alle Fragen geklärt. Wahrscheinlich im Beisein ihres Defensors wurde Catharina Margaretha
Linck und Catharina Margaretha Mühlhahn das Urteil verkündet
und die Hinrichtung drei Tage später angesetzt, also für Freitag,
den 7., oder Samstag, den 8. November 1721.[61] Wie Catharina Linck
ihr Todesurteil aufnahm, ist nicht bekannt. In den drei Tagen vor
der Hinrichtung sollte ein Prediger ihr helfen, Buße zu tun und
sich christlich auf den Tod vorzubereiten. Möglicherweise wurden
ihr Vergünstigungen gewährt: Tagsüber blieb sie nicht im Keller
des Richthauses angekettet, sondern durfte in der »Arme-Sünder-
Stube« Besuch empfangen. Kam ihre Mutter aus dem nicht allzu fernen Halle zum Abschied? Sprach sie auch noch einmal mit
Catharina Mühlhahn? Hielt der Pfarrer sie an, ihre Frau um Ver-
gebung zu bitten? Außerdem bekam Linck Gelegenheit, ihren
geringen Nachlass zu regeln. Üblicherweise wurde den zum Tod
Verurteilten besseres Essen und Wein gereicht, auch ordentliche
Kleidung gegeben. Diese Vergünstigungen waren nicht nur karita-
tiver Natur; da es bei einer – im Sinne der Obrigkeit – würdevollen
Hinrichtung entscheidend auf die Mitwirkung der Delinquentin
ankam, wurde ihr Wohlwollen auf solche Weise erkauft.[62] Ließ sich
eine zum Tode Verurteilte vor versammelter Menge nicht reuevoll
hinrichten, wehrte sie sich oder bezichtigte gar das Gericht öffentlich des Fehlurteils, konnte die Stimmung der Zuschauer bedrohlich umschwenken. Um eine Rebellion gegen Gericht und Obrigkeit zu verhindern, hatten die Geistlichen in den Tagen vor der
Hinrichtung die Aufgabe, die Hinzurichtende zu konditionieren,
d.h. mit ihrem Schicksal zu versöhnen. Wer willig und bußfertig

die Strafe annahm, konnte auf den unmittelbaren Zutritt ins Paradies hoffen. Angesichts der ihr eigenen und eigenwilligen Frömmigkeit mag Catharina Margaretha Linck mit diesem Vertrauen in den Tod gegangen sein.

Schließlich hatte ihr letztes Stündlein geschlagen. An einem Morgen Anfang November wurde der endliche Rechtstag mit Glockengeläut von der Ratskirche St. Martin eingeläutet.[63] Die Halberstädter begaben sich in großer Zahl zum Fischmarkt, wo nicht nur Rathaus und Richthaus lagen, sondern wo eigens eine sogenannte Enthauptungsbühne gebaut worden war. Eine öffentliche Hinrichtung galt als eine Veranstaltung, die man nicht verpassen durfte. Oft nahmen Hinrichtungen geradezu den Charakter von Volksfesten an. Erst in diesem letzten Akt war in Catharina Lincks Inquisitionsprozess die Öffentlichkeit zugelassen – allerdings dürften ihre Taten spätestens mit der Publikation über die »Land- und Leute-Betrügerin« bekannt gewesen sein. Und da standen nun ihre ehemaligen Nachbarn und Bekannte, vielleicht der französische Strumpfwirker, vielleicht August Friedrich Pott (1695-1766), der jüngere Bruder von Johann Heinrich Pott und sein Nachfolger als Arzt in Halberstadt, der Ende 1720 nach Berlin berufen worden war. Und wahrscheinlich stand da auch Catharina Margaretha Eichsfelder, ohne deren Anzeige das Treiben der zum Tode Verurteilten vielleicht nie ans Licht gekommen – und damit auch der Nachwelt nie bekannt geworden wäre.

Nachdem sich die Leute versammelt hatten, zogen der Stadtrichter August Heinrich Meschmann und die vier Schöffen feierlich und in festlichen Gewändern auf dem Markt ein. Catharina Margaretha Linck wurde gefesselt aus dem Richthaus geführt und vor ihren Richter gestellt. Ihre Frau, Catharina Margaretha Mühlhahn, wurde vielleicht ebenfalls auf den Markt gebracht, vom Kerkermeister bewacht. In einer theatralen Geste für die Öffentlichkeit wurde nun wiederholt, was längst schon geschehen war: Zuerst

wurde die Anklage gegen Linck vorgetragen, dann musste sie ihr
Geständnis öffentlich wiederholen; der Richter verlas das könig-
liche Urteil und brach schließlich den Stab über die Verurteilte.
Danach fand in der Regel die Henkersmahlzeit statt. Ob Catharina
Linck sie im Richthaus alleine einnahm oder in Gegenwart eines
Geistlichen, des Richters und des Henkers, ist nicht überliefert –
genauso wenig, ob sie überhaupt etwas aß; nicht allen zum Tod
Verurteilten war danach. Schließlich wurde die an den Händen Gefesselte vom Henker durch die große Menschenmenge hindurch
zur Richtstatt geführt. Ein Pfarrer begleitete sie. Nachdem Catharina Linck die Enthauptungsbühne bestiegen hatte, bekam sie eine
letzte Gelegenheit, etwas zu sagen. Ob sie noch einmal irgendetwas
versuchte, wie damals unterm Galgen? Wenn ja, war es vergeblich.
Der Pfarrer hielt eine kleine Ansprache, und nach einem letzten
Gebet wies der Henker Linck an, sich auf beide Knie niederzulas-
sen, wenn er sie nicht auf einen speziellen Enthauptungsstuhl mit
niederer Lehne fesselte. So sie wollte, verband er ihr die Augen, in
jedem Fall entblößte er ihren Hals. Dann stellte er sich hinter sie,
fasste das lange Richtschwert mit beiden Händen und enthauptete
sie mit einer schwungvollen Körperdrehung. Wenn sie Glück hatte,
verstand der Henker sein Handwerk und Catharina Linck hörte
nicht mehr, wie der Applaus aufbrauste; wenn sie Pech hatte, musste der Henker unter Buhrufen ›putzen‹: Dann hatte er beim ersten
Hieb ihren Kopf nicht oder nicht ganz abgeschlagen und musste
nachschneiden. Zuletzt fragte der Henker den Richter rituell, ob
er es recht gemacht habe, worauf er eine ebenso ritualisierte Antwort erhielt.

Gemäß der königlichen Anweisung wurde Catharina Linck ein
christliches Begräbnis verwehrt. Wie befohlen legte der Henker
ihre Leiche und den abgeschlagenen Kopf auf einen Wagen und
fuhr zum Halberstädter Galgenberg, der sich linker Hand der Straße nach Harsleben und Quedlinburg auf einer kleinen Anhöhe be-

fand. Hier, wo in der Erde schon die Knochen derer lagen, die am Galgen verwest waren, hoben der Henker und sein Knecht eine Grube aus, warfen Linck hinein und bedeckten sie mit Erde. Für seine Arbeit durfte der Henker ein Honorar von fünf Reichstalern verlangen.⁶⁴

Der neue Pastor von St. Paul bestattete Catharina Linck zwar nicht, holte aber dennoch das Kirchenbuch hervor. Dem Traueintrag von Anastasius Rosenstengel und Catharina Mühlhahn fügte er eine Nebenbemerkung hinzu:

NB. Dieser benahmte Kerl ist eine recht Gottloses Weibstück gewesen so viele himmelschreyende Sünden und Sodomitereyen begangen. Davor sich auch die Heyden ensetzen möchten. Ihre begangene boßhafftigen Sünden müßen unserer Jugend kein Aergerniß zugeben, gantz geheim unter suchet worden. Anno 1721 im October⁶⁵ wurde sie auf öffendlichen Marckt decolliret, deßen Weib sitzt noch gefangen.

»*Die Rosenstengelsche*«:
Catharina Mühlhahns weiterer Lebensweg
(1721-1776)

Was mag Catharina Margaretha Mühlhahn empfunden haben, als ihre Ehefrau hingerichtet wurde, als sie vielleicht sogar dabei zusehen musste? Entsetzen oder – Genugtuung? Hatte Catharina Linck sie doch mehr als einmal im Stich gelassen, Unmögliches verlangt, im Prozess verraten. Oder marterte sie ihr Gewissen, weil sie in der Inquisition die Schuld auf ihre Frau abgewälzt hatte? War sie vor allem anderen erleichtert, selbst überlebt zu haben? Doch konnte sie da nicht so sicher sein, schließlich endeten viele Zuchthausstrafen im vorzeitigen Tod.

Freiheitsentzug in Verbindung mit Zwangsarbeit war eine relativ junge, oft noch unregulierte Strafform. Seit der Reformation hielt man die mittelalterlichen Leibstrafen mehr und mehr nicht nur für grausam, sondern auch unnütz; mit abgeschlagener Hand konnten sich viele Verurteilte nicht mehr selbst ernähren, fielen also der Allgemeinheit als Bettler oder Diebe zur Last. Außerdem sollte der Strafvollzug weniger der Sühne dienen als der Resozialisierung, d.h. im Jargon der Zeit, der *Besserung*. Zwangsarbeit galt hierfür als das geeignete Mittel. Die merkantilistisch agierenden Territorialfürsten hofften darüber hinaus, mit Hilfe der Sträflinge die Wirtschaft anzukurbeln. So wurde das Zuchthaus in Spandau 1687 zur »beförderung der Wollen- und Seyden-Manufacturen auch zugleich zur Verbeßerung der bishero ermangelnden Spinne-

rey in unsern Churlanden«[1] gegründet. Da die Häftlinge nicht nur
in Spandau vornehmlich Wolle verspannen, wurden die Begriffe
›Zuchthaus‹ und ›Spinnhaus‹ austauschbar. Vielerorts wurden älteren, ursprünglich karitativen oder polizeilichen Einrichtungen diese neuen Aufgaben zugewiesen, so dass sich in den Zucht- oder
Spinnhäusern alleinstehende, gebrechliche Alte, Geisteskranke,
Schwerverbrecher und Bettler trafen, aufsässige Gesellen und Diebe, Prostituierte und schwer erziehbare Kinder – kurz alle, die auffielen oder nicht für sich selbst sorgen konnten.[2]

In Halberstadt scheint das Armenhaus im Heilig-Geist-Hospital nur unter dem Protest der Leitung in ein Zuchthaus verwandelt
worden zu sein.[3] Denn anstatt ihre dreijährige Haftstrafe anzutre-
ten, blieb Catharina Mühlhahn nach Catharina Lincks Hinrichtung noch über vier Monate im Richthaus, weil

> die Herren Inspectores des hiesigen Zucht- und Waysenhauses
> selbige anzunehmen sich bishero beständigt gewegert, ohn-
> geachtet denenselbigen hierbey vorgestellet worden, daß dis
> Mensch keine Kosten erfodere, maaßen dieselbige Kleider und
> Bette nach Nohtturft hat, und sich mit Wollespinnen reichlich
> ernehren kann.

Bürgermeister Christian Just Lindholtz und sein Vertreter Thomas Koch sahen sich am 17. März 1722 daher gezwungen, sich an
den König zu wenden. Da bereits zwei andere Halberstädterinnen
ihre Haft im Zuchthaus in Halle[4] verbüßten, sahen sie sich außer Stande, auch noch für Mühlhahn »die Verpflegungs-Kosten an
anderen auswertigen Orten vor sie zu entrichten«[5] und baten um
eine Verfügung an die widerspenstigen Leiter der Halberstädter
Einrichtung.

Für Geldersparnis hatte Friedrich Wilhelm stets ein offenes
Ohr. Er befahl daher am 31. März 1722 den besagten *Inspectores*, Ca-

tharina Mühlhahn »die gesetzte Zeit lang auffzunehmen und zur Arbeit gehörig anhalten zu laßen«, allerdings »auff des Magistrats zu Halberstadt Kosten«.[6]

Da Bürgermeister und Stadtrat ihr Ziel nur zur Hälfte erreicht hatten, unterstützten sie das Gnadenersuchen, das Catharina Mühlhahns Mutter daraufhin an den König richtete. Dem »armen und verlaßenen Weibe« half ein rechtlicher Beistand, Johann Heinrich Schlepegrell, bei der Formulierung. Catharina Eichsfelder stellte sich als Frau vor, die

> 20 Jahr im betrübten Wittwenstande gelebet, 15 Jahr in Halberstadt gewohnt, und sonder Ruhm zu melden währender Zeit mich redlich auffgeführet, mein Kind in der Furcht Gottes und zu allen guten erzogen, daß jedermann, der mich kennet, mir ein gut Zeugniß beÿlegen muß;

Ihr und ihrer »in der That recht eintfältigen Tochter« habe Catharina Linck mit Tücke und Bosheit »gottlose Streiche« gespielt, »die weder meine Tochter noch ich anfangs gemercket«; wie auch, habe die Linckin doch gewusst, »kluge Leuthe, ja gantze vornehme Collegia und Universitäten mit List zu betriegen«. Da ihre Tochter nun schon zwei Jahre im Richthaus verbracht habe, bat die Mutter den König, ihr »allerunterthänigst demühtigst und höchst flehentliches Bitten« zu erhören und der Tochter die weitere Haft im Spinnhaus zu erlassen, zumal doch sie selbst, die Mutter, »des Weibstücks Boßheit und Laster [...] an des Tages Licht gebracht«.[7] Vergeblich – am 8. Juli 1722 wurde ihr Gnadengesuch abgewiesen.

Wie muss man sich Catharina Mühlhahns Zuchthausstrafe vorstellen? Friedrich Wilhelm I. wollte nicht nur kein Geld für den Strafvollzug ausgeben, er wollte sogar Profit mit den Zuchthäusern erwirtschaften. Katastrophale Lebensbedingungen für die Inhaftierten waren die Folge. In preußischen Zuchthäusern des frühen

18. Jahrhunderts begann die Arbeit um 5 Uhr morgens und dauerte fünfzehn Stunden – was allerdings an sich keine besondere Strafe war, auch Handwerker und Tagelöhner arbeiteten so lange.[8] Die harte körperliche Arbeit musste allerdings bei höchst mangelhafter Verpflegung durchgehalten werden. Die erste Mahlzeit am Tag und häufig auch die letzte war das zwar warme, aber karge Mittagessen. Am Abend gab es im Zuchthaus in Halle – über die Bedingungen in Halberstadt ist nichts bekannt – an vier Abenden in der Woche nichts als Brot und Bier.[9] Im Winter wurde höchstens ein Raum geheizt, die Krankenversorgung war minderwertig, die hygienischen Verhältnisse spotteten jeder Beschreibung. Heinrich Balthasar Wagnitz (1755-1838), der 1791/92 eine vernichtende Bestandsaufnahme der Zuchthäuser in Deutschland vorlegte, gibt einen Bericht über einen Besuch im Magdeburger Gefängnis wieder, der vor der Mitte des 18. Jahrhunderts stattgefunden hat:

Eine äusserst schmutzige Treppe führte mich zu dem Behälter der Züchtlinge. […] Ein einziges Zimmer fasste die Gefangenen, alte und junge, männlichen und weiblichen Geschlechts, 48 an der Zahl, in sich. Hier spannen sie Wolle, hier assen sie, hier schliefen sie auch zum Theil, wenigstens die des 2ten Geschlechts, auf halb vermodertem Stroh, hier verrichteten sie ihre Nothdurft. Ein unerträglicher Gestank hatte sich durch das ganze Gemach verbreitet, der Fussboden war mit Schmutz überzogen, die Wände schwarz und fürchterlich. Ich konnte es hier nicht lange aushalten.

Nachdem der Besucher die ungezieferverseuchten Schlafquartiere der männlichen Gefangenen beschrieben hat, fährt er fort:

»Das, was itzt geschieht«, sagte der damals daseyende Hausvater, »ist nichts gegen das, was sonst geschah. Ich bin mitleidig, aber mein Vorfahr – da hatte sich fast jede Woche (freylich etwas übertrieben!) einer gehenkt, um der Peitsche, wo die Hiebe hundertweise fielen, zu entgehen!«[10]

Das Personal war schlecht bezahlt und bestand aus Leuten, die eher zufällig auf der anderen Seite des Gitters gelandet waren. Ein Spinnmeister überwachte die Arbeit, ein Zuchtmeister vollzog die Strafen, die bei schlechter Leistung drohten: Prügel, Essensentzug, Arrest; Letzterer verlängerte die Haft um die Zeit, in der nicht gearbeitet worden war. Um ihr Gehalt zu verbessern, verkauften die Türschließer den Insassen Schnaps.

Nach zwei Jahren im Keller des Halberstädter Richthauses und drei Jahren Zwangsarbeit im Zuchthaus dürfte Catharina Margaretha Mühlhahn physisch und psychisch äußerst erschöpft gewesen sein, als sie 1725 entlassen wurde. Sie war nun 27 Jahre alt und ohne Auskommen. Ihr blieb nichts anderes übrig, als wieder zu ihrer Mutter zurückzukehren. Wie sahen die beiden sich in die Augen? Catharina Mühlhahn scheint den starken Wunsch verspürt zu haben, schnell wieder von ihrer Mutter wegzukommen. Nur ein Jahr nachdem sie aus dem Zuchthaus entlassen worden war, heiratete sie am 22. April 1726 den Wollarbeiter Johann Levin Peters. Er stammte aus der Nachbarschaft und war vielleicht ein Sohn der Nachbarin, die Catharina Eichsfelder damals geholfen hatte, Catharina Linck zu überwältigen. Sonst ist über Johann Levin Peters weiter nichts bekannt. Was bewog ihn, eine Frau zu heiraten, die schon im Zuchthaus gesessen und eine skandalöse erste Ehe geführt hatte? Sah die Mühlhahnin, in die sich Anastasius Rosenstengel einstmals heftig verliebt hatte, immer noch gut aus? Oder suchte er eine schwache Frau, die wegen ihrer Vorgeschichte und Armut nicht aufmucken konnte? Die Trauung fand in St. Paul statt, also in derselben Kirche, in der Catharina Mühlhahn neun Jahre zuvor Anastasius Rosenstengel geheiratet hatte. Zehn Monate nach ihrer zweiten Eheschließung brachte Catharina Mühlhahn, jetzt verheiratete Peters, ihr erstes Kind auf die Welt; ihr Sohn Wilhelm Gottlieb wurde am 21. Februar 1727 getauft. Es folgten bald darauf die Zwillingstöchter Catharina Dorothea Salome und Anna Margaretha, die am 15. März 1729 geboren wurden.

Doch auch diese Ehe brachte Catharina Mühlhahn kein Glück: Ein paar Jahre später lief ihr Mann weg, verließ Halberstadt und ließ sie mit den Kindern allein. Vermutlich war ihre Ehe im Sinne einer soliden Wirtschaftsgemeinschaft von Anfang an auf wackeligen Beinen gestanden. Nachdem Peters sich aus der Verantwortung gestohlen hatte, musste seine Frau nicht mehr nur sich selbst, sondern auch ihre drei kleinen Kinder ernähren. Möglicherweise trieb die Not sie in die Prostitution oder zumindest in die Lage, bei einem anderen Mann für Gegenleistung Unterstützung suchen zu müssen, denn Anfang Februar 1737 brachte sie eine uneheliche Tochter zur Welt. Der Taufeintrag dieses Kindes im Kirchenbuch St. Paul bezeugt, wie lange Catharina Mühlhahns erster Ehemann bzw. erste Ehefrau, Catharina Margaretha Linck alias Anastasius Lagrantinus Rosenstengel, im kollektiven Gedächtnis der Stadt verblieb:

> Catharinen Margarethen Mühlhahnen des weggelaufenen Levin Peters ux[or; Ehefrau] sonst die Rosenstengelsche genand ihr Spuria [Bastard] ist d[en] 3ten februar getauft und benahmet Catharina Elisabeth […].[11]

Fünfzehn Jahre nach der Hinrichtung Catharina Lincks und elf Jahre nach ihrer Eheschließung mit Johann Levin Peters galt Catharina Mühlhahn immer noch als »die Rosenstengelsche«. Die Halberstädter haben noch lange dieser beiden miteinander verheirateten Frauen gedacht.

Catharina Mühlhahn verlor ihr uneheliches Kind schon ein Jahr

später, am 17. Januar 1738. Die andern drei scheint sie erfolgreich
großgezogen zu haben. Wie sie sich und ihre Kinder durchbrachte,
ist nicht bekannt. Das Kirchenbuch von St. Paul dokumentiert lediglich, dass Catharina Peters, verwitwete Rosenstengel, geborene
Mühlhahn für ihre Zeit sehr alt wurde. Sie starb erst am 17. Januar
1776, zwei Tage darauf wurde sie »auf dem neuen Kirch[hof] begraben alt 78 Jahr«.[12]

Auch die Mutter Catharina Margaretha Lincks ist sehr alt geworden. Sie blieb bis zu ihrem Tod in Halle, wo sie, so lange es ging,
in den Glauchaschen Anstalten gearbeitet haben dürfte. Sie starb
am 4. Oktober 1739:

> 4. war Sonntags, ist Magdalena Linckin, weiland Martin Lin-
> ckens, Bürgers, Lein- und Wollwebers zu Schönebeck, hinter-
> laßene Wittwe gestorben, und Montags darauf in der Stille auf
> dem St. Andr[eas] Gottes-Acker begraben worden. Alt 83 Jahr
> 9 Monat u[nd] 4 Tage.[13]

Was die Hinrichtung ihrer Tochter in ihr auslöste, wie sie den
Skandal ertrug, bleibt ebenso im Dunkeln wie die Gedanken August Hermann Franckes zum Leben und Tod seines Schützlings.

»Wenn Sie auch schon aus dem Wege
geraümet würde, so bliebe doch dergleichen«:
Lesbisch, trans, queer?

Wäre Catharina Margaretha Linck nicht hingerichtet worden, wüssten wir vermutlich nichts von ihr. Die Akten ihres Gerichtsprozesses entdeckte der Arzt Franz Carl Müller (1860-
1913). Welches Erkenntnisinteresse führte ihn ins Geheime Staatsarchiv? Der Blick auf seine Person eröffnet die Frage, wie wir
Catharina Linck heute deuten oder gar nennen würden.

Nach dem Studium der Medizin promovierte Müller 1884 in
Würzburg und wurde gleich darauf Assistent von Bernhard von
Gudden (1824-1886) in der Oberbayrischen Kreis-Irrenanstalt in
München.[1] Noch im selben Jahr wurde er zum betreuenden Arzt
von Prinz Otto (1848-1916) ernannt, dem geisteskranken Bruder
des bayerischen Königs Ludwig II. (1845-1886). Zwei Jahre später
geriet Müller in die bis heute nicht geklärten Umstände um den
gleichzeitigen Tod Ludwigs und Guddens. Ein – damals wie heute
höchst umstrittenes – Gutachten von Gudden und anderen Psy-
chiatern hatte Ludwig für geisteskrank erklärt, worauf der König
am 9. Juni 1886 entmündigt wurde. Ein Team von Ärzten, zu denen Franz Carl Müller gehörte, brachte den abgesetzten Ludwig
nach Schloss Berg am Starnberger See. Am Tag nach der Ankunft
kehrten Ludwig und Gudden nicht von einem Spaziergang zurück. Franz Carl Müller fand die beiden im See, unweit des Ufers.
Ob ertrunken, ob erwürgt oder erschossen, von eigener oder frem-

der Hand, ist immer noch offen. Der Tod des gerade abgesetzten Königs im See schlug höchste Wellen; die Indizien sprechen für Hochverrat durch Ludwigs Onkel, des die Macht ergreifenden Prinzregenten Luitpold. Zur Rechtfertigung des eigenen Tuns fasste Franz Carl Müller die Ereignisse in einem Buch zusammen, *Die letzten Tage König Ludwigs II. von Bayern. Nach eigenen Erlebnissen geschildert* (1888).[2] Ob aus München verbannt oder weggelobt – 1888 wurde Müller Chefarzt der Nervenheilanstalt in Alexandersbad im Fichtelgebirge. Hier begann er seine umfangreiche medizinisch-schriftstellerische Tätigkeit. 1896 ließ er sich als Spezialist für Nervenheilkunde in München nieder.

In seiner beruflichen Praxis hatte Müller immer wieder mit Menschen zu tun, die an der neu entdeckten ›Krankheit‹ litten, die Carl Westphal (1833-1890) in seinem epochemachenden Aufsatz »Die conträre Sexualempfindung. Symptom eines neuropathischen (psychopathischen) Zustandes« erstmals beschrieben hatte. Der Aufsatz war 1869 im *Archiv für Psychiatrie und Nervenkrankheiten* erschienen, einer Zeitschrift, die seit 1870 Müllers späterer Chef Bernhard von Gudden mit herausgab. Westphal berichtete u. a. von einer Patientin, die an der »Wuth, Frauen zu lieben und mit ihnen ausser Scherzen und Küssen Onanie zu treiben«, litt. In alter gerichtsmedizinischer Tradition, der sich auch schon Catharina Linck und zahllose männliche Sodomiten hatten unterwerfen müssen, suchte er an ihrem Körper Hinweise auf ihr Begehren, fand ihn jedoch unauffällig; eine Tribade konnte er ausschließen: »die Clitoris ist von gewöhnlicher Länge«. Westphal diagnostizierte daher eine »angeborene Verkehrung der Geschlechtsempfindung«.[3] Andere Ärzte meinten, diese ›Krankheit‹ am Körper feststellen zu können.[4] Schon ein Jahr vor Westphals Aufsatz über die »conträre Sexualempfindung« erfand der Schriftsteller Karl Maria Kertbeny (1824-1882) die Kunstwörter »homosexual« bzw. »heterosexual«; 1869 schrieb er in einer Broschüre über die Reform des

›Schwulenparagraphen‹ zum ersten Mal von »Homosexualität« –
Begriffe, die seitdem Weltkarriere machten.[5]

Auch Franz Carl Müllers königlicher Patient Ludwig liebte
Männer;[6] seit seiner ersten Münchner Zeit beschäftigte sich Müller
daher eingehend mit diesem Phänomen, und zwar als Arzt, wissen-
schaftlicher Autor und als Gutachter vor Gericht. Für eine »größere
Arbeit über die ›Sodomie‹«[7] sichtete er 1890 im Geheimen Staatsarchiv Berlin historische Strafrechtsakten auf der Suche nach Berichten über »Conträrsexuelle« aus vergangenen Zeiten. Sein Leih-
zettel – »F.C. Müller, München« – liegt immer noch dem Packen
mit Catharina Lincks Gerichtsakten bei.[8] Das geplante große Werk
ist nie erschienen. Seinen spektakulärsten Fund veröffentlichte
Müller jedoch, wie eingangs schon erwähnt, 1891 in Auszügen in
Friedreich's Blättern für gerichtliche Medicin und Sanitätspolizei, einer
medizinisch-juristischen Fachzeitschrift: Für »Ein weiterer Fall
von conträrer Sexualempfindung« transkribierte er 34 Blätter der
Akte, nämlich das Gutachten des Criminal-Collegiums, allerdings
ohne historisch-kritische Skrupel (Auslassungen sind nicht gekennzeichnet) oder Erläuterungen.[9] Mit dem Titel spielte Müller
auf Westphals berühmten Aufsatz an, und in seinen wenigen Anmerkungen zu Beginn und am Schluss führte er dessen medizinischen Diskurs fort. Als Arzt, der die gerade entstehende Sexualwis-
senschaft aufmerksam verfolgte und mitentwickelte, bescheinigte
Müller der »abnorm veranlagten« Catharina Linck »sexuelle Per-
versität«. Zugleich warnte er jedoch davor, Menschen wie sie für
»blödsinnig«[10] zu erklären, wie es in der damaligen Psychiatrie ge-
schehe. In seinem elf Jahre später erschienenen voluminösen Werk
zur *Geschichte der organischen Naturwissenschaften im Neunzehnten
Jahrhundert* (1902) hielt er im Kapitel über »Geistes- und Nervenkrankheiten« die »conträre Sexualempfindung« für eine »unglück-
liche Veranlagung«, die nicht als Schwachsinn abgetan, sondern als
Geisteskrankheit behandelt werden müsse:

So ekelhaft die Verirrungen auf diesem Gebiete sind, so sehr muß der Irrenarzt bestrebt sein, das was geisteskrank an den Verfehlungen ist, ins rechte Licht zu stellen. Es verdient daher Anerkennung, daß sich Krafft-Ebing Mühe gegeben hat, die wirklichen Träger der konträren Sexualempfindung durch eine Änderung des § 175 des Deutschen Reichsstrafgesetzbuches unter psychiatrischen Schutz zu stellen.[11]

In der letzten, kurzen Schrift, die Müller selbstständig veröffentlichte, *Sexuelle Verbrechen und Verirrungen mit Rücksicht auf die moderne Gesetzgebung geschildert* (1912),[12] ging er sogar noch über Richard von Krafft-Ebings Theoreme in *Psychopathia sexualis* (1886) hinaus, die Müller als veraltet bezeichnete:

Seitdem ich Oscar Wildes Schicksale und Werke kenne, und besonders nach einem Spaziergange, den ich als Chefarzt einer großen Nervenheilanstalt mit einem Homosexuellen machte, wobei dieser in glühenden Worten die Rechte seiner mannmännlichen Liebe verteidigte, seitdem habe ich trotz allen Ekels an den Handlungen selbst nicht mehr den Mut, einen aktiven Päderasten ohne Gegenwehr dem Strafrichter zu überlassen.

Müller mag sich nicht wirklich geekelt, sondern eher seinem Publikum mit dieser rhetorischen Floskel Sand in die Augen gestreut haben. Denn als Arzt und medizinischer Sachverständiger plädierte er wie andere Sexualwissenschaftler dafür, Homosexualität nicht länger als Verbrechen zu betrachten; Schwule sollten nicht den Strafrichter oder Erpresser fürchten müssen. Stattdessen seien sie wie geistig bzw. nervlich Kranke zu behandeln, d.h. von ihrem ›perversen‹ Begehren zu heilen. Müller schwebten dafür »Gefängnisse, deren Leiter Psychiater sind«[13] vor. Auch wenn die damaligen Ärzte das Beste für ihre Patienten gewollt haben mögen, kamen Homosexuelle vom Regen in die Traufe, als sich anstelle der Justiz nun die Medizin für zuständig erklärte: Psychotherapien, Hormonbehandlungen, Sterilisationen und Elektroschocks mussten sie in Europa und in den USA im 20. Jahrhundert über sich ergehen lassen. Und immer noch halten nicht nur christliche Fundamentalisten Homosexualität für heilbar; am 24. Juni 2020 sah sich die Bundesrepublik Deutschland gezwungen, ein Gesetz zum Schutz vor Konversionsbehandlungen in Kraft treten zu lassen.

Zurück ins 19. Jahrhundert. Zeitgleich zu den Sexualwissenschaftlern erarbeiteten auch männerliebende Männer wie Karl Maria Kertbeny und frauenliebende Frauen wie Johanna Elberskirchen (1864-1943)[14] Theorien über die gleichgeschlechtliche Liebe. Wie die Ärzte meinten auch die ›Betroffenen‹, ihre Veranlagung sei angeboren – allerdings nicht heilungsbedürftig. Der schwulenemanzipatorische Pionier Karl Heinrich Ulrichs (1825-1895)[15] stritt in seinen Schriften u.a. für die Abschaffung des §175 im Strafgesetzbuch. Über Theorie und Vokabular der Homosexualität zerstritt er sich jedoch mit Kertbeny. Ulrichs nannte gleichgeschlechtlich begehrende Männer *Urninge* und verstand sie als Wesen, deren männlicher Körper eine weibliche Seele beherberge. Entsprechend seien *Urninden* Wesen mit weiblichem Körper und männlicher Seele. Wie die Ärzte seiner Zeit leitete Ulrichs die Identität dieser Menschen aus ihrem sexuellen Begehren ab.

> Die Sodomie – so wie die alten zivilen oder kanonischen Rechte sie kannten – war ein Typ von verbotener Handlung […]. Der Homosexuelle des 19. Jahrhunderts ist zu einer Persönlichkeit geworden,

fasste Michel Foucault diesen Paradigmenwechsel zusammen, den Sexualwissenschaftler und Aktivistinnen gleichermaßen bewerkstelligten. 1869, als Westphal seinen Aufsatz und Kertbeny das

Wort »Homosexualität« schrieb, schien die moderne schwule oder lesbische Identität geboren oder erfunden – ein so treffendes wie irreführendes *bonmot*. Dieses neue Konzept, das Homosexuelle zu einer »Spezies«[16] machte, dominierte ihre Selbst- und Fremdwahrnehmung während des 20. Jahrhunderts und vielfach auch heute. Nur unscharf oder gar nicht unterschied man in der Theoriebildung bis vor kurzem die Homo- von der Transsexualität und dem Transvestismus.[17]

Foucaults These befeuerte die Forschung zur Vorgeschichte abweichender Sexualitäten. Mit diesem neuen Schlüssel konnte die *Social Construction Theory* mit einem Mal historische Zeugnisse würdigen, die zuvor rätselhaft geblieben waren, weil sich Schwule, Lesben und Transgender vor 1900 anders äußerten und wirkten als später.[18] Mittlerweile ist Foucaults These vielfach modifiziert und revidiert, sowohl widerlegt wie auch weiterentwickelt worden. Aktuell werden divergierende Methoden, Ansätze und Verständnisse historischer Sexualitäten in der Forschung genutzt; es werden sowohl Kontinuitäten betont (also eher essentialistische Positionen vertreten) als auch Beobachtungen angestellt, wie unüberbrückbar die Kluft zwischen heute und damals ist. Tendenziell scheinen die Skrupel zu schwinden, historische Phänomene mit Vokabular von heute zu bezeichnen;[19] da auch die Begriffe ›Familie‹ oder ›Ehe‹ im Mittelalter oder in der Frühen Neuzeit für uns Heutige erklärungsbedürftig seien, könne man, bei aller Vorsicht, auch mit den Begriffen »lesbisch« oder »trans« arbeiten. Also, Hand aufs Herz und Hosen herunter: War Catharina Linck eine Lesbe? Oder doch ein Transmann?

Catharina Linck lebte in der Spätphase der Frühen Neuzeit, einer Zeit, in der die Identität eines Menschen immer noch wesentlich von seinem Stand bestimmt wurde. Ihre Herkunft aus ärmlichsten Verhältnissen und ihre uneheliche Geburt waren Faktoren, die ihr Selbstverständnis wesentlich mehr geprägt ha-

ben als ihr Geschlecht und ihr Begehren. Männliche und weibliche Wesensmerkmale wurden noch nicht als *natürlich*, sondern
als gottgegeben erlebt und unterschieden sich in manchem von
unseren Vorstellungen und Vorurteilen. Lange nach ihrem Tod
wurden im säkularisierten Zeitalter der Moderne neue, nun wissenschaftliche Erklärungen benötigt, um die biblische Unter-
drückung der Frau weiterhin zu rechtfertigen. Ein europaweiter
Chor von Philosophen (Rousseau, Kant, Hegel, Fichte, Schopenhauer, Weininger), Schriftstellern (Schiller, Humboldt) und Ärzten
(Paul Julius Möbius, Jean-Martin Charcot, Sigmund Freud) leitete nicht hinterfragbare Axiome über das Wesen der Geschlechter aus der Anatomie des männlichen und weiblichen Körpers
ab. In der sogenannten »Polarisierung der ›Geschlechtscharaktere‹«[20] (d.h. Gender) wurde Männern diskursiv das zeugende und
geistige Prinzip zugewiesen, also Aktivität, Berufstätigkeit, Wirken in der Öffentlichkeit usw., Frauen dagegen das empfangende,
materiell-naturhafte Prinzip, also Passivität, Mütterlichkeit, Wirken in der Häuslichkeit. Der Pädagoge Joachim Heinrich Campe
(1746-1818) erkannte 1789 die »dreifache Bestimmung des Weibes«
in der »zur Gattin, zur Mutter, und zur Vorsteherin des Hauswe-
sens«;[21] er wandte sich damit bewusst gegen die Berufstätigkeit von
Frauen, die in der Frühen Neuzeit sehr wohl im Handwerk ihres
Ehemanns mitgearbeitet oder sogar einen eigenen Betrieb geleitet
hatten, ohne ihre ›Weiblichkeit‹ zu gefährden. Die noch heute be-
stehenden Rollenmodelle für Männer und Frauen, die zwischen
1780 und 1910 ausgeprägt wurden, verstellen mit ihrer Behauptung,
das Wesen von Männern und Frauen liege in ihren Körpern, der
Anatomie, den Hormonen begründet, den Blick auf die Zeiten vor
der Entstehung dieses Geschlechtermodells. Denn dieser diskursiv
geschaffene, pseudo-biologische Determinismus erhebt den An-
spruch, für alle Zeiten und Gesellschaften zu gelten und gegolten
zu haben.

Catharina Linck lebte vor dieser kopernikanischen Wende in den Geschlechtskonstruktionen. Auch zu ihrer Zeit unterschieden sich die Leben von Frauen und Männern stark; der große Unterschied machte für Catharina Linck ein Leben als Mann ja so attraktiv. Weil aber die Geschlechterrollen noch nicht aus der *Natur*, den Körpern, abgeleitet und damit noch nicht als ewig und unveränderbar interpretiert wurden, musste sich Catharina Linck *nicht* fragen, ob sie denn etwa keine Frau war, weil sie Männerkleider trug oder als Mann auftreten wollte oder Frauen begehrte – Lebensweisen, die Frauen später *per definitionem* gar nicht wollen konnten.

Zu Catharina Margaretha Lincks Zeit wurden die beiden Geschlechter nicht als dichotomische Gegensätze, sondern als komplementäre Einheit gedacht, wie Thomas Laqueur in seiner medizinhistorischen Studie *Making sex* (1990) zeigt. Anatomische Zeichnungen vom Beginn des 18. Jahrhunderts zeigen Frauen und Männer als Varianten von im Grunde eines Geschlechts. Frauen galten als eine Art inwendiger Mann, die Vagina als invertierter Penis.[22] Dementsprechend kannte das Deutsche sprachlich nur ein »Geburtsglied«, das Johann Christoph Adelung (1732-1806) im ersten deutschen Wörterbuch definiert als »in der anständigen Sprechart, das zur Fortpflanzung seines Geschlechts nöthige Glied, bey beyden Geschlechtern«.[23] Auch Catharina Lincks Geschlecht wurde in den Gerichtsakten als »Geburtsglied« und lateinisch als »membrum muliebre«, d.h. als weibliches Glied, bezeichnet – ein Terminus technicus, der heute überrascht, hat es doch nur das männliche Glied in die Gegenwartssprache gebracht. Geprägt und geplagt von psychoanalytischen Konzeptionen des sogenannten Penisneids mussten Frauen etwa in der Frauenbewegung der 1970er Jahre ihr »Geburtsglied« erst wieder entdecken. Die Historizität deutscher Begriffe stützt Laqueurs und Judith Butlers (1990) These, dass nicht nur das soziale, sondern auch das biologische Geschlecht eine soziale Konstruktion ist, die unterschiedliche Gesellschaften zu verschiedenen Zeiten anders deuten.

Man kann es sich leichtmachen und Catharina Linck als ›queer‹ bezeichnen. Aber was ist mit dieser Feststellung gewonnen? »Die Diskussionen, wie der Begriff zu verwenden ist, quälen die feministischen und Gender-Studien – und beleben sie zugleich«,[24] stellen die Herausgeberinnen des Sammelbands *The Lesbian Premodern* (2011) fest. Dass Linck widerspenstig war, anders als die anderen, auffiel, lässt sich mit dem Anglizismus zwar schick und modern formulieren – im Zweifelsfall aber auch ohne ihn. Denn queer sind ganz schön viele, sehr unterschiedliche Leute. Im streng theoretischen Sinn ist queer gar keine Identität, sondern eine Positionsbestimmung, eine Verortung.[25] Ebendas macht den Begriff für die Geschichtsschreibung der Homo- und Transsexualitäten jedoch höchst problematisch: Die Männerliebe im alten Griechenland war *nicht* queer, sondern geradezu staatstragend, und Liebesbeziehungen zwischen bürgerlichen Frauen im 18. und frühen 19. Jahrhundert wird mit dem Suchraster ›queer‹ niemand entdecken. Am ehesten tritt queer das begriffliche Erbe der jüdisch-christlichen Sodomie in ihrer lustvoll schillernden Vieldeutigkeit an. Doch nicht nur in der Alltagssprache, auch im akademischen Diskurs ersetzt ›queer‹ oft nur das betulich gewordene ›homosexuell‹.[26] Als *umbrella term* umgeht queer die Frage, welcher etwaigen Untersparte Catharina Linck denn zuzurechnen wäre – so elegant wie mutlos.

Catharina Margaretha Linck wurde als Mädchen getauft. Ihre Mutter, Hebammen und mehrere Ärzte erklärten sie in verschiedenen Stadien ihres Lebens für eindeutig weiblich. Mit fünfzehn Jahren zog sie Männerkleider an und nannte sich Anastasius Rosenstengel. Für den überwiegenden Rest seines Lebens versuchte er, als Mann zu gelten. Er pinkelte im Stehen durch ein Horn. Er begehrte ausschließlich Frauen. Er kaufte sich die Dienste von Prostituierten. Er verschaffte sich einen Dildo, den er auch am Körper trug, wenn er nicht im Einsatz war. Anatomie sagt nichts über empfundene Geschlechtszugehörigkeit aus. Braucht es also noch mehr, um Anastasius als proto-transgender zu erkennen?

Die historische Lesbenforschung[27] hat öfters schon beklagt, dass Lesben durch die Queer Studies so unsichtbar, ja lächerlich gemacht werden wie zuvor vom Patriarchat; »wann hätte es je *nicht* als anachronistisch gegolten, den Begriff ›lesbisch‹ zu benutzen?«, fragen Noreen Giffney, Michelle Sauer und Diane Watt, die Herausgeberinnen der *Lesbian Premodern*:

> Die Lesbe wird aus der Geschichte ausradiert. Wissenschaftlerinnen begegnen nicht nur der Schwierigkeit, frühneuzeitliche Lesben und ihre Lebenswelten zu entdecken, sondern auch die lesbische Erfahrung an sich, ja die Lesbe selbst überhaupt zu identifizieren. Wissenschaftlerinnen kämpfen weiterhin damit, der frauenliebenden Frau der Vergangenheit einen Namen zu geben.[28]

Daher möchte ich dieselben Fakten, die soeben Rosenstengel als proto-trans erklärt haben, noch einmal aus lesbischer Perspektive würdigen. Catharina Margaretha Linck war körperlich eine Frau. Wann immer sie entlarvt wurde, behauptete sie nie, tatsächlich ein Mann zu sein oder im falschen Körper zu wohnen. Unterm Galgen berief sich Catharina Linck 1708 sogar explizit darauf, eine Frau zu sein. Auch als sie 1716 nicht wieder bei den Soldaten anfangen wollte, bestand sie auf ihrer Weiblichkeit. In den Quellen findet sich kein Hinweis, sie habe ihren weiblichen Körper abgelehnt oder gar gehasst; im Gegenteil, in der Confrontatio mit ihrer Frau vor Gericht wird sogar deutlich, dass sie ihren *weiblichen* Körper genoss: Catharina Mühlhahn liebkoste die Brüste ihrer Frau. Der Dildo sagt gar nichts; da er heute ein beliebtes Spielzeug ist, warum nicht auch damals? Als Catharina Linck merkte, dass sie Frauen liebte und auf gar keinen Fall einen Mann heiraten wollte, blieb ihr keine andere Wahl, als so zu tun, als sei sie selber einer. Noch lange nicht waren die familiären, gesellschaftlichen, juristischen und vor allem auch ökonomischen Voraussetzungen geschaffen, die es zwei Frauen erlauben sollten, als Paar vor aller Welt miteinander zu leben – das war Mutigen erst ab dem späten 19. Jahrhundert möglich. Für Catharina Linck dagegen war ein Leben als Mann die beste Lösung. Als Mann musste sie nicht, wie als Frau, auf eine günstige Gelegenheit warten, um mit einer Freundin oder einer zufälligen Bekannten in ein geheimes Einverständnis zu treten. Als Mann konnte sie aktiv auf Eroberung gehen, ohne sich verstecken zu müssen, ja, sie konnte zu Prostituierten gehen, wenn die Lust sie plagte. Da sie zudem mit dem Wechsel der Klamotten Zugriff auf all die Privilegien erhielt, die für Männer reserviert waren, hatte sie nur Vorteile als Lesbe in Männerkleidern. Bezeichnete man sie heute nicht als Butch?

So weit, so lesbisch – aber benötigen wir Heutigen nicht zwei Frauen, um ein Lesbenpaar zu erkennen? Tat Anastasius Rosenstengel nicht alles dafür, als Mann durchzugehen? Welche Lust hat er bei Prostituierten gesucht? Hat *er* sie dafür bezahlt, *sie* anzufassen? Oder hatte der Dildo doch einen starken Fetischcharakter für ihn? Zumal er mit seiner Frau sogar Fellatio praktizierte? Deutet das nicht doch wieder eher auf einen Transmann? – Ja, allerdings ähnelten und überschnitten sich die Lebenswelten transidenter und homosexueller Persönlichkeiten vor den Möglichkeiten von Hormontherapien und chirurgischen Eingriffen viel stärker als seither. Catharina Linck etwa konnte ihr soziales Geschlecht (*gender*) ändern, nicht aber ihr biologisches (*sex*). Wer will lesbisch von trans im 18. Jahrhundert unterscheiden? Die Argumentation dreht sich im Kreis. Unsere Fragen erzählen uns mehr über uns selbst und unsere Zeit.

Die historische Catharina Linck hingegen bringt noch einen ganz anderen Gedanken in die Diskussion über ihre Identität, der unserer Zeit überaus fremd ist:

> Daß Sie sich mit der Coinquisitin offentlich proclamiren und copuliren laßen, das dächte Sie vor Gott schon zu verantworten, der Satan hätte Sie müßen sichten, Ihre Mutter wäre mit dem Teuffel beseßen, denn als dieselbe Inquisitin am ersten Pfingsttage gebohren, hätte der Teuffel begehret, die Mutter solte Ihm das Kind übergeben, so solte die Mutter freÿ seÿn, hätte auch zu dem Ende der Mutter die Hände auf den Rücken gedrehet, Ihme solches zuzusagen, weil aber die Mutter nicht gewolt, so wäre der Teuffel in derselben geblieben, Inquisitin aber hätte Er gesichtet.[29]

Linck wies die Verantwortung für ihre Eheschließung mit einer Frau von sich und gab die Schuld dem Teufel, von dem ihre Mutter besessen sei und der auch ein Auge auf sie selbst geworfen habe. Schon während ihrer Zeit bei der Täufersekte leitete sie aus ihrem Geburtstag und ihrer Kindertaufe zu Pfingsten ein besonderes Verhältnis zu einem Geist ab, der ihr bald gut, bald bedrohlich erschien. In ihrer Verteidigung vor Gericht machte sie den bösen Geist, den Teufel, für ihre Grenzüberschreitungen verantwortlich und führte also den mystischen Zug ihres Wesens mit ihrem Begehren zusammen.

> Daß Sie sich beÿ ihrer vermeinten Frau als einen Mann aufgeführet, und Sie mit dem ledernen Dinge so schändlich gequälet, das wolle Sie Gott abbitten, ihre Frau aber habe davon keine Qual gehabt, Sie erkenne jetzo, daß Sie damit eine greuliche Sodomitereÿ begangen, allein der Satan hätte Sie bißher verblendet gehabt.[30]

Standhaft wies Catharina Linck die Behauptung zurück, ihre Frau habe beim gemeinsamen Sex keine Lust empfunden. Doch blieb sie bei der Aussage, ihr Tun sei vom Teufel beeinflusst. Catharina Linck machte diese Aussage, ohne gefoltert worden zu sein. Sich zu dieser Zeit als vom Satan besessen zu beschreiben, war so unklug, dass Lincks Aussage nur als wahrhaftes Bekenntnis gewertet werden kann; in Preußen waren die letzten Hexenprozesse noch nicht allzu lange vorbei, und in anderen deutschen Ländern waren sie noch im Gange – in Würzburg wurde noch 1749 eine Hexe verbrannt.[31] Zwar muss man berücksichtigen, dass Angeklagten in Sodomieprozessen häufig durch die Inquisitionsartikel souffliert wurde, der Teufel habe sie verführt.[32] Doch Lincks Glaube an gute und böse Geister in ihrem Leben ist auch anderweitig gut dokumentiert. Oder war das wieder eines ihrer Manöver und sie wälzte die Verantwortung für ihre Liebe zu Hosen und zu Frauen auf den Teufel ab, um vor ihren weltlichen Richtern als unschuldig dazustehen?

Am Ende ihrer Inquisition fragte der Halberstädter Stadtrichter August Heinrich Meschmann Catharina Margaretha Linck, wie sie ihre eingestandenen Verbrechen und Sünden vor Gott und den Menschen rechtfertigen wolle. Sie antwortete: »Wenn Sie auch schon aus dem Wege geräumet würde, so bliebe doch dergleichen«.[33] Ach – was hat sie, was hat er bloß mit »dergleichen« gemeint?! Des Rätsels Lösung steckt in diesem Wörtchen, dessen Bedeutung immer Catharina Lincks Geheimnis bleiben wird. Offensichtlich stand ihr kein Wort zur Verfügung, mit dem sie sich selbst hätte beschreiben können.[34] Dennoch geht aus ihrer Wendung hervor, dass sie »dergleichen« für etwas hielt, das auch anderen passieren konnte und von dem sie überzeugt war, es würde auch zukünftig wieder auftreten. Es klingt, als habe Linck eine bestimmte Lebensart andeuten wollen: von Frauen in Männerkleidern, die Frauen lieben, von Frauen als Männern, von männlichen

Frauen und weiblichen Männern. Ihre/seine wechselnden Identitäten machen Catharina Margaretha Linck alias Anastasius Lagrantinus Rosenstengel zu einer überraschend modernen Persönlichkeit, die jeden Kategorisierungsversuch heiter an sich abprallen lässt. Vielleicht lehrt Linck/Rosenstengel uns gar, einengende Zuschreibungen gelassen hinter uns zu lassen: Nicht nur mit ›queer‹, ›lesbisch‹ oder ›trans‹ ist recht wenig gesagt – auch mit männlich, weiblich und *dergleichen*.

Nachwort

Heute erinnert fast nichts mehr an Catharina Margaretha Linck. Es scheint fast, als ob das ursprüngliche Urteil der Juristischen Fakultät der Universität Duisburg doch noch vollzogen worden wäre und man Lincks Leichnam nach der Hinrichtung verbrannt und ihre Asche in alle Winde verstreut hätte, um jede Erinnerung an sie und an ihre Tat auszulöschen. Die alte Johannes-Baptistae-Kirche im verschlafenen Gehofen, in der Catharina Linck 1687 getauft wurde, wurde 1886 neu erbaut. Im westlichen Teil Glauchas, in dem das große Stiftungswerk August Hermann Franckes begann, steht keines der ursprünglichen Gebäude mehr. Die Georgenkirche brannte 1740 ab. Das Pfarrhaus und das sogenannte Reichenbachsche Haus sind mit der ganzen Mittelwache verschwunden: Das Gebiet zwischen Steg und Mauerstraße wurde nach dem Zweiten Weltkrieg durch Plattenbauten neu parzelliert. Der Gasthof »Zum goldenen Adler« vor dem Rannischen Tor wurde im 18. Jahrhundert grundlegend verändert. Von den Gebäuden, die in der Frühphase zu den Glauchaschen Anstalten gehörten und in denen Catharina Margaretha Linck wohnte, ist also keines erhalten. Immerhin gekannt hat sie das 1700 eingeweihte Hauptgebäude der Franckeschen Stiftungen und den Gasthof »Goldene Rose«, den Francke 1702 zu seinem Pfarrhaus machte und der auch heute noch steht.

Im Zweiten Weltkrieg wurden die Klöster, die Anastasius Rosenstengel in Hildesheim (St. Michael) und Münster (St. Petri)

aufsuchte, zerstört. Nur die Kirchen wurden wieder aufgebaut. Das
Kolleg-Gebäude, dessen Pforte Anastasius Rosenstengel in Münster ein Jahr lang hütete, ist Vergangenheit.

Halberstadt wurde bei einem Luftangriff am 8. April 1945 nahe-
zu ausgelöscht. Was die Bomben stehen ließen, riss die Stadtverwaltung zu DDR-Zeiten ab oder erledigte der Zahn der Zeit. Im
Paulsviertel, in dem die Potts, die Mühlhahns und Anastasius Rosenstengel lebten, reiht sich ein Plattenbau an den anderen. Die
Türme der im Krieg zerstörten Paulskirche wurden 1969 gesprengt.
Auch das Richthaus hat den Krieg nicht überlebt, so wenig wie
das berühmte Rathaus. Der Fischmarkt, auf dem Catharina Linck
hingerichtet wurde, ist nach der Wende neu bebaut worden. Der
ehemalige Galgenberg musste dem Gewerbegebiet Am Sülzegra-
ben weichen. Der Hügel, den man vor 1990 auf dem Weg von Halberstadt nach Harsleben links der Landstraße noch gut erkennen
konnte, wurde abgetragen. Die Gebeine, auf die man stieß,[1] wurden
laut Gesetz beseitigt, wenn sie nicht unentdeckt in die Fundamente
eines Automarkts oder eines Fast-Food-Restaurants betoniert
wurden.

Geblieben ist von Catharina Linck alias Anastasius Rosenstengel nichts als die schriftlichen Quellen. Der würdige Platz, den sie
verdient, liegt in der deutschen Sozial-, Geschlechter- und Sexual-
geschichte. Sein außerordentlich gut dokumentierter Fall ist für
die weitgehend ungeschriebene Geschichte der weiblichen Homosexualität und Transidentität ante verbum im deutschen Sprach-
raum einzigartig. Nur wenige andere Fälle sind bislang bekannt.
In Speyer wurde 1477 Katherina Hetzeldorfer ertränkt, weil sie
zwei Jahre lang mit einer anderen Frau Tisch und Bett geteilt und
noch mit zwei weiteren Frauen sexuell verkehrt hatte. Eine der
Mitangeklagten behauptete, »daz sie nit anders gewist dan daz sie
eynn man gewest«[2] und konnte so ihr eigenes Leben retten – wie
250 Jahre später Catharina Mühlhahn. Ebenfalls ertränkt wurde in

Basel 1537 eine namentlich nicht bekannte Frau, die eine andere geheiratet hatte.[3] Nur mit einer körperlichen Untersuchung scheint
Greta davongekommen zu sein, »ain arme dienstmagdt« in Mess-
kirch, die in der ersten Hälfte des 16. Jahrhunderts »junge döchter«
verehrte und ihnen mit »mannlichen affect« Geschenke machte.[4]
1702 wurde Anna Ilsabe Bunck, die »Jungfer Heinrich«, zusammen
mit ihrer zweiten Ehefrau Maria Cäcilia Jürgens in Hamburg ge-
rädert, doch unterscheidet sich ihr Fall von dem Catharina Lincks
insofern, als die beiden auch des Mordes angeklagt und somit die
gleichgeschlechtliche Unzucht für ihr Todesurteil nicht allein aus-
schlaggebend war.[5] Catharina Linck hingegen hatte sich, wie ihre
Richter feststellten, zwar vielerlei Sünden schuldig gemacht, jedoch nur eines Verbrechens, das dem Gesetz nach mit dem Tod
zu bestrafen war. In Hamburg wurde 1728 eine Frau in Männerkleidern, die sich mit einer anderen aufbieten ließ, ausgepeitscht,
gebrandmarkt und lebenslang ins Zuchthaus gesperrt.[6] In Wien
starb 1748 Maximiliana von Leithorst, die seit ihrem 14. Lebens-
jahr als Mann auftrat und mehrere Jahre lang mit einer anderen
Frau verlobt war.[7] Ebenfalls in Wien schickte die Gattin des Habs-
burger Thronfolgers, Isabella, ihrer Schwägerin Marie Christine,
einer Tochter Maria Theresias, 1760-63 Briefe voller Küsse, die de-
zidiert nicht nur geistig gemeint waren.[8] Wilhelm Heinse (1746-
1803) erwähnt 1773 in seiner Übersetzung von Petronius' *Satyricon*
eine

> Gräfin von *Tanis*, die natürliche Tochter des K** von C** mit
> einer Engländerin, […] welche in männliche Kleider verhüllt
> mit einem Gaudemischee [Dildo] umgürtet ein sehr schönes
> Fräulein in Augsburg heyrathete und den priesterlichen Seegen
> empfieng.[9]

Die Geschichte von Lesben und/oder Transmenschen ist so wenig
Spartengeschichte wie die Frauengeschichte; sie ist die überfällige
Korrektur der einseitig patriarchalen Geschichtsschreibung. Insofern hoffe ich immer noch – wie schon 2004 bei der Erstausgabe
dieses Buches –, dass auch im deutschsprachigen Raum die Geschichte vermehrt auf Zeugnisse von Frauen befragt wird, die sich
liebten, unterstützten, verrieten und auffielen oder auch *nicht*. Wie
sind eigentlich die Catharina Mühlhahns dieser Welt einzuschätzen? Bislang kümmerte sich die Forschung stets um den auffälligen,
d.h. irgendwie ›männlichen‹ Teil eines Frauenpaars und spiegel-
te damit das Erstaunen der damaligen Zeitgenossen. Waren ihre
Ehefrauen nicht viel subversiver? Anastasius Rosenstengel und
»dergleichen« bestätigen auf ihre Weise die patriarchale Hierarchie. Ihre Partnerinnen hingegen unterlaufen sie. Lustvoll lassen sie
überkommene Geschlechterrollen hinter sich, weil sie *als Frauen*
tun, was man nicht von Frauen erwartet. Susan Lanser erkennt in
der

> frühneuzeitlichen *Un*logik von Frau + Frau das Versuchsgelän-
> de, in der die Moderne ihre Grenzen erkundet und sich selbst
> als entscheidend queer offenbart. Darstellungen des Lesbischen
> verhelfen daher zu ganz neuen Denkansätzen bei der Entziffe-
> rung der Vergangenheit.[10]

Anmerkungen

Zitate ohne eigene Endnote werden mit der nächstfolgenden belegt.

»War so vor sich hin«:
Waisenkind in Glaucha (1687-1700)

1 Taufeintrag von Catharina Linck, Kirchenbuch der Johannes-Baptistae-Gemeinde in Gehofen. Datum nach Julianischem Kalender.

2 Vgl. ihren Sterbeeintrag vom 4. Oktober 1739, Kirchenbuch St. Georgen, Marienbibliothek Halle.

3 Ihr Taufeintrag lautet »Einer Soldatenfrau Von Erffurth namens Magdalena Lincken eine Tochter names Magdalena Elisabeth getauft«. Die Vornamen des Mädchens verwirren. Magdalena Linck nannte sowohl bei der Aufnahme ihrer Tochter in Franckes Waisenhaus in Halle 1696 als auch bei ihrer Vernehmung im Gerichtsprozess ihrer Tochter 1720 als deren Geburtsort »Gehowen« bzw. »Gehoffen«, »4 Meilen von Halle«. (Eine preußische Meile maß 7532,5 m, vgl. Engel 1965, 2; Gehofen liegt allerdings etwa 60 Kilometer von Halle entfernt und nicht 30 Kilometer, wie Magdalena Linck annahm.) Bei Catharina Margaretha Lincks Aufnahme ins Waisenhaus wurde als ihr Geburtsjahr »1687« (Jacobi und Müller-Bahlke 1998, 279) eingetragen, sie selbst gab im Gerichtsprozess an, an einem Pfingstsonntag geboren worden zu sein. Aus diesen Angaben errechnet sich der 15. Mai 1687 (Grotefend 1991, 154), und tatsächlich ließ Magdalena Linck am 16. Mai 1687 in Gehofen eine Tochter taufen. Sie hat weder früher noch später in Gehofen ein weiteres Kind zur Welt gebracht. Alles spricht also dafür, dass das Mädchen, das am 16. Mai 1687 in Gehofen getauft wurde, Catharina Margaretha Linck war und dem Pfarrer Thalmann beim Eintrag der Taufe ins Kirchenbuch ein Versehen unterlief.

4 Im Jahr 1817 wurde Glaucha zu Halle eingemeindet. Zur Geschichte Glauchas vgl. Dreyhaupt 1749/1751; Schultze-Galléra 1921, 44-88; Neuß 1965.

5 Zu Franckes Leben vgl. Guerike 1827; Kramer 1880-1882; Wächtler 1898; Wallmann 1998; Obst 2013.

6 Jacobi und Müller-Bahlke 1998, 279. Als Beruf der Eltern wurde »Bauer« eingetragen – vielleicht eine beschönigende Angabe Magdalena Lincks? Catharina Linck selbst ging davon aus, Tochter eines Soldaten zu sein, vgl. Dokumentation S. 234, wie ja auch ihr Taufeintrag besagt.

7 Müller-Bahlke 1998, xxii.

8 Zur Geschichte der Franckeschen Stiftungen vgl. als Auswahl Hertzberg 1898; Weniger 1991; Brecht 1993; Raabe 1995 und 1998; Jacobi und Müller-Bahlke 1998.

9 Zum Pietismus vgl. Leube 1975; Beyreuther 1978; Wallmann 1990; Brecht [u.a.] 1993-2000.

10 Wallmann 1998, 39.

11 Vgl. Leube 1975, 114.

12 Raabe 1998, 83.

13 Vgl. Ebert 1998, 110.

14 Die Beschreibung von Lincks Leben im Waisenhaus folgt der *Historischen Nachricht / Wie sich die Zuverpflegung der Armen und Erziehung der Jugend in Glaucha an Halle gemachte Anstalten veranlasset* (Francke 1697) sowie der Handschrift gleichen Titels mit Stand April 1697 (s. Bibliographie, Handschriften).

   1702 veröffentlichte Francke eine Nachfolgeschrift dieser *Historischen Nachricht* unter dem Titel *Ordnung und Lehrart, wie selbige in denen zum Waisenhause gehörigen Schulen eingeführet ist* (vgl. Francke [2]1885), die eine große Kontinuität in den Einzelheiten des Unterrichts aufzeigt.

15 Francke 1697, 159, 74, 74, 81, 162, 162, 82.

16 Jacobi und Müller-Bahlke 1998, 279 sowie Abb. 3.

17 Francke 1697, 93, 94-95.

18 Vgl. Menck 1969, 60-61.

19 Francke 1697, 96, 144, 144, 145.

20 Francke 1697, 105, 107, 107, 98, 44-45.

21 Vgl. Raabe 1998, 170.

22 Diese Regelung galt für 1711, wird jedoch auch zehn Jahre früher nicht wesentlich anders gewesen sein, vgl. *Der von GOTT in dem Wäysen=Hause zu Glaucha an Halle (für ietzo auf 500. Personen) Zubereitete Tisch [...]* (1699/1711, S. 16), Archiv der Franckeschen Stiftungen, Sig. B.FS: FS 1: 025a.

23 Zedler Bd. 15, 1406. Nachbier, auch Dünnebier oder Kosent genannt, wurde hergestellt, indem man Wasser auf die Hopfen- und Gerstenmalzrückstände goss, nachdem das frisch gebraute Bier abgeschöpft worden war.

24 Vgl. Beyreuther 1978, 33-42 und 128-129.

25 Francke 1697, 109, 78-79, 113-114.

26 Francke 1697, 45, 49.

27 Vgl. Ebert 1998, 110.

28 Francke [2]1871, 115.

29 Francke 1697, 160, 45.

30 Vgl. Francke [2]1885, 156-160.

31 Francke [2]1885, 159.

32 Vgl. das Modell des Waisenhauses im Dachgeschoss des Hauptgebäudes, dem ehemaligen Schlafsaal, wo heute die Wunderkammer gezeigt wird.

33 Francke [2]1885, 164 bzw. [2]1871, 115.

34 Zum pädagogischen Ziel Franckes vgl. Menck 1969.

35 Es war der 24. Juli eines schon zum Zeitpunkt der vermutlich verspäteten Niederschrift nicht mehr bekannten Jahres (vgl. Jacobi und Müller-Bahlke 1998, 279 sowie Abb. 3).

36 Zu den Örtlichkeiten im damaligen Glaucha vgl. Schultze-Galléra 1921, 49, 57-59, 66.

37 Vgl. Grumbkows Bericht an Friedrich I. vom 7. Juni 1708, S. 216 f.

38 Jacobi und Müller-Bahlke 1998, 279 sowie Abb. 3.

39 Francke [2]1885, 157.

40 Vgl. Bartz 1934, 91-95.

41 Vgl. Müller-Bahlke 1998, xix.

42 Vgl. Schultze-Galléra 1921, 49-50, 78.

43 Vgl. Francke 1699/1711, 6, sowie Schultze-Galléra 1921, 89.

44 Vgl. Francke 1697, 50.

45 Jacobi und Müller-Bahlke 1998, 279.

»MannsKleÿder«:
Neuorientierung (1700-1703)

1 Vgl. Neuß 1958, 156.

2 Vgl. zu diesen beiden Handwerken Reith 1990, 70-75 sowie 131-134.

3 Die Datierung der Ereignisse zwischen dem 17. April 1700 und dem Jahr
   1705, in dem Catharina Linck ihr Leben als Soldat begann, ist nur annä-
   herungsweise möglich. Für diese Zeit liegen in den Quellen keine genauen
   Angaben vor.

4 Dokumentation S. 247.

5 Vgl. Buchner 1914, 174, 176-177, 192, 218-220, 226-227, 229, 231; Faderman 1981,
   47-61; Friedli 1987; Dekker und van de Pol 1990; Garber 1992; Bullough und
   Bullough 1993, Manion 2020.

6 Dekker und van de Pol 1990, 12.

7 Vgl. Liebers 1989.

8 Vgl. Collis 2001.

9 Vgl. Bullough und Bullough 1993, 160.

10 Verwandlungen von Mann zu Frau traten in früheren Jahrhunderten fast immer nur in sehr hohen sozialen Schichten auf (vgl. Bullough und Bullough
   1993, 103-110): Nur, wo wegen des Adels der Geburt und dem vorhandenen
   Reichtum kein sozialer Abstieg zu befürchten war, konnten Männer sich die
   Extravaganz erlauben, Frauenkleider anzuziehen. Wegen des hierarchischen
   Gefälles zwischen den Geschlechtern differiert *cross-dressing* von Männern
   und Frauen in ihrer Motivation und Bedeutung stark.

11 Dies trifft in gewissem Maß sogar für die berühmteste und hochrangigste
   Frau des 17. Jahrhunderts zu, die Männerkleidung trug: Christina von
   Schweden (1626-1689). Selbst als ehemalige Königin profitierte sie noch von
   dem Schutz, der Männerkleidung etwa auf Reisen bot, vgl. Bullough und
   Bullough 1993, 97.

12 Vgl. Friedli 1987, 234.

13 Dokumentation S. 215.

14 Vgl. Dekker und van de Pol 1990, 28.

»*Jehovah Almajo Almejo*«:
Unterwegs als Prophet (1703-1704)

1 1893/94 wurde der östliche Saale-Arm reguliert und überbaut, weshalb der
   Strohhof seinen Inselcharakter verlor und seither an die Altstadt Halles angeschlossen ist, vgl. Schultze-Galléra 1921, 35-38.

2 Schultze-Galléra 1921, 36.

3 Zum Radikalpietismus vgl. Beyreuther 1978, 289-330; Wallmann 1990, 80-108; H. Schneider 1993 und 1995; Hoffmann 1996; Wustmann 2008.

4 H. Schneider 1993, 418.

5 Vgl. zu diesen Vorgängen Brandenburg 1991, 280-283; Wustmann 2008, 155-162.

6 Ekstatische Pietisten und Täufer um 1700 sind noch schlecht erforscht (H. Schneider 1993, 393). Es gab strenge, spiritualistische Gruppen, etwa Anhänger Hochmann von Hochenaus, die auf Brot und Wein beim Abendmahl verzichteten, aber auch die *Sozietät der Mutter Eva,* die mit sexuellen Riten Eva Margaretha von Buttlar (1670-1721) als ›Mutter Eva‹ verehrten (vgl. Hoffmann 1996), schließlich auch zölibatäre Einsiedler. Zu den vielen Frauen im Radikalpietismus vgl. Noth 2005 und Wustmann 2008. Andreas Groß, der sich den Inspirierten anschloss, berichtete 1715, es gebe seit zwanzig bis dreißig Jahren »Bewegungen und Inspirationen / die in unterschiedlichen Orten Teutschlands sich hervor gethan« hätten. Möglicherweise dachte er dabei auch an Catharina Lincks Sekte. Vgl. *Unterschiedliche Erfahrungs-volle Zeugnisse / Welche Einige in Gott verbundene Freunde Von der so sehr verhassten und verschreyten Inspirations-Sache [...] abgefasset [...] haben.* Im Jahr Christi 1715. Hauptbibliothek der Franckeschen Stiftungen, Sig. 121E6[1].

7 Vgl. H. Schneider 1993, 415.

8 Vgl. H. Schneider 1995, 141.

9 Vgl. Braun 1934, 39.

10 Die Mehrheit der radikalpietistischen Sozietäten zog rein spiritualistisch die Geisttaufe vor. Allerdings gab es auch unter den Radikalpietisten Täufer wie etwa die Schwarzenauer Neutäufer, die im Wittgensteiner Land seit 1708 die Erwachsenentaufe durchführten und dabei die zu Taufenden ganz unter Wasser tunkten (vgl. H. Schneider 1995, 135-139). Eine radikalpietistische Täufergruppe, die in Halle 1703 Station machte, konnte nicht ausfindig gemacht werden. Ein Hinweis, der eventuell auf diese Gruppe zu beziehen ist, stammt von Gottfried Neumann, einem Theologiestudenten, der in Franckes Anstalten beschäftigt war und einmal eine Versammlung der sogenannten »neuen Täuffer« besuchte; später schloss sich Neumann den Inspirierten an. Vgl. *Unterschiedliche Erfahrungs-volle Zeugnisse / Welche Einige in Gott verbundene Freunde Von der so sehr verhassten und verschreyten Inspirations-Sache [...] abgefasset [...].* Im Jahr Christi 1715 (Hauptbibliothek der Franckeschen Stiftungen, Sig. 121E6[1], S. 50).

11 Vgl. Dokumentation S. 245 sowie den Eintrag im Kirchenbuch der Gemeinde St. Marienberg in Helmstedt S. 106 f. sowie Abb. 12.

12 Zedler Bd. 30, 8.

13 Die Darstellung beruht allein auf den in der Dokumentation abgedruckten
Quellen. Archivalische Forschungen in Nürnberg waren im Rahmen dieser
Arbeit nicht möglich.

14 Vgl. Löhr 1972 und 1976.

15 In den erhaltenen und veröffentlichten Protokollen der drei heimlichen reformierten und der lutherischen Gemeinde in Köln ist der Vorgang nicht
vermerkt.

16 Möglicherweise waren aber auch die Behörden gegen die radikalpietistischen Versammlungen eingeschritten. Zehn Jahre später wurden mehrere
Inspirierte in Köln verhaftet, die dort Aussprachen gehabt und Menschen-
aufläufe provoziert hatten. Vgl. Briefe von Conrad Schmid aus Burscheid an
August Hermann Francke vom 6. August 1715 und vom 20. September 1715
(s. Bibliographie, Handschriften).

»Als Mousquetier gegangen«:
Bei den Soldaten (1705-1712)

1 Zum Militärwesen der Zeit vgl. Hermann 1966, 91-115, und Papke 1979; zu
Einzelheiten insbesondere der preußischen Armee und des Soldatenalltags
während des Spanischen Erbfolgekriegs vgl. Jany 1928, 432-623, außerdem
Kuczynski 1981 sowie Schnitter und Schmidt 1987; zum Uniformwesen vgl.
Knötel 1985.

2 Vgl. Dokumentation S. 215 f.

3 Abel 1754, 594.

4 Jany 1928, 585.

5 Schnitter und Schmidt 1987, 41.

6 Vgl. Schnitter und Schmidt 1987, 67.

7 Abel 1754, 594.

8 Vgl. Dekker und van de Pol 1990, 28.

9 Dokumentation S. 241 sowie Abb. 19.

10 Vgl. Jany 1928, 498.

11 AB 1905, 42.

12 Vgl. CCM Th. 2, Abt. 1, Nr. LXXI, LXXVI, LXXIX-LXXXII, LXXXVI, XCVII, CII, CVII.

13 Dokumentation S. 216.

14 Grumbkow hatte später noch für weitere Persönlichkeiten Verständnis, die mit den Pietisten in Streit gerieten: 1714 setzte er sich am Berliner Hof für Christian Thomasius ein, 1736 intervenierte er zu Gunsten Christian Wolffs und bereitete damit dessen Rückkehr nach Halle vor (vgl. Hinrichs 1971, 386 und 437).

15 Der in den Quellen erwähnte Brief konnte nicht aufgefunden werden.

16 Vgl. CCM Th. 2, Abt. 1, Nr. XCIII.

17 Auch dieser Brief wird in den Gerichtsakten erwähnt, war jedoch nicht aufzufinden.

18 Vgl. Abel 1754, 595.

19 August der Starke (1670-1733), Kurfürst von Sachsen, war in Personalunion König von Polen.

20 Vgl. Schnitter und Schmidt 1987, 39.

21 Zedler Bd. 38, 1868.

»Flenell gemacht«:
Handwerker in Halle (1713-1716)

1 Dokumentation S. 240.

2 Vgl. Obst 1998, 222.

3 Vgl. Klepper [2]1938, 26.

4 Zu Friedrich Wilhelm I. vgl. Vehse [1851] 1970; Droysen 1869; Hinrichs 1941; Oestreich 1977; Kathe 1981; Göse 2020. Barbara Stollberg-Rilinger bereitet gegenwärtig eine Monographie über den Soldatenkönig vor.

5 Vgl. Hinrichs 1971 sowie Müller-Bahlke 2001.

6 Verordnungen vom 13. Oktober 1717 und 25. März 1729, CCM Th. 1, Abt. 2, Nr. CXXVI.

7 Sowie die Aufklärung jedoch im Verlauf des 18. Jahrhunderts an Einfluss hinzugewann, verlor der Pietismus an Bedeutung. Von heute betrachtet bildete der Pietismus »den Übergang von Orthodoxie zur Aufklärung« (Leube 1975, 122).

8 Zu den Inspirierten vgl. Goebel 1854-1857; Beyreuther 1978, 303-304; Bran-

denburg 1991; Wilson 1993; H. Schneider 1995, 142-152; U.-M. Schneider 1995, 23-37; Noth 2005. – Im Gegensatz zu Lincks Täufergruppe verzichteten die deutschen Inspirierten in den ersten Jahren ganz aufs Taufen (vgl. Wilson 1993, 155).

9 Noth 2005, 96.

10 Belege hierfür gibt es keine. Im Streit der hallischen Pietisten mit den Inspirierten wird sie später jedoch angeführt. Auch Lincks Wechsel nach Halberstadt spricht dafür, dass sie Kontakt mit den deutschen Inspirierten hatte. Sie selbst kann nicht die »Knopfmacherin« gewesen sein, weil sie sicher keinen größeren Raum zur Verfügung stellen konnte.

11 Brandenburg 1991, 285.

12 Um diese Zeit, am 18. April 1714, notierte Francke in seinem Tagebuch, er habe dem Theologieprofessor, Konsistorialrat und Inspektor des Saalekreises, Paul Anton, »einen Brief den Herr Weidner an Rosenstengeln geschrieben, communiciret« (Francke 2014, 163), also inhaltlich mitgeteilt. Leider ist der Brief nicht erhalten, so dass nicht sicher ist, ob der Brief wirklich an Catharina Linck gerichtet war oder nicht an einen anderen Rosenstengel. Meint Francke hier tatsächlich Linck, käme das fast einer Anerkennung ihrer männlichen Identität gleich. Freylinghausen spricht vier Jahre später von »Unser Magdalenen ihrem Mädgen«, vgl. S. 94.

13 Vgl. Brief von Petrus Schilling in Braunschweig an Francke, 17. Januar 1715, Bibliographie, Handschriften.

14 Vgl. CCM Th. 3, Abt. 1, Nr. CXXVII.

15 Vgl. Brandenburg 1991, 294.

»Sich mit selbiger ehelich versprochen«:
Ehestand (1717-1720)

1 Zur Geschichte der Stadt und des Bistums bzw. Fürstentums vgl. Abel 1754; Frantz 1853; Hartmann 1986 und 1991; Scholke 1990.

2 Vgl. Hartmann 1986, 19.

3 Vgl. Hartmann 1991, 39.

4 Nach Lincks eigener Aussage, vgl. S. 241.

5 Die Angehörigen der Familie Mühlhahn, Mühlhan, Mülhahn, Mulhan usw. werden in den Quellen unterschiedlich geschrieben. Im Folgenden verein-

heitliche ich den Namen zu »Mühlhahn«. Johann Joachim Mühlhahn und Catharina Margaretha Eichsfelder heirateten am 1. November 1696. Zu den genealogischen Daten der Familie vgl. die Kirchenbücher der Marktkirche zum Heiligen Geist in Clausthal.

6 Vgl. Lommatzsch 1961, 31.

7 Vgl. Jakob Michelsens Quellenfund S. 290. Frühere Mutmaßungen über die familiäre Situation sind damit hinfällig.

8 Vgl. Wächtler 1898, 45-46.

9 Luther 1959, 103.

10 Luther 1959, 101-102.

11 Trauregister der St.-Peter-und-Paul-Gemeinde in Halberstadt, s. Bibliographie, Ungedruckte Quellen, Kirchenbücher.

12 Vgl. Dekker und van de Pol 1990, 78-82.

13 Vgl. Friedli 1987, 238-239; Donoghue 1993, 73-80; Dekker und van de Pol 1990, 14-15.

14 Vgl. Collis 2001.

15 Dokumentation S. 241.

16 Vgl. AB 1898, 88.

17 Auszug eines Briefs von Johann Anastasius Freylinghausen an August Hermann Francke, Halle, Anfang 1718. Halle, s. Bibliographie, Ungedruckte Quellen. Diesen neuen Quellenfund verdanke ich Britta Klosterberg, Direktorin des Archivs der Franckeschen Stiftungen.

18 »Mandat wieder das zunehmende Betteln in Residentzien« vom 10. Februar 1715, CCM Th. 5, Abt. 5, Cap. 1, Nr. XLIV.

19 Edikt vom 4. August 1718, CCM Th. 5, Abt. 5, Cap. 1, Nr. XLVII.

20 Edikt vom 26. Juli 1715, CCM Th. 5, Abt. 5, Cap. 1, Nr. XLV.

21 Vgl. Faust 1979, 233.

22 Aus der umfangreichen Literatur zur Täuferherrschaft vgl. als Einführung Laubach 1993.

23 Zur Geschichte der Jesuiten in Münster vgl. Duhr 1921; Geisberg 1935 und 1941; Hengst 1994, 88-96.

24 DBA 1091, 247.

25 Vgl. Dokumentation S. 247 und 250.

26 Vgl. Abel 1754, 598.

27 Vgl. Duhr 1921, 63.

28 Taufe und Trauung sind durch die Gerichtsakte belegt, lassen sich jedoch

in Münster nicht nachweisen, da die frühesten erhaltenen Kirchenbücher der früheren Jesuitenkirche St. Petri aus dem Jahr 1820 stammen. Eine vom Staatsarchiv Münster durchgeführte kursorische Durchsicht der umfangreichen Jahresberichte *Annuae Collegii Monasteriensis in Westphaliae* sowie des *Compendium historiae Collegii Monasteriensis Societatis Jesu* ergab keinen Hinweis auf die Rosenstengels.

29 Dokumentation S. 103.

30 Dokumentation S. 244.

31 Kirchenbuch der Gemeinde St. Marienberg in Helmstedt, s. Ungedruckte Quellen, Kirchenbücher sowie Abb. 12.

32 Dokumentation S. 248.

33 Dokumentation S. 245.

34 Dokumentation S. 246.

»Mit anderen Weibes Bildern Unzucht getrieben«: Inquisition (1720-1721)

1 Vgl. Dokumentation S. 290.

2 Vgl. CO Cap. III, § 22.

3 Dokumentation S. 286.

4 Vgl. Arndt 1910, 109.

5 Zum Inquisitionsprozess vgl. Biener [1827] 1965; Hälschner 1855; Hegler 1899; Bollmann 1963; Henschel 1972; Sellert und Rüping 1989, 264-273.

6 Der volle Titel des Gesetzeswerks lautet: *Des allerdurchleuchtigsten großmechtigsten vunüberwintlichsten, Keyser Karls des fünfften, vund des heyligen Römischen Reichs peinlich gerichts ordnung.* Auf Latein wurde sie *Constitutio Criminalis Carolina* genannt und *Carolina* abgekürzt. Zwar nahm die *Peinliche Gerichtsordnung* den älteren deutschen Anklageprozess als Regel an, in der Praxis setzte sich jedoch der jüngere Inquisitionsprozess durch.

7 Radbruch 1984, 5.

8 Hälschner 1855, 131.

9 *Seiner Königlichen Majestät in Preussen [et]c. [et]c. [et]c. Vor Dero Fürstenthum Halberstadt Und darzu gehörigen Graffschafften, Hohnstein und Rheinstein Verfaßte Criminal-Ordnung,* fortan CO.

10 *Friedrich Wilhelms Königes in Preußen Verbessertes Land-Recht des Königreichs Preußen* (1721) ist eine Revision des 1620 verfassten und 1685 zum ersten Mal revidierten *Landrecht des Herzogtums Preußen.*

11 Vgl. zu den Kontinuitäten und Veränderungen Hälschner 1855, 136 und 150-153; Stölzel 1888, Bd. 2, 73.

12 Vgl. CO Cap. V, §§ 1-16.

13 Vgl. CO Cap. VI, § 3.

14 Vgl. CO Cap. X, § 5.

15 Zur Aktenversendung vgl. Artikel 219 der *Peinlichen Gerichtsordnung* (PGO 130); CO Cap. VIII, insbes. § 14; Stölzel 1872, Bd. 1, 187-231; Hegler 1899; Bollmann 1963, 197-200; Henschel 1972, 8-10.

16 Vgl. CO Cap. XII, § 5.

17 Vgl. PGO Art. 67, S. 61.

18 »Item wo der gefangen der vorbekanten missethat laugnet, vnnd doch der argkwon, als vorsteht, vor augen wer, so soll man jn wider inn gefengknuß füren, vnd weiter mit peinlicher frage gegen jm handeln« (PGO Art. 57, S. 58).

19 Vgl. CO Cap. IX.

20 PGO Art. 58, S. 58; vgl. CO Cap. IV, §§ 14, 15, sowie IX, § 1.

21 Weitere Schwächen des Inquisitionsprozesses sind eher den Sitten der Zeit sowie dem Regierungssystem anzulasten als der Prozessform selbst. Eine Verhaftung als Inquisit kam einer Vorverurteilung gleich, der Angeklagte verlor alle Ämter, Zunftzugehörigkeit usw. noch vor dem Urteilsspruch (Bollmann 1963, 122). Dass fast ausschließlich Angehörige niederer Stände die qualvolle Inquisitionsprozedur durchlaufen mussten, während Adlige und Geistliche äußerst selten und wenn, dann nur im komfortablen Hausarrest, inquiriert wurden (Bollmann 1963, 88), gehört zu den Ungerechtigkeiten des *ancien régime;* nominell galten die Gesetze für alle.

22 Der Name des Richters wird in den Gerichtsakten nicht genannt. Laut dem *Rath Häußlichen Interims. Regelement vor die Stadt Halberstadt* (1720, s. Bibliographie, Ungedruckte Quellen) wurde 1720 August Heinrich Meschmann, »ein der Rechte wohlerfahrener Practicus« als Richter bestätigt. Er erhielt 100 Taler Jahresgehalt zuzüglich der Gerichtsgebühren, die ihm zustanden. Als Stadtrichter war Meschmann zugleich dritter Bürgermeister im Rat. Vgl. Bandau 1930, 3; Baumann 1934.

23 Zu den Einzelheiten von Lincks Verhör, wie es im Folgenden dargestellt wird, vgl. CO Cap. IV.

24 Vgl. Wachenfeld 1901 und Bleibtreu-Ehrenberg [2]1981 zur Rechtsgeschichte der männlichen Homosexualität, in Brandenburg-Preußen besonders Michelsen 2016. Vgl. zur Rechtsgeschichte der weiblichen Homosexualität Steidele 1999 und 2003, 31-52.

25 Vgl. Bandau 1930, 20.

26 CO Cap. VI, § 5; vgl. auch Cap. VI, § 1.

27 Selbst der Gesetzestext der *Criminal-Ordnung* (CO Cap. VI, § 12) klagt, die Verteidiger nähmen ihr Amt nicht ernst genug. Zu den Defensoren vgl. Henschel 1972, 42-54.

28 Dokumentation S. 246 und S. 248.

29 Dokumentation S. 249.

30 Dokumentation S. 249, 252, 249 und 250.

31 Dokumentation S. 251.

32 Vgl. CO Cap. VI, § 15.

33 Recherchen nach den Mindischen Gerichtsakten blieben im Kommunalarchiv Minden, im Geheimen Staatsarchiv Berlin sowie dem Staatsarchiv Münster erfolglos. Sie sind vermutlich mit den Inquisitionsakten vernichtet worden. Die Spezialinquisition richtete sich gegen einen bestimmten Verdächtigten, wenn eine Straftat vorlag. Ihr konnte eine *Inquisitio generalis* vorhergehen (CO Cap. III), also Vorermittlungen, ob ein Verbrechen überhaupt vorlag.

34 Vgl. CO Cap. V, § 22.

35 Dokumentation S. 253.

36 Dokumentation S. 255.

37 Die *Criminal-Ordnung* erlaubte Vernehmung auswärtiger Zeugen durch ein anderes Gericht (Cap. V, § 8).

38 Tagebuch von August Hermann Francke, 12. März 1721, s. Bibliographie, Ungedruckte Quellen.

39 Dokumentation S. 253.

40 Dokumentation S. 254.

41 Vgl. Friedli 1987, 244-249.

42 Zedler, Bd. 45, 577.

43 Zur Tribade vgl. Steidele 1999 und 2003, 44-48; Traub 2002, 188-228 sowie passim.

44 Vgl. Crompton 1980/81, 20; Faderman 1981, 35-36; Brown 1989, 74.

45 Vgl. CO Cap. VIII, § 10.

46 Vgl. Carpzov [1635] 1723, Qu. 118, n 18; Bollmann 1963, 182.

»*Land- und Leute-Betrügerin*«:
Gegenstand von Polemik (1720)

1 Dokumentation S. 218-226 sowie Abb. 18.

2 Dokumentation S. 218, 220 und 221.

3 Vgl. Hoffmann 1996.

4 Dokumentation S. 225.

5 Gruber 1715a. Diese Schrift sowie die folgenden sind im Archiv der Francke-schen Stiftungen (Sig. 121E6[1]) jeweils eigen paginiert, jedoch zusammen gebunden.

6 Gruber 1715b, 3-4.

7 Gruber 1715c, 26, 99.

8 Hinrichs 1971, 397.

9 Vgl. etwa die Passage »Prophetin Eva Langin, außerhalb der Stadt [...] gleichmäßig bekommen« in der Broschüre *Umständliche und wahrhaffte Beschreibung einer Land- und Leute-Betrügerin* mit der Gerichtsakte, Dokumentation S. 222 bzw. S. 235 f.

10 Wolff 1724a, 69. Wolff war ab 12. Juli 1720 ein Jahr lang Prorektor der Universität Halle. Diesen Fund verdanke ich Stefan Borchers, Berlin.

11 Wolff 1724b, unpag. Vorrede.

»*Und ist das Urthel gewiß curieux zu lesen*«:
Urteil und Hinrichtung (1721)

1 Zur *Inrotulation* vgl. CO, Cap. VIII, §§ 1-7, 11.

2 »Declaration der Anno 1717. publicirten Criminal-Ordnung« (CCM Theil 2, Abt. 3, Nr. XLI, § 2). Vgl. Regge 1977, 144.

3 Ordnet man die Akten der etwas über vierzig Inquisitionsprozesse im Fürstentum Halberstadt aus den Jahren 1715-1721, die zusammen mit Lincks Prozess verwahrt werden, nach den angefragten Spruchkollegien, ergibt sich folgende Aufteilung: Juristische Fakultät der Universität Helmstedt zehn Fälle, Juristische Fakultät der Universität Halle neun Fälle, Schöppenstuhl Halle neun Fälle, Schöppenstuhl Minden fünf Fälle, Schöppenstuhl Leipzig zwei Fälle, Juristische Fakultät der Universität Erfurt zwei Fälle, jeweils ein Fall bei den Juristischen Fakultäten der Universitäten Wittenberg, Marburg,

Leipzig und Jena. Nicht bei allen Prozessakten konnte das Spruchkollegium ermittelt werden. In der überwiegenden Zahl der Fälle geht es um Diebstahl und Ehebruch. Vgl. Geheimes Staatsarchiv Berlin, Sig. I HA Geheimer Rat, Rep. 33 Fürstentum Halberstadt, Nr. 62, 1715-1721.

4 Vgl. Kellner 1908.

5 Vgl. Hinrichs 1971, 352-387; Buchholz 1989.

6 Für den hier interessierenden Zeitraum gibt es in den Fakultätsakten keine Informationen über die Spruchtätigkeit; in den belegbaren Zeiträumen (1667-1678 und 1752-1774) bat kein Gericht aus dem Fürstentum Halberstadt je bei der Juristischen Fakultät der Universität Duisburg um ein Consilium, vgl. Ahrens 1962, 87, 116-119.

7 Born und Kopatschek 1992, 36. Zur Geschichte der Universität Duisburg vgl. auch von Roden 1968; zur Geschichte besonders der Juristischen Fakultät vgl. Ahrens 1962.

8 Halberstadt lag auf der Poststrecke Königsberg–Kleve, die in neun Tagen bewältigt wurde, vgl. Hartmann 1986, 18.

9 Der Nachfolger des 1711 verstorbenen Ordinarius Carl Otto Thyllius, Jakob Eck, wurde erst 1722 berufen, weshalb die Fakultät seit Jahren nur aus zwei Professoren bestanden hatte. Von diesen wiederum folgte einer, Eberhard Otto, im Oktober 1720 einem Ruf an die Universität Utrecht; da sein Nachfolger, Heinrich Philipp Zaunschliffer, erst im Mai 1721 nach Duisburg kam, war Summermann von Oktober 1720 bis Mai 1721 der einzige Professor. Vgl. auch für das Folgende Ahrens 1962, besonders 14, 92-95, 115, 137-139.

10 Für den vorliegenden Zeitraum sind keine Duisburger Urteilskosten überliefert. In der zweiten Hälfte des 18. Jahrhunderts kosteten Urteile der Universität Duisburg zwischen 3 und 12 Reichstalern (vgl. Ahrens 1962, 100). Zu Beginn des 18. Jahrhunderts verlangte der Brandenburger Schöppenstuhl für einfache Urteile 2-3 Reichstaler, für schwierigere, wenn »ein Haufen Arbeit dabeigewesen«, 8-9 Reichstaler (Stölzel 1901, 563).

11 Vgl. CO Cap. IX, § 5.

12 Dokumentation S. 255.

13 Zum Verhältnis zwischen Kirche und Homosexualität in historischer Perspektive vgl. Bailey [1955] 1975; Boswell 1980; Brooten 1996.

14 PGO 81.

15 Vgl. Schild [2]1985, 204.

16 Hegler 1899, 99. Diese Praxis fand im 18. Jahrhundert Eingang in verschiede-

ne europäische Gesetzestexte, vgl. *Codex iuris bavarici criminalis* (1751), Teil I, Kap. 6, §§ 10, 11, und *Constitutio Theresiana* (1768), Artikel 74. Mit der Aufklärung setzte eine weitere Strafmilderung ein, so dass das *Allgemeine Landrecht für die Preußischen Staaten* von 1794 Sodomie ›nur noch‹ mit Zuchthaus und Verbannung bestrafte (Teil 2, Tit. 20, 12. Abschnitt, § 1069, 708).

17 Vgl. Schild ²1985, 205.

18 Vgl. Schild ²1985, 198.

19 Dokumentation S. 256.

20 Vgl. Co Cap. IX, § 3. Bereits Artikel 58 der *Peinlichen Gerichtsordnung* unterteilte die Folter in »vil, offt oder wenig, hart oder linder«. Daraus entwickelte sich das spezielle Foltersystem in Härtegraden, vgl. Quanter 1900; Bollmann 1963, 218-251; Holzhauer 1976; Schild ²1985, 160-162.

21 CO Cap. IX, § 3.

22 Vgl. CO Cap. IX, § 10.

23 Vgl. Thomasius [1705] 1960, 124-125. Vgl. Burschel 2000 zu einer historischen Anthropologie der Folter.

24 »Rescript wegen Einsendung und Confirmation derer Sententien in Criminalibus, wenn solches geschehen soll« vom 2. März 1717, CCM Th. 2, Abt. 3, Nr. XXXIII; vgl. zu diesem Reskript, das das landesherrliche Bestätigungsrecht in Preußen durchsetzte, Regge 1977, 141-143.

25 AB 1898, 525-526.

26 AB 1898, 531.

27 Seit 1648 fungierte die Halberstädter Regierung als oberste Gerichts- und Verwaltungsstelle. Vgl. *Geschichte der deutschen Länder* 1964, Bd. 1, 509. Zur mangelnden Trennschärfe zwischen Gerichtsbarkeit und Verwaltung im 18. Jahrhundert vgl. Loening 1914, 30-108.

28 Dokumentation S. 231 f.

29 Vgl. zur Geschichte des Geheimen Rats in Brandenburg-Preußen, der seit 1604 bestand, Kühns 1871 und Stölzel 1888, Bd. 1, 43.

30 Vgl. AB 1901, 666-667.

31 Zur Geschichte des Criminal-Collegiums, das auf eine Kommission des Großen Kurfürsten zurückging, die 1663 eine Strafprozessordnung für Brandenburg erstellen sollte, vgl. Hälschner 1855, 145; Stölzel 1888, Bd. 2, 70-76; Hintze ²1967, 136; Regge 1977, 131.

32 Vgl. *Adress-Calender, Der Königl. Preußis. Haupt- und Residentz-Städte Berlin* 1722, 38; Küster 1756, Bd. 3, Sp. 353-356.

33 Vgl. CCM Th. 2, Abt. 3, Nr. XLII; zur nachfolgend beschriebenen Urteilspra-
    xis Friedrich Wilhelms vgl. Schmidt 1914, 20 und 24, sowie Regge 1977, 161-165.

34 Dokumentation S. 234-265.

35 Dokumentation S. 258, 259.

36 Vgl. Feuerbach 1801, 407; Wachenfeld 1901, 20; Bleibtreu-Ehrenberg [2]1981,
    299; Michelsen 2005 und 2012.

37 Dokumentation S. 264.

38 Vgl. Steidele 1999 und 2003, 31-35.

39 Hausen 1976, 363. Ausführlicher zu den Veränderungen im 18. Jahrhundert
    S. 174-177.

40 Grolman [1798] [3]1818, 445.

41 Dokumentation S. 264.

42 Nur die Todesstrafe durfte nicht als poena extraordinaria verhängt werden.
    In der Praxis wurde seit dem späten 17. Jahrhundert immer öfter auch bei
    gelungenem Beweis für poena extraordinaria plädiert, da die nach der Pein-
    lichen Gerichtsordnung vorgesehenen Strafen als zu hart empfunden wur-
    den. Da die milderen Strafen jedoch nicht in den Gesetzbüchern kodifiziert
    wurden, bedeutete die Tendenz zur poena extraordinaria zugleich auch einen
    Schritt hin zu willkürlicher Rechtsprechung und Rechtsunsicherheit, da sie
    vom guten Willen abhing und nicht vom Gesetz. Zur poena extraordinaria
    vgl. Hälschner 1855, 139-141; Bollmann 1963, 201, 211-212, 277-277; Sellert und
    Rüping 1989, 244-247.

43 Laut der *Peinlichen Gerichtsordnung* musste der Inquisit die Kosten für In-
    quisition, Haft, Defension und das Einholen des Urteils tragen; die eigene
    Hinrichtung war gratis, vgl. Bollmann 1963, 306.

44 Dokumentation S. 267 und 268.

45 Dokumentation S. 268.

46 Vgl. Dokumentation S. 269.

47 Zu den Vorgängen um Katte vgl. Hinrichs 1936 sowie Kunisch 2004, 29-44.
    Kronprinz Friedrich hatte aus den unerträglichen Lebensumständen fliehen
    wollen, die ihm sein despotischer, jedem Feinsinn abholder Vater bereite-
    te. Sein Intimus Katte war in die Fluchtpläne eingeweiht; als ein Flucht-
    versuch misslang, wurde Katte festgenommen und von einem Kriegsgericht
    zu lebenslanger Festungshaft verurteilt. Friedrich Wilhelm überging dieses
    Urteil und verurteilte Katte zum Tod; den eigenen Sohn zwang er, der Ent-
    hauptung Kattes zuzusehen.

48 Vgl. Vorberg 1921 und Volz 1928.

49 Vgl. Kloosterhuis 2003, XXX, 596 und 614.

50 Vgl. Vehse [1851] 1970, 76.

51 Dokumentation S. 276.

52 Dokumentation S. 278.

53 Dokumentation S. 270.

54 Dokumentation S. 273.

55 Vgl. CCM Th. 2, Abt. 3, Nr. LIII.

56 CCM Th. 3, Abt. 1, Nr. CXCIX.

57 Vgl. Frantz 1853, 216.

58 Dokumentation S. 281.

59 Vgl. Michelsen 2016, 239.

60 Dokumentation S. 284.

61 Vgl. die Regelungen in CO Cap. X, § 1 und Cap. XII, § 1.

62 Vgl. Dülmen [2]1988, 85; zu den folgenden Ausführungen im Absatz auch 148 und 162.

63 Zum Ablauf des endlichen Rechtstags, in dem die Tradition des alten deutschen Anklageprozesses in erstarrter Form überlebte, vgl. CO Cap. XII, § 5, sowie Bollmann 1963, 286-287, und Dülmen [2]1988, 44, 55-61, 86-87, 97. Bis auf die Nebenbemerkung zum Traueintrag der beiden Frauen im Kirchenbuch der St.-Paul-Gemeinde zu Halberstadt, dass Catharina Linck »auf öffendliche[m] Marckt decolliret« wurde, sind Einzelheiten ihrer Hinrichtung nicht überliefert; die folgende Darstellung orientiert sich daher am bekannten allgemeinen Brauch, nicht an vorliegenden Quellen.

64 Vgl. CCM Th. 5, Abt. 5, Cap. 2, Nr. XXII.

65 Hier muss sich der Pastor vertan haben, da Friedrich Wilhelms letzte Anweisung bezüglich des Umgangs mit der Leiche erst am 3. November geschrieben wurde. Trauregister der St.-Peter-und-Paul-Gemeinde in Halberstadt, s. Bibliographie, Ungedruckte Quellen, Kirchenbücher.

»Die Rosenstengelsche«: Catharina Mühlhahns weiterer Lebensweg (1721-1776)

1 Erlass zur Gründung des Zuchthauses in Spandau, vgl. Schmidt 1915, 9.

2 Vgl. Lieberknecht 1921, 106-107.

3 Die Geschichte des Zuchthauswesens in Halberstadt ist noch ungenügend erforscht. Das Heilig-Geist-Hospital wurde spätestens 1744 als Zuchthaus ausgewiesen (vgl. Scholke 1990, 64), musste aber schon früher Häftlinge aufnehmen, wie Catharina Mühlhahns Schicksal zeigt.

4 In Halle gab es 1719 nur fünf Gefangene, vgl. Wagnitz 1792, 105. Im Magdeburger Zuchthaus lebten und arbeiteten 1721 etwa fünfzig Frauen und Männer, vgl. Schmidt 1915, 17.

5 Dokumentation S. 287.

6 Dokumentation S. 289. Dank der von Jakob Michelsen aufgefundenen Quellen kann Catharina Mühlhahns Haftzeit genauer beschrieben werden als in der Erstausgabe.

7 Dokumentation S. 291 und 290.

8 Vgl. Neuß 1958, 169.

9 Vgl. Schmidt 1915, 51.

10 Wagnitz 1792, 196-197, 197.

11 Kirchenbuch der St.-Peter-und-Paul-Gemeinde in Halberstadt, s. Bibliographie, Unveröffentlichte Quellen, Kirchenbücher.

12 Kirchenbuch der St.-Peter-und-Paul-Gemeinde in Halberstadt, 1776 Nr. 2, S. 383, s. Bibliographie, Unveröffentlichte Quellen, Kirchenbücher.

13 Kirchenbuch St. Georgen, Marienbibliothek Halle.

»*Wenn Sie auch schon aus dem Wege geräumet würde,
so bliebe doch dergleichen*«: Lesbisch, trans, queer?

1 Vgl. DBA I, 867, 22.

2 Nach dem Untergang des Königreichs Bayern und dem Ende der Wittelsbacher-Herrschaft veröffentlichte Müllers Sohn Erich 1928/29 weitere Tagebuchaufzeichnungen seines Vaters über diese berühmt-berüchtigten Geschehnisse, die seinen Vater schlagartig ins Licht der Öffentlichkeit gerückt hatten. – Sie bilden den zweiten Erzählstrang in meinem Roman *Rosenstengel. Ein Manuskript aus dem Umfeld Ludwigs II.* (2015).

3 Westphal 1869, 73, 78, 73.

4 Vgl. K. Müller 1991; Mildenberger 2002.

5 In einer auf den 6. Mai 1868 datierten Handschrift Kertbenys tauchen die beiden Begriffe »homosexual« bzw. »heterosexual« erstmals auf; 1869 ver-

wendete Kertbeny den Begriff »Homosexualität« in der ersten von zwei anonymen Broschüren über eine notwendige Reform des »Schwulenparagraphen« des Preußischen Strafgesetzbuches, vgl. Kertbeny 1869 sowie Herzer
und Féray 1993 mit weiteren Nachweisen.

6 Briefe Ludwigs, die seine lange bestrittene Homosexualität bezeugen, bei
Holzschuh 2001.

7 Müller 1891, 300.

8 Jakob Michelsen ist im Geheimen Staatsarchiv mehrfach auf Müllers Re-
cherchespuren gestoßen. Aktenfaszikel, die Müller eingesehen hat, wurden
foliiert, gebunden und mit einem Deckblatt samt Etikett versehen. Ob ihm
die Archivare auf diese Weise zuarbeiteten oder ob Müller um diese Be-
handlung bat, um sein Material besser verarbeiten zu können, kann nicht
mehr entschieden werden.

9 Müllers Aufsatz erschien auch als Separatdruck, s. Bibliographie. Durch Brigitte Erikssons englische Übersetzung (1980/81) wurde Müllers Publikation
international zugänglich.

10 Müller 1891, 298, 300.

11 Müller 1902, 555, 556.

12 In dieser Arbeit kommt Müller (1912, 19-20) auch noch einmal auf Catharina
Linck zurück, allerdings lässt ihn dabei sein Gedächtnis im Stich: Er ver-
wechselt Linck mit Mühlhahn, Halberstadt mit Halle und verlegt den Vorfall in die Zeit des Dreißigjährigen Krieges.

13 Müller 1912, 22, 23.

14 Vgl. Leidinger 2008.

15 Vgl. Sigusch 2015.

16 Foucault [1976], 1991, 58, 58.

17 In der noch jungen Disziplin der historischen Transstudien verortete man
zunächst die Entstehung der modernen Transsexualität bzw. -identität oder
Transgender – die Begriffe sind fluid wie das, was sie bezeichnen ebenfalls
im Diskurs der Sexualwissenschaftler in der zweiten Hälfte des 19. Jahrhundert, vgl. Stryker [2008] 2017. Zur Kritik an dieser zeitlichen Verortung vgl.
Chess, Colby and Fisher 2019 mit weiterführender Literatur. Vgl. Sutton
2014 sowie Manion 2020.

18 Vgl. zur Entwicklung der historischen Forschung zur ›Homosexualität‹ Steidele 2003, 2-10; Mounsey und Gonda 2007; Puff 2012; Eder 2014.

19 Vgl. allein die Titel von Mounsey und Gonda 2007; Thoma und Limbeck

2009; Giffney, Sauer und Watt 2011; Eder 2014; Domeier und Mühling 2020.

20 Hausen 1976, 363.

21 Campe 1789, Inhaltsv. unpag.

22 Vgl. Laqueur 1990, 4.

23 Adelung 1811, Bd. 2, 459.

24 »Debates about usage of the term queer plague, and at the same time invigorate, the fields of feminist and gender studies.« Giffney, Sauer und Watt 2011, 1. Übersetzung A.S.

25 Zur Queer Theory vgl. Butler 1990; Jagose 1996; Perko 2005; Hark 2010. Zum Spannungsverhältnis von Queerstudien und Geschichtsschreibung vgl. Woltersdorff 2014.

26 Vgl. Mounsey und Gonda 2007.

27 McIntosh 1968; Smith-Rosenberg 1975; Faderman 1991; Castle 1993; Donoghue 1993; Andreadis 2001; Traub 2002 und 2015; Vicinus 2003; Rupp 2009; Giffney, Sauer und Watt 2011; Lanser 2014; Hagn 2020.

28 »When has using the term ›lesbian‹ not been considered an anachronistic gesture?« – »The erasure of the lesbian from history begins with the difficulty scholars face not only in uncovering premodern lesbians and their experiences, but also in identifying the lesbian experience and the lesbian herself. Scholars continue to struggle with naming the woman-identified woman of the past.« Giffney, Sauer und Watt 2011, 1, 3. Übersetzung A.S. Ähnlich Lanser 2014, 5.

29 Dokumentation S. 248.

30 Dokumentation S. 248.

31 Vgl. Evans 1984, 206.

32 Hehenberger 2006, 142.

33 Dokumentation S. 249.

34 Der Begriff »lesbisch« etwa wird erst gegen Ende des 18. Jahrhunderts in der deutschen Sprache in seiner heutigen Bedeutung gebraucht, vgl. Steidele 2003, 47-48.

Nachwort

1 Auskunft von Herrn Günter Maseberg, Direktor des Stadtmuseums Halberstadt.

2 Vgl. Puff 2000, 59.

3 Vgl. Wunder 1992, 133-134.

4 Puff 2011, 146.

5 Vgl. Michelsen 1996, 223-227, sowie Michelsen 2012, 811; Lindemann 2002.

6 Vgl. Buchner 1914, 218-219.

7 Vgl. Buchner 1914, 224-226.

8 Vgl. Hagn 2020, 321.

9 Heinse [1773] 1987, 54. Susanne Wosnitzka, Augsburg, bereitet eine Publikation zum Grafen Tanis vor, vgl. https://susanne-wosnitzka.de/spannendes-i.

10 »[…] the early *il*-logic of woman + woman becomes a testing ground for modernity's limit points, revealing modernity itself to be essentially queer. Sapphic representations thus provide a potentially paradigm-shifting lens for reading the past.« Lanser 2014, 29. Übersetzung A.S.

QUELLEN

Quellenkritik und Editionsgrundsätze

Größere oder kleinere Bausteine zur Rekonstruktion von Catharina Lincks Lebenslauf bewahren in Berlin das Geheime Staatsarchiv Preußischer Kulturbesitz; in Halberstadt die Domschatzverwaltung, das Stadtarchiv sowie das Stadtmuseum; in Halle das Archiv der Franckeschen Stiftungen, das Stadtarchiv sowie die Marienbibliothek; in Erfurt das Stadt- und Verwaltungsarchiv sowie die Bibliothek des Evangelischen Ministeriums; in Münster das Landesarchiv NRW Abteilung Westfalen sowie das Bistumsarchiv; in Magdeburg das Landesarchiv Sachsen-Anhalt sowie das Stadtarchiv; das Niedersächsische Landesarchiv – Abteilung Wolfenbüttel; das Bistumsarchiv Hildesheim; das Kommunalarchiv Minden; das Landeskirchliche Archiv der Evangelischen Kirche von Westfalen in Bielefeld; die Stadtarchive in Helmstedt, Soest und Duisburg sowie die Evangelisch-lutherische Gemeinde in Clausthal und das Evangelische Kirchspiel Wiehe.

Die weniger umfangreichen Quellen, etwa die Einträge in den Kirchenbüchern, habe ich bereits im biographischen Teil vollständig zitiert.

Die nachfolgenden Quellen dokumentieren das Leben Catharina Lincks ausführlich; der Abdruck folgt der Chronologie.

Die Dokumentation beginnt mit dem Bericht, den der preußische General Friedrich Wilhelm von Grumbkow am 7. Juni 1708 an Friedrich I. von Preußen aus dem Spanischen Erbfolgekrieg schrieb. Auf diese Quelle wurde ich durch Carl Hinrichs hingewiesen, der in seiner Biographie Friedrich Wilhelms I. (1941) schreibt:

> Grumbkow berichtete mit pikanten Einzelheiten von einem Soldaten, der wegen Desertion gehängt werden sollte und der sich unterm Galgen als ein Mädchen entpuppt hätte, das aus dem Hallischen Waisenhaus entlaufen sei, weil man dort zuviel bete.«[1]

Obwohl Hinrichs keine Quelle und kein Datum nennt, konnte ich seine Vorlage mit etwas Glück in den umfangreichen Kriegsberichten Grumbkows wiederfinden, die im Geheimen Staatsarchiv Preußischer Kulturbesitz aufbewahrt werden.

Auf Grumbkows Bericht folgt die Broschüre *Umständliche und wahrhaffte Beschreibung einer Land- und Leute-Betrügerin*, die anonym im September 1720 erschien. Roland Kuhne vom Stadtarchiv Halle machte mich 2003 auf einen Zeitungsartikel von Siegmar von Schultze-Galléra (1865-1945) aufmerksam, »Seltsame Schicksale einer ›inspirierten‹ Hallenserin« in den *Hallischen Nachrichten* vom 11. September 1930. Als Quelle für seine Notizen über Catharina Linck gab der hallische Lokalhistoriker die genannte Broschüre an. Schultze-Galléra kannte Franz Carl Müllers vierzig Jahre zurückliegende, entlegen publizierte Transkription der Gerichtsakten so wenig wie Carl Hinrichs und bezog seine Informationen allein aus dieser Broschüre, weshalb seine kurze Darstellung bis auf den wichtigen Hinweis auf die bedeutende Quelle obsolet geworden ist. Zum Verhältnis von *Umständliche und wahrhaffte Beschreibung einer Land- und Leute-Betrügerin* zu den Inquisitionsakten vgl. S. 131.

Die bedeutendste Quelle stellt die Akte über Catharina Lincks Gerichtsprozess dar, die sich im Geheimen Staatsarchiv PK be-

---

[1] Hinrichs 1941, 590.

findet. Die »Gerichtsakte 1721« dokumentiert die letzte Phase von
Catharina Lincks Gerichtsprozess, also die landesherrliche Überprüfung des Urteils der Juristischen Fakultät der Universität Duisburg. Was juristisch davor geschah, ergeht nur indirekt aus ihnen.
Die Inquisitionsakten selbst sind verschollen; sie wurden vermutlich im 19. Jahrhundert zusammen mit vielen anderen Strafpro-
zessakten aus Platz- und Kostengründen vernichtet. Die Inquisitionsakten enthielten die Verhörprotokolle, die Zeugenaussagen,
die medizinischen Gutachten sowie das Urteil aus Duisburg samt
der Entscheidungsgründe. Die Verhörprotokolle müssen äußerst
umfangreich gewesen sein: So bezieht sich das Gutachten des
Criminal-Collegiums auf »fol[io] 252« der Inquisitionsakten, also
auf Blatt 252 bzw. S. 504. Da sowohl den Berliner Kriminalräten als
auch dem Autor der Broschüre über die *Land- und Leute-Betrügerin* die Inquisitionsakten vorlagen, lässt sich durch einen Vergleich
der beiden Quellen der Wortlaut von Lincks protokollierten Aussagen zumindest teilweise rekonstruieren.

Da in dem landesherrlichen Bestätigungsverfahren auch die
vorherigen Schritte des Inquisitionsprozesses dargelegt werden, erlaubt die erhaltene Akte viele Rückschlüsse auf Catharina Lincks
Leben. Doch enthält die Gerichtsakte auch Fehler und Widersprüche. So gibt sie Catharina Lincks Alter mit »ohngefehr 27 Jahr alt«
an; zählt man jedoch die verschiedenen Jahresangaben zusammen,
die in den Schriftsätzen genannt werden, muss die Delinquentin älter gewesen sein – wie die Recherche nach ihrem Geburts-
datum und die Überprüfung anderer Daten denn auch ergab. Bei
der Gerichtsakte ist daher immer zu bedenken, dass sie auf Aussagen Catharina Lincks beruht, die die Fakten geschönt oder verändert haben mag oder die auch falsch protokolliert worden sein
können.

Nach Catharina Lincks Hinrichtung stritten die Behörden darüber, wie und wo Catharina Mühlhahn ihre Zuchthausstrafe an-

treten sollte. Ihre Mutter reichte ein Gnadengesuch beim König
ein, das abschlägig beschieden wurde. All diese Vorgänge beleuch-
tet die »Gerichtsakte 1722«.

Die Transkription der Handschriften folgt den üblichen Empfehlungen zur Edition frühneuzeitlicher Texte. Schreibweise und
Zeichensetzung wurden, soweit eindeutig entzifferbar, beibehalten.
Bei Unklarheiten, ob ein Wort groß oder klein oder ob zwei Wörter
getrennt oder zusammen geschrieben sind, wird im Sinne heutiger
Schreibung entschieden. Handschriftliche Eigenarten (z.B. Ab-
wärtsbogen anstelle der Endung »en«) sowie das veraltete Tren-
nungszeichen („) werden stillschweigend aufgelöst, Punkte nach
Kardinalzahlen weggelassen, Abkürzungen, auch hochgestellte, in
eckigen Klammern aufgelöst, Ordnungszahlen (»7.^{n}«) modernisiert.
Deutsche und lateinische Schrift werden im Druckbild nicht unterschieden. Unleserliche Stellen im Text betreffen jeweils nur ein
Wort und werden mit […] gekennzeichnet. Kurze verwaltungsinterne Kanzleivermerke fallen weg. Absätze im Original werden
durch Absätze mit Leerzeile wiedergegeben, weite Leerstellen innerhalb einer Zeile durch Zeilensprung. Bei den Abschiedsfloskeln
markiert ein Schrägstrich (/) neue Zeilen im Original. Der Text
der Handschriften wird recte wiedergegeben.

Kursiv gedruckt werden die editorischen Einleitungen und
Zwischenbemerkungen. Der sachkritische Apparat erklärt Personen sowie veraltete Wörter, juristische und andere Fachbegriffe
bei ihrer ersten Nennung; häufig wiederkehrende Begriffe sind im
Glossar (S. 316 f.) aufgelistet. Von den Orten werden nur die unbe-
kannteren oder altertümlich geschriebenen erläutert. Lateinische
Passagen habe ich im Apparat so übersetzt, dass sie sich grammati-
kalisch in den deutschen Satz einfügen.

Bericht von Friedrich Wilhelm von Grumbkow
an Friedrich I. von Preußen

Geheimes Staatsarchiv Preußischer Kulturbesitz, Sig. I. HA Geheimer Rat,
Rep. 63 Neuere Kriegssachen, Nr. 834, Blatt 42 Rs. und 43 Vs.

Der preußische General Friedrich Wilhelm von Grumbkow (1678–1739) berich-
tete dem König wöchentlich aus dem Feldlager über die Kriegsentwicklungen
in Brabant (Spanischer Erbfolgekrieg). Sein Bericht vom 7. Juni 1708 aus dem
Feldlager bei Terbank in der Nähe von Löwen endet mit der folgenden Notiz.

Il est arrivé un cas assés extraordinaire il y a quelques jours dans
le Regiment de Stalmeister[1] de troupes de Lunebourg, trois hom-
mes devant être pendû, aprés que le bourreau en eût expedié un, le
second qui etoit un jeune homme, qui avoit seduit les autres, de-
manda à dire encore un mot au ministre, et lui declara aprés avoir
exigé une promesse de lui, de ne le pas decouvrir, mais de souffrir
sans le deceler qu'on le pendit, qu'elle etoit une fille née de Halle en
Saxe, et comme elle etoit de fort honettes gens, elle le privit de ne
rien dire de tout cecy, et de faire en sorte que ses parens, ne fachent
pas informés de son triste sort; le Ministre ne lui tint pas parole,
mais la decouvrit, et on la renvoya aux arrêts, les fers aux pieds, J'ai
vu cette fille le lendemain dans la marche, laquelle a environ vingt
ans, fort bien faite, et un beau visage, excepte que le soleil l'a brûlé;

1   *Stalmeister*] Nicht identifiziert.

elle a mis sur son sein du fer blanc, pour qu'on ne le remarque pas; elle dit qu'elle a eté Soldat depuis quatre ans, et que jamais homme ne l'a touchée; qu'elle a quitté sa mere, qui est aupres du Docteur Francke[2] à Halle, parce qu'on la vouloit obliger de prier Dieu 5 ou 6 heures par jour,[3] ce qui lui avoit parû si dur, qu'elle avoit mieux aimée s'enfuir.

Deutsche Übersetzung:

Vor einigen Tagen hat sich im Regiment von Stalmeister bei den Lüneburger Truppen ein ziemlich außergewöhnlicher Fall ereignet, drei Männer sollten gehängt werden, nachdem der Henker mit einem kurzen Prozess gemacht hatte, bat der zweite darum, ein junger Mann, der die anderen verführt hatte, dem Prediger noch ein Wort zu sagen; und nachdem er ihm ein Versprechen abgenommen hatte, ihn nicht zu entdecken, sondern es zuzulassen, dass er gehängt würde, ohne ihn zu verraten, erklärte er ihm, dass er ein Mädchen sei, geboren in Halle in Sachsen, und da sie von sehr anständigen Leuten stamme, bat sie ihn, von alldem nichts zu sagen, sondern stattdessen dafür zu sorgen, dass ihre Eltern nicht über ihr trauriges Los unterrichtet würden; der Prediger hielt ihr nicht Wort, sondern entdeckte sie, und man brachte sie zurück in Haft, die Füße in Eisen geschmiedet, Ich habe dieses Mädchen am nächsten Morgen auf dem Marsch gesehen, sie ist ungefähr zwanzig Jahre alt, von guter, starker Statur, und hat ein schönes Gesicht, allerdings von der Sonne gebräunt, über ihrer Brust trägt sie ein Weißblech, damit man sie nicht erkennt; sie sagt, sie sei seit vier

---

2   *Docteur Francke*] August Hermann Francke (1663-1727), vgl. S. 16-21.

3   *prier Dieu 5 ou 6 heures par jour*] Wie der Tagesablauf der Waisenkinder in Halle zeigt, übertrieb Catharina Linck nicht, vgl. S. 22-32.

Jahren Soldat, und niemals habe ein Mann sie berührt, sie habe ihre Mutter verlassen, die bei Doktor Francke in Halle sei, weil man sie verpflichten wollte, fünf bis sechs Stunden am Tag zu Gott zu beten, das erschien ihr so hart, dass sie lieber fliehen wollte.

Umständliche und wahrhaffte Beschreibung
einer Land- und Leute-Betrügerin

Anonymer Druck ohne Orts- und Verlagsangabe, erschienen im September 1720.
Der Abdruck folgt dem Exemplar der Württembergischen Landesbibliothek
Stuttgart, Sig. Crim. R. qt. 136. Diakritische Zeichen bei Umlauten wurden
durch heutige Schreibung ersetzt.

Das Frontispiz zeigt links eine weibliche und rechts eine männliche Person:

Catharina Margaretha Linckin.
A. Als eine Weibes-Person und Inspiratische Prophetin.
B. Als eine verstellte Manns-Person und Soldate, unterm Nahmen
Anastasius Lagarantinus Roßenstengel.

Titelblatt:

Umständliche und wahrhaffte Beschreibung einer Land- und
Leute-Betrügerin, Welche im 12ten Jahre ihres Alters unter die so
genannten Inspiraten gerathen, und in Manns-Kleidern mit ihnen
herum vagiret,[1] sich etliche mahl tauffen, auch als eine Manns- mit
einer Weibs-Person trauen lassen, unter einigen Potentaten als
ein Mousquetier gedienet, endlich aber von dem ihr anvertrauten
Weibsbild verrathen, folglich im 27[ten] Jahr ihres Alters in diesem
1720[ten] Jahr in Arrest genommen, und gegen sie mit der Inquisition

---

1   *herum vagiret*] herumgestreunt.

Abb. 18: Frontispiz des Pamphlets
Umständliche und wahrhaffte Beschreibung einer
Land- und Leute-Betrügerin

verfahren, auch dadurch ihr vielfältiger Betrug und Boßheiten ent-
decket worden.
Gedruckt Anno 1720 im Monath Septembris.

Text:

Geehrter Leser.

Wie alles in der Welt, also ist leider zu unsern Zeiten auch die Boßheit der Menschen zum höchsten gestiegen. Diese theilen sich in
zwey Sorten. Eine davon achtet weder Gesetze noch Straffen, sondern tritt jene, so zu reden, mit Füssen, und diesen mit einer verzweifelten Verwegenheit entgegen; die andere aber verstellet sich und
begehet unter dem Schein eines gottseeligen Lebens, dessen Krafft
sie doch verläugnet, die verdammlichsten Sünden. Unter diese Gattung hat man, wo nicht alle, doch den grösten Theil der so genanten
Inspiraten zu zehlen; Leute, welche das geschriebene Wort GOttes
vor einen unzulänglichen Wegweiser zur ewigen Glückseligkeit halten, und die wahrhaffte Anleitung darzu in Entzück- und besondern
Eingebungen des Geistes GOttes suchen, die Kinder-Tauffe vor ein
vergebliches Werck, und ihre Träume, die sie unter allerhand lächerlichen Posituren bekommen, sie mögen gleich denen geschriebenen
gött- und bürgerlichen Gesetzen schnur stracks zuwider seyn, vor
den wahren und vollkommenen Willen des Allerhöchsten zu Beförderung ihrer zeitlich und ewigen Wohlfahrt ausgeben. Was nun dergleichen Leute unter dem Schein eines GOtt gefälligen Lebens vor
Boßheiten begangen, davon stellen uns die Geschichten der vorigen
Zeiten, sonderlich in der merckwürdigen Münsterischen Begebenheit,[2] viel traurige Exempel vor Augen. Und O! wie glücklich wären wir, wenn wir Leute von solchem Schrot u. Korn nur in den
Geschichten unsrer Vorfahren hätten kennen lernen; Allein unsre
Augen haben sie mitten in dem Schoße der Evangelischen Kirche,
und in den Häusern solcher Menschen, deren schleichender Gang,

---

2   *Münsterischen Begebenheit*] Anspielung auf die Täuferherrschaft in Münster
    1534/35.

euserlich freundliche Minen und die wahre Gottseligkeit im Munde, Betrug und hinterlistige Boßheit aber im Hertzen, Früchte ihres Glaubens seyn sollen, als heilige und verehrens würdige Propheten sehen müssen, da selbige doch in der That die grösten und ruchlosesten Sünder gewesen, welche gottselig- und sorgfältige Obrigkeiten, so bald sie es inne worden, mit besonderem Eifer aus ihren Gräntzen bannisiret.[3] Daß aber durch dasjenige, was hier kürtzlich erwehnet worden, dergleichen Leuten nicht zu viel geschehen, solches wird ein jeder unpartheyischer Leser aus folgender Nachricht sattsam abnehmen können.

CAtharina Margaretha Linckin, von Halle bürtig, ohngefehr 27 Jahr[4] alt, welche viele Jahre hero in Manns-Kleidern, unter dem Nahmen Anastasius Lagarantinus Rosenstengel herum geschwärmet, ist im Monath May 1720 zu Halberstadt zur Hafft und Inquisition gerathen. Dero noch lebende Mutter, Magdalena Linckin,[5] hält sich zugleich bey Halle auf, und dienet daselbst beym Wäysen-Hause.[6] Wie dann auch Inquisitin referiret, daß sie im Hällischen Wäysen-Hause erzogen, und im zwölfften Jahre ihres Alters unter einige Inspiraten, welche auf dem Stroh-Hofe[7] vor Halle ihre Zusammenkunfft gehabt, gerathen, solche Zusammenkunfft der Inspiraten wolte ein junger Studiosus,[8] mit grossem Verdruß und Wehmuth der gantzen Stadt, defendiren und patrociniren,[9] er

---

3 *bannisiret*] verbannt haben.

4 *27 Jahr*] Catharina Margaretha Linck war zu diesem Zeitpunkt 33 Jahre alt.

5 *Magdalena Linckin*] Magdalena Linck (1656-1739), vgl. S. 13-17.

6 *Wäysen-Hause*] Das von August Hermann Francke 1696 gegründete Waisenhaus in Glaucha bei Halle.

7 *Stroh-Hofe*] Strohhof, ehemalige Insel in der Saale bei Halle und Glaucha.

8 *ein junger Studiosus*] Johann Heinrich Pott, vgl. S. 78 f.

9 *defendiren und patrociniren*] verteidigen und beschützen.

muste aber wegen seiner Scoptischen[10] Schrifften Zwey Hundert
Reichs-Thaler Straffe geben, und sich aus der Stadt machen, weil
er sonst etliche Hocus Pocus gemacht. Inquisitin machte sich hie-
rauf auch von Halle mit denen Inspiraten fort nach Nürnberg / in
Männlichen Kleidern, und ist daselbst von einer Prophetin, Eva
Langin,[11] ausserhalb der Stadt Nürnberg, in einem Strohm,[12] im
Nahmen Jehovah Almejo Almajo,[13] in Gegenwart einer grossen
Menge weit und breit zusammen gekommener Inspiraten, getaufft
worden, dabey sie den Nahmen Anastasius Lagarantinus bekommen.

Gleich nach dieser Tauffe hat gemeldte Prophetin ihr einen zu-
sammengerolleten Zeddul zu verschlingen eingegeben, worbey die
Worte Jehovah Almejo Almajo, nochmahls repetiret,[14] ihr auch die
Hände Creutz-weise auf den Kopff geleget worden, welches die
Würckung gehabt, daß Inquisitin noch selbigen Tages, bey einer in
Nürnberg gehaltenen Versammlung, entzücket worden, der Geist
über sie gantz Schleyer-weiß erschienen, und sie, Inquisitin, nebst
andern mit versammlet gewesenen Inspiraten, welche theils gekollert,[15] mit dem Hintern auf den Stühlen gestampet, auf der Erde
sich herum gewältzet, mit den Köpffen gegen die Wände gestossen,
und mit den Mäulern ungebärdig geschlucket, endlich Bewegungen und Aussprache gleichmäßig bekommen; Gestalt[16] sie dann
bey dieser Entzückung einem in der Versammlung mit gewesenen
reichen Kauffmann aus Nürnberg, der damahls das erste mahl unter sie gekommen, verkündiget, daß er auf dem Wasser gehen solte,

---

10 *Scoptischen*] spöttischen.

11 *Eva Langin*] Nicht identifiziert.

12 *Strohm*] Pegnitz.

13 *Jehova Almejo Almajo*] Nicht identifiziert.

14 *repetiret*] wiederholt.

15 *gekollert*] getobt haben bzw. toll gewesen sind (vgl. Grimm Bd. 11, 1617).

16 *Gestalt*] in der Weise, dass (vgl. Grimm Bd. 5, 4183).

wie der HErr CHristus,[17] worauf des andern Tages die gantze Versammlung mit gedachtem einfältigen Kauffmann, welchen zwey Inspiraten in der mitten gehabt, an das Wasser gegangen, zusammen gebetet und gesungen, worbey denn auch viel Leute aus Nürnberg nachgelauffen und mit zugesehen.

Als aber der Kauffmann ins Wasser getreten, ist er untergesuncken, worüber die nachgefolgeten Zuschauer überlaut gelachet; doch der Kauffmann wurde gleich von einigen Inspiraten aus dem Wasser gerettet, welche darbey sageten, daß wann er Glauben gehabt hätte, so wäre er nicht untergangen, wie Petrus, welcher gezweifelt.[18]

Wie nun dieses zu Nürnberg überall ruchtbar worden, hat der Magistrat[19] daselbst denen Inspiraten anbefohlen, sich alsofort weg zu packen, welches sie auch gleich gethan, sie sind aber von denen Leuten verfolget, auch mit Koth und Steinen aus der Stadt hinaus begleitet worden.

Von dar ist Inquisitin mit diesem Schwarm nach Schwartzenau, Sore, Laubach,[20] und so weiter, das Land durchgezogen, auch gantzer zwey Jahr unter selbigen, als eine Prophetin, gewesen. Nach diesem aber hat sich dieselbe von denen Inspiraten gäntzlich weg begeben, da dann der Geist zeithero, biß kurtz vor ihrer Captur,[21] vielfältig, bald schwartz, bald weiß, bald als eine grosse Menge

---

17 *auf dem Wasser gehen solte, wie der HErr CHristus*] Vgl. Matth. 14, 25-33.

18 *Petrus, welcher gezweifelt*] Vgl. Matth. 14, 29-32.

19 *Magistrat*] Bürgermeister und Rat der Stadt.

20 *Schwartzenau, Sore, Laubach*] Schwarzenau im Wittgensteiner Land (heute in Nordrhein-Westfalen) galt wegen der sogenannten Schwarzenauer Neutäufer als radikalpietistische Hochburg (vgl. H. Schneider 1995, 135-139). Mit Sore ist vermutlich Sora bei Bautzen und nicht Sora bei Meißen gemeint. Laubach in der Wetterau nördöstlich von Frankfurt a. M. war ebenfalls ein radikalpietistisches Zentrum. Catharina Margaretha Linck ist vermutlich weder in Schwarzenau noch in Laubach gewesen, vgl. S. 79.

21 *Captur*] Ergreifung.

Leute sich ihr gezeiget, und ihr angelegen, daß sie sich wieder in
den vorigen Bund der Inspiraten begeben solte. Inquisitin ist nach
ihrem unter denen Inspiraten geführten zweyjährigen Propheten-
Amte in Krieges-Dienste gegangen, und hat einige Jahre unter den
Churfürstl. Hannöver-Frantzösisch-Heßisch-Preußisch- und Polnischen Trouppen als Mousquetier gedienet. Als sie nun einsmahls
unter den Hannöverischen in Brabant[22] desertiret, ihr auch deßfalls
allbereits der Galgen zu erkant gewesen, ist selbige, da sie sich
entblösset, ohne Straffe dimittiret[23] worden, wie sie dann nachhero
auch zu Halle von der dasigen Guarnison in die Haupt-Wache gebracht, sodann auf dem Rathhause besichtiget, und auf viele Intercession,[24] sogleich wieder loßgelassen worden.

Anno 1717 hat sich diese Catharina Margaretha Linckin zu Halberstadt in der St. Pauli-Kirche von Mag[ister] Claudern,[25] unter
dem Nahmen Anastasius Lagarantinus Rosenstengel, mit einem
einfältigen Weibes-Menschen, mit Nahmen Catharina Margaretha Mühlhanin, seel. Johann Joachim Mühlhanen,[26] Pachstei-

---

22 *Brabant*] Das Herzogtum Brabant mit der Residenzstadt Brüssel im heutigen
Belgien war Schauplatz heftiger Kämpfe im Spanischen Erbfolgekrieg (1701-
1714).

23 *dimittiret*] entlassen.

24 *Intercession*] Fürsprache.

25 *Mag[ister] Claudern*] Israel C. Clauder (1670-1721), Studium der Theologie
u. a. in Leipzig und Halle, wo er eng mit Francke verkehrte. Nach dem Stu-
dienabschluss 1693 wurde er Hauslehrer bei Philipp Jakob Spener. 1697 trat
Clauder am Heilig-Geist-Hospital in Halberstadt seine erste Pfarrstelle an, ein
Jahr später wurde er Oberhofprediger in Darmstadt, danach Pastor primarius
in Derenburg bei Halberstadt, seit 1708 Pastor primarius an St. Paul in Halberstadt. Wurde 1718 Pastor an der Altstädter Gemeinde in Bielefeld und zugleich Superintendent der Grafschaft Ravensberg. Vgl. ADB Bd. 4, 278-279.

26 *Johann Joachim Mühlhanen*] Johann Joachim Mühlhahn (1673-1701), vgl.
S. 85.

chers[27] zum Claußthale,[28] Tochter, als ein Mann öffentlich trauen lassen, sint der Zeit auch mit selbiger, wie künfftig aus den Inquisitions-Acten zu ersehen seyn wird, die schändlichsten Unfläthereyen getrieben.

Anno 1718 ist Inquisita Linckin mit der angetraueten Catharina Margaretha Mühlhanin nach Hildesheim gereiset, woselbst ihr der Pater in dem Closter St. Michaelis, Herr Augustinus Bender,[29] alle Willfährigkeit erwiesen, und zu ihrem Wolle-Spinnen allen Vorschub gethan.

Von dar sind selbige nach Münster gegangen / allda sie die Catholische Religion angenommen, Inquisita auch, weil sie sich für einen Inspiraten ausgegeben, daselbst getaufft, ihr der Nahmen Johannes Lagarantinus beygeleget, sie mit der Mühlhanin zum andern mahl getrauet, und ihnen beyden das Nachtmahl[30] gereichet worden.

In diesem 1720sten Jahre, den 12. May hat sich Inquisita zu Helmstädt[31] in der Closter-Bergischen Kirche, allwo der Herr von der Hart[32] Probst ist, durch den Pastor, Herrn Johann Friederich Heinen,[33] auffs neue, als ein ungetauffter Inspirate, in Männlichen

---

27 *Pachsteichers*] Eigentlich Puch- oder Pochsteiger, Aufseher in einem Pochwerk, wo im Bergbau gewonnene Erze mittels einer Stampfmaschine zerkleinert wurden (vgl. Grimm Bd. 13, 1963-1964).

28 *Claußthale*] Clausthal im Harz.

29 *Augustinus Bender*] Nicht identifiziert.

30 *Nachtmahl*] das heilige Abendmahl.

31 *Helmstädt*] Helmstedt im Herzogtum Braunschweig, heutiges Niedersachsen.

32 *Herr von der Hart*] Hermann von der Hardt (1660-1746), seit 1690 Professor für orientalische Sprachen an der Universität Helmstedt, war seit 1699 Probst des Klosters Marienberg (vgl. Haase 1976, 84-85).

33 *Johann Friederich Heinen*] Johann Friedrich Heine (1688-1749) studierte in Helmstedt Theologie und trat 1714 seine erste Pfarrstelle im Kloster St. Marienberg in Helmstedt an, wo er bis zu seinem Tod 1749 blieb. Veröffentlichte

Kleidern tauffen lassen, allda die Universität, der Rath, und das
Marienbergische Closter Pathen gewesen, und Inquisita 26 Reichs-
Thaler Gevattern-Geld zum Geschencke, auch in der Tauffe den
Nahmen Julius Augustus bekommen.

Von dar ist sie fortgewandert, und hat ihre Frau gesuchet, ist aber
darüber von ihrer angetraueten Frau zu Halberstadt, allwo sie selbige angetroffen, verrathen worden, und in Arrest und Inquisition
gekommen. Die Hochlöblichen Stadt-Gerichte allda wenden allen
Fleiß an, dieser beyden Leute Boßheit fleißig zu untersuchen, und
durch Urthel und Recht zu bestraffen, deren Inquisitions-Acten
man künfftig gleichfalls durch den Druck bekandt machen wird.[34]

mehrere Schriften, darunter die *Disp. De misericordia eruditorum, vulgo der
Gelehrten Gutherzigkeit* (Helmstedt 1713). Vgl. DBA 498, 344-345; Freist 1969-
80, Bd. 1, 108; Bd. 2, 122; Bd. 3, 33.

34 *durch den Druck bekandt machen wird*] Eine derartige Veröffentlichung
konnte nicht ausfindig gemacht werden.

Gerichtsakte 1721

*Geheimes Staatsarchiv Preußischer Kulturbesitz, Sig. I. HA Geheimer Rat,
Rep. 33 Fürstentum Halberstadt, Nr. 62, 1715-1721.*

*Die Akte enthält 49 beidseitig beschriebene Blätter und umfasst zehn verschie-
dene Schriftsätze von unterschiedlichen Schreibern. Um die selbsterklärende
Lektüre zu ermöglichen, wurden die Schriftsätze im Druck in chronologischer
Reihenfolge angeordnet. Im Original liegt das wichtigste Schriftstück – das Urteil Friedrich Wilhelms I. – zuoberst. Es folgen zeitlich früher wie später liegen-
de Schriftsätze ohne erkennbare Ordnung. Reihenfolge im Original, in Klam-
mer vorneweg die Anordnung hier im Druck: (1) Titelblatt (o. P.), (5) Ordre
des Königs vom 13. Oktober 1721 (Entwurf) (1 Vs. und Rs.), (6) Vorlage für
das Urteil vom 13. bzw. 25. Oktober 1721 (2 Vs. und Rs.), (8) Brief der Halberstädter Regierung an Friedrich Wilhelm I. vom 23. Oktober 1721 (3 Vs.-3 Rs.
und 10 Rs.), (7) Brief des Bürgermeisters von Halberstadt an Friedrich Wilhelm I. vom 13. Oktober 1721 (4 Vs. und Rs.), (4) Immediatbericht an Friedrich
Wilhelm I. vom 26. Juli 1721 (5 Vs. und Rs.), (2) Brief der Halberstädter Regierung an Friedrich Wilhelm I. vom 7. Mai 1721 (6 Vs.-9 Rs.), (3) Gutachten
des Berliner Criminal-Collegiums vom 19. Juli 1721 (11 Vs.-44 Rs.), (10) Ordre
Friedrich Wilhelms I. an die Halberstädter Regierung vom 3. November 1721
(45 Vs.), (9) Brief der Halberstädter Regierung an Friedrich Wilhelm I. vom
30. Oktober 1721 (46 Vs.-49 Rs.).*

(1) Titelblatt

A[ct]a
betr[effend]

Catharina, Margaretha Lÿnckern[1] oder der
sogen. Anastasius Lagrantinus Rosenstengel und dessen
vermeintes Eheweib Cathar[ina] Margar[aretha] Mühlhahnen.
1721 Okt[ober] 13

Fol[ia] 49

Rep[ositur] 33. 62

---

1   *Lÿnckern*] Das »r« wurde nachträglich eingeschoben. Diese Fassung von
    Lincks Nachnamen findet sich nur in Friedrich Wilhelms obenauf liegendem
    Urteil.

(2) Brief der Halberstädter Regierung
an Friedrich Wilhelm I.

Ausfertigung vom 7. Mai 1721 (6 Vs.-9 Rs.).[1] *Die als Anlage übersandten Inqui-*
sitionsakten befinden sich nicht in der Akte.

Halberstadt, den 7. Maÿ, 1721

Allerdurchläuchtigster, Großmächtigster König p[erge]
Allergnädigster König und HErr!
E[uer] Königl[iche] Majestät geruhen auß beÿkommenden wieder
Catharinen Margarethen Lincken, oder den sogenanten Anasta-
sium Lagrantinum Rosenstengel und dessen vermeintes Ehe Weib,
Catharinen Margarethen Mühlhanen, ergangenen Actis Inquisi-
tionalibus, und der von Duisburg[2] eingeholten Sententz sambt de-
ren Rationibus,[3] allergnädigst zuerfahren, wie die Erstere deßhalb,

---

1   Die letzte Seite ist mit der Adresse beschrieben:
    Dem Allerdurchläuchtigsten Großmächtigsten Fürsten und Herrn, Herrn
    Friederich Wilhelm, Könige in Preüßen, Marggraffen zu Brandenburg; des
    Heil[igen] Röm[ischen] Reichs Ertzkämmerern und Churfürsten, Souve-
    rainen Printzen von Oranien, Neufchatel und Valengin; in Geldern, zu Mag-
    deburg, Cleve, Jülich, Berge, Stettin, Pommern, der Caßuben und Wenden, zu
    Mecklenburg, auch in Schlesien zu Craßen Hertzogen; Burggraffen zu Nürn-
    berg; Fürsten zu Halberstadt, Minden, Camin, Werden, Schwerin, Ratzeburg,
    und Mörs; Graffen zu Hohenzollern, Ruppin, der Marck, Ravensberg, Hohen-
    stein, Tecklenburg, Lingen, Schwerin, Bühren und Lehrdam; Marquisen zu
    der Vehre und Vlißingen; Herren zu Ravenstein, der Lande Rostock, Stargardt,
    Lauenburg, Bütow, Arlaÿ und Breda p[erge] Unserm allergnädigstem Könige
    und Herrn. Berlin. An des Würckl[ichen] geheimbten Estats-Rahts, Herrn von
    Katschen Excell[enz] abzugeben. Cum Actis Inq[uisitionalibus].
2   *Duisburg]* Die Juristische Fakultät der Universität Duisburg am Rhein.
3   *Sententz sambt deren Rationibus]* Spruch und Begründung.

daß Sie 1. sich fälschlich für eine Manns-Person außgegeben und
mit der Coinquisitinn zu zweÿen mahlen trauen laßen, 2. Die Heilige Tauffe vielfältig wiederhohlet, und sich, nachdehm Sie vorhero
bald nach der Geburt zu Halle getauffet,[4] hiernegst einmahl von
denen Inspiranten, nachhero beÿ denen Jesuiten Catholisch, endlich aber zu Helmstett wieder Evangelisch tauffen lassen, hiernegst
3. eine Sodomie dadurch begangen, daß Sie vermittelst eines darzu
verfertigten ledernen Instruments nicht allein mit dieser seiner vermeinten Frau, sondern auch mit anderen Weibes Bildern Unzucht
getrieben, dergleichen actus venereos et Sodomiticos aber auch dadurch exerciret,[5] daß Sie der Ersteren das lederne Instrument ins
Maul gestecket, der Strang &, und wann sie also vom Leben zum
Tod gebracht, die Verbrennung zu erkant, wieder die andere Inquisitinn aber, nemblig die vorgegebene Ehefrau, die Tortur in secundo gradu inclusive[6] außgesprochen worden;

Nun sind zwar die von der Lincken begangene Frevelthaten recht
abscheüliche und garstige Dinge, es ist auch nicht zu laügnen, daß
die 2 iterativ baptismi capite[7] pfleget bestraffet zu werden;
     Es ist auch derer Rechtsgelehrten Meinung nach gantz gewiß,
daß ein Weibes Bild mit einer anderen, vermittelst dergleichen Instruments, eine Sodomie begehe, und dahero poena ordinaria[8] beleget werden könne. Wie dann allein dieses, daß Sie mit dem leder-

---

4   *zu Halle getauffet*] Catharina Linck wurde in Gehofen getauft, vgl. S. 13.
5   *actus venereos et Sodomiticos [...] exerciret*] sexuelle und sodomitische Hand-
     lungen [...] begangen. – Die römische Liebesgöttin wurde als Namengeberin
     für diverse Spielarten der Lust gebraucht, etwa Venus aversa, die »Liebe von
     hinten«; vgl. die venerischen Krankheiten.
6   *Tortur in secundo gradu inclusive*] Folter einschließlich des zweiten Grades.
7   *iterativ baptismi capite*] wiederholten Taufen mit der Todesstrafe.
8   *poena ordinaria*] die in den Gesetzen vorgesehene Strafe, vgl. S. 149.

nen Instrument in der Mühlhanen Maule venerem exerciret,[9] nach
der Meinung des Carpzovii[10] und anderer mehr poenam Capitis
meritire[11] Wiewoll in gegenwärtigem Fall, da beÿ dergleichen Instrument der Saame nicht außgesogen oder außgelassen werden
kan, diese Lehre woll ihren abfall leiden würde; Es ist ferner auß
der Peinlichen Halßgerichts-Ordnung art[iculus] 116[12] klahr, daß
dergleichen Crimen Sodomiticum,[13] wann Weib mit Weib zu thuen
hat, poena vivi comburii[14] müsste bestraffet werden, wie man dann
auch woll beÿ dergleichen Verbrennung, zu Verhütung der desperation,[15] die Maleficanten[16] vorhero pfleget tödten zu lassen.

Nachdemmahlen aber auch einige Rechtsgelährten der Meinung seÿn, und nach dem Sächßischen Rechte[17] es außer Zweiffel
ist, daß, wann Menschen mit Menschen Sodomiterey treiben, als-
dann bloß das Schwert erkant werde, damit gleichwoll ein unterschied der Straffe seÿ beÿ dergleichen Sodomiterey so zwischen
Menschen und Menschen, und derjenigen welche zwischen Menschen und Viehe begangen wird;

Also stellen E[uer] Königl[iche] Maj[estät] wir allerunterthänigst anheimb, ob Sie es beÿ dem Erkäntniß der Duisburgischen
Juristen Facultät zu lassen, oder aber den Letzteren mildern Weg
zu erwehlen, und der Inquisitinn das Schwerdt allein zu erkennen
allergnädigst geruhen wollen, allenfalls aber sehen, unserer aller-

---

9 *venerem exerciret*] sexuell verkehrt hat.

10 *Carpzovii*] Benedict Carpzov (1595-1666), vgl. S. 114 f.

11 *poenam Capitis meritire*] die Todesstrafe verdient.

12 *Peinlichen Halßgerichts-Ordnung art[iculus] 116*] Artikel 116 der Peinlichen
   Gerichtsordnung Kaiser Karls V., vgl. S. 139.

13 *Crimen Sodomiticum*] sodomitisches Verbrechen.

14 *poena vivi comburii*] mit der Strafe des Verbrennens bei lebendigem Leib.

15 *desperation*] Verzweiflung.

16 *Maleficanten*] Übeltäter.

17 *Sächßischen Rechte*] Bezug auf Benedikt Carpzov.

unterthänigsten jedoch ohnvorgreifflichen Meinung nach, wir keine Ursach, warumb die Inquisitinn eben mit dem Strange, und
nicht vielmehr mit dem Schwerdte, zumahlen Sie ein Weibes Bild,
vorhero getödtet und darauff verbrandt werden solle.

So viel ferner die Coinquisitinn, die Mühlhaninn, anbelanget,
So ist andem, daß dieselbe, wann Sie umb die Betriegereÿ, und
daß die Lincken, ihr vermeinter Mann, keine Manns Person gewesen, gewust und jedennoch, nachdem Sie dergleichen erfahren,
solche actus venereos exerciret, ja sogar, wie Sie dessen beschuldi-
get wird, ihr selber das lederne Instrument appliciret,[18] eine schwere Straffe zu gewarten haben möchte, und daß demnach dieselbe
ad juramentum purgatorium nicht zu admittiren,[19] jedennoch aber
und da dieselbe viele praesumtiones[20] vor sich hat, deren Mutter
auch das Werck selbsten denunciiret, So erachten wir den inclusive
erkanten zweÿten gradum torturæ ziemblich hart zuseÿn; E[uer]
Königl[iche] Maj[estät] allergnädigstem Gutfinden überlaßen wir
aber lediglich, ob es Deroselben gefallen möchte, die erkante Tortur
in etwas zu mildern, oder aber es deßhalb beÿ dem Duisburgischen
Erkantniß gleichfalls zu lassen.

Die wir mit aller Devotion verharren, / E[uer] Königl[iche] Majestät, / allerunterthänigsten, -gehorsambsten, / zur Halberstädtschen
Regierung verordnete Präsident, Directores und Räthe p[erge]

---

18 *appliciret*] eingeführt hat.

19 *ad juramentum purgatorium nicht zu admittiren*] zum Reinigungseid nicht
    zuzulassen ist. – Der Reinigungseid war ein Hilfsmittel im Inquisitionspro-
    zess, wenn die Inquisition weder ein Geständnis noch einen Beweis durch
    zwei Tatzeugen erbracht hatte, jedoch Indizien vorlagen, die weder einen Frei-
    spruch noch die Anordnung der Folter rechtfertigten. Hatte ein Inquisit den
    Reinigungseid geleistet und seine Unschuld eidlich beteuert, wurde er frei-
    gesprochen, vgl. CO Cap. IX, §§ 27-29; Bollmann 1963, 214-218.

20 *praesumtiones*] Vorurteile, Verdächtigungen.

Fr Hamrath[21] GvGeuder[22] WHDanckelman[23] CMeisenbougk[24]
JHKoch[25] JACochen[26] JFKunckel[27] MKulenkamp[28]

21 *Fr Hamrath*] Friedrich von Hamrath (gest. 1726), seit 1702 als Maître des
    Requêtes zuständig für die Gnadenersuche an den König. 1705 Wirklicher
    Geheimer Rat und Nobilitierung. 1707 wurde er wegen verschiedener An-
    schuldigungen abgesetzt; u. a. soll er den Tod Begnadigter verschuldet haben,
    weil er »die meiste Zeit mit Bankettieren und Maitressen hingebracht« (Hin-
    richs 1941, 325). 1707-1711 saß er in luxuriöser Haft (er erhielt weiterhin 1000
    Reichstaler Gehalt pro Jahr), und der Adel wurde ihm aberkannt. Nachdem
    sich Kronprinz Friedrich Wilhelm für ihn verwandt hatte, wurde er 1711 aus
    der Haft entlassen. Nach seinem Regierungsantritt 1713 machte Friedrich Wil-
    helm I. Hamrath zum Präsidenten der Regierung, der Kammer und des Kon-
    sistoriums Halberstadt (vgl. AB 1894, 3 und 366-368; Hinrichs 1941, 323-326).

22 *GvGeuder*] Johann Georg von Geuder, genannt Rabensteiner (1677-1747),
    Regierungsrat, starb als Geheimer Kriegsrat (vgl. AB 1894, 606, Anm. 1, sowie
    Lucanus 1788, 28).

23 *WHDanckelman*] Wilhelm Heinrich Freiherr von Danckelman (gest. 1725),
    Regierungsvizepräsident von Halberstadt (vgl. Lucanus 1788, 28).

24 *CMeisenbougk*] Christian Ernst von Meisenbougk (auch Meisenbough, gest.
    1727), seit 1706 Regierungsrat, seit 1721 Geheimer Kriegsrat, 1725 Regierungs-
    vizepräsident von Halberstadt (vgl. AB 1908a, 507).

25 *JHKoch*] Johann Heinrich Koch (gest. 1729), seit 1707 Regierungsrat in Hal-
    berstadt, von Friedrich Wilhelm I. entlassen und 1717 wieder eingesetzt, 1721
    erneut suspendiert, 1722 wieder restituiert (vgl. AB 1898, 89). Der König hielt
    nicht viel von ihm, »[d]a koch seine Meritten schlecht sein« (AB 1908a, 675).

26 *JACochen*] Johann Anton Coch (gest. 1739), wurde 1706 Sekretär, 1708 Re-
    gierungsrat und Lehnsekretär des Fürstentums Halberstadt (vgl. AB 1898, 87,
    sowie Lucanus 1788, 29).

27 *JFKunckel*] Johann Friedrich Kunckel (gest. 1732), seit 1716 Regierungsrat
    (vgl. AB 1898, 91, sowie Lucanus 1788, 29).

28 *MKulenkamp*] Michael Kulenkamp (1678-1743), seit 1702 Advokat bei der
    Regierung in Halberstadt, seit 1709 Advocatus fisci, seit 1716 Königlich Preu-
    ßischer Hof- und Regierungsrat in Halberstadt. 1726-1736 Geheimer Kam-
    merrat zu Minden, Ravensberg, Tecklenburg und Lingen (vgl. Lucanus 1744,
    AB 1898, 91, sowie DBA 723, 185).

(3) Gutachten des Berliner Criminal-Collegiums

Ausfertigung vom 19. Juli 1721 (11 Vs.-44 Rs.).

Die im Text angegebenen Nachweise (z. B. fol[io] 89 oder ad Art[iculum] inquis[itonis] 112) beziehen sich auf die verschollenen Inquisitionsakten bzw. Verhörprotokolle.

Allerdurchlauchtigster Großmächtigster König,
allergnädigster Herr,

Auf die von Dero Halberstädtschen Regierung eingeschickte, wieder Catharinen Margarethen Linckin, oder den so genanten Anastasium Lagrantinum Rosenstengel, und deßen vermeintes Eheweib, Catharinen Margarethen Mühlhahnin, wegen verschiedener schweren Verbrechen vor dem Stadt Gerichte daselbst verhandelte Inquisitions Acta nebst dem Duisburger Urthel, als worüber und was dargegen die Halberstädtsche Regierung allerunterthänigst erinnert, E[uer] Königl[iche] Maÿ[estät] unser rechtliches Gutachten allergnädigst erfordert, halten wir nach behöriger derselben Verles[1] und Erwegung vor Recht und denen Actis gemäß;

Hat Inquisita, Anna[2] Margaretha Lincken, ohngefehr 27 Jahr alt, welche nach ihrer Mutter aussage, Sie nach ihres gewesenen Ehemanns Linckens Tode von einem anderen Soldaten in Uniform, zu Gehowen[3] gebohren, und daselbst tauffen laßen, nachher aber zusammen in das Weÿsen Hauß nacher Halle gekommen, alwo Sie

---

1 *behöriger derselben Verles*] gebührender Verlesung bzw. gehörigem Vortrag.
2 *Anna*] Hier liegt ein einmaliger Fehler vor.
3 *Gehowen*] Gehofen südöstlich des Kyffhäusers im heutigen Thüringen.

bis in das 14. Jahr im Christenthum unterrichtet worden, die Mutter aber sich noch daselbst aufhalte, in Güte gestanden und bekandt, daß wie Sie aus dem Waÿsen Hause gekommen, habe Sie sich noch einige Zeit in Halle auffgehalten, da Sie das Knopfmacher Handwerck und Cattundrucken[4] gelernt, nachher wäre Sie eine Zeitlang beÿ Ihren Freünden in Calbe[5] gewesen, da Sie sich zu erst ümb ein Keusches Leben zu führen, in Manns habit[6] verkleÿdet, mit solcher Kleidung zu Ihrer Mutter nacher Halle gekommen, von derselben Abschied genommen, und weil Sie ein Heiliges Leben führen wollen, mit einem Troup Inspiranten, welchen Sie auf dem Stroh Hoff vor Halle gefunden, nacher Sora, denen SechsStädten[7] und Nürnberg gereiset, alwo Sie von der angegebenen Prophetin Eva Langin, außerhalb der Stadt in einem Strohm, im Nahmen Jehova Almajo Almejo, in Gegenwart einer großen Menge weit und breit zusammen gekommener Inspiranten getaufft worden und den angenommenen Nahmen Anastasius Lagrantinus Rosenstengel behalten, gleich nach dieser Tauffe hätte gemelte[8] Prophetin ihr einen zusammen gerolten Zettel zu verschlucken gegeben, wobeÿ Sie die Worte Jehova Almajo Almejo nochmahls repetiret, Ihr auch die Hand creützweise auf den Kopf gelegt, welches dann diese Würckung gehabt, daß Inquisita noch selbigen Tages beÿ einer in Nürnberg gehaltenen Versamlung entzückt worden, der Geist über Sie Schleÿerweiß erschienen und Sie Inquisita nebst anderen mit versamlet gewesenen Inspiranten, welche theils gekolert, mit den Hindern auf den Stühlen gestampfet; auf der Erden sich herumgeweltzet, mit den Köpfen gegen die Wände gestoßen und mit den Mäulern un-

---

4   *Cattundrucken*] das Bedrucken von Baumwolle.

5   *Calbe*] Calbe an der Saale im heutigen Sachsen-Anhalt.

6   *Manns habit*] Männerkleidung.

7   *SechsStädten*] Oberlausitzer Städtebund von 1346 (Görlitz, Bautzen, Kamenz, Zittau, Löbau und Lauban).

8   *gemelte*] angeführte (vgl. Grimm Bd. 12, 1994).

geberdig geschluckt, endlich Bewegungen und Aussprache gleichmäßig bekommen, worauff Sie dann gantzer 2 Jahr ein Prophet unter den Inspiranten gewesen, gepredigt und mit selbigen das Land
durchzogen. Sie hätten auch das Nachtmahl unter sich gehalten,
Sie beichteten Gott und keinem anderen; für ihre Sünde legten Sie
sich selbsten eine Buße auff, als kurtz oder langes Fasten, Sack an-
legen, etc Von keinem Priester würden sie absolviret,[9] der Geist der
zeigte einen, der das Nachtmahl austheilen solte, worauf derselbe
dem andern die Füße wüsche, Hierauff nehme diese gezeigte Person einen Kuchen wie die Juden hätten von ungesauertem Brod
und von Wein und spreche darüber die Worte, so CHristus selber
gebraucht, darauf breche Er von dem einen Kuchen, eße und gebe
den anderen Kuchen dem nechsten Beÿsitzer, welcher auch davon
bräche, eße und also weiter gebe, mit denen Worten: Nim hin und
iß; dies ist der wahre Leib und Blut Jesu CHristi. Denn wenn Sie
das Brod eßen, so wäre das das rechte Nachtmahl und empfingen
Sie mit dem Brode zugleich den wahren Leib und das wahre Blut
Jesu CHristi. Der Kelch aber welcher nach dem Nachtmahl gegeben würde, wäre nur der Bund des Neüen Testaments, wobeÿ Sie
CHristi gedächten.

Ein Weib könte auch wohl das Nachtmahl seegnen und austheilen und hätte Sie selber gesehen, daß der Geist öffters Jungfern
und Weiber benennet das Nachtmahl zu halten. Es wiederspreche
aber öffters ein Geist dem anderen, wie Ihr selber wiederfahren,
denn als Sie zu Cölln[10] am Rhein einer Jungfrau Elisabeth, in ihres
Vaters (so Famulus beÿ dem Paedagogio zu Halle gewesen)[11] und

---

9   *absolviret*] von den Sünden freigesprochen.
10 *Cölln*] Köln.
11 *Jungfrau Elisabeth, in ihres Vaters (so Famulus beÿ dem Paedagogio zu Halle ge-*
    wesen)] Gemeint sind Maria Elisabeth Matthes, das Medium der hallischen
    Inspirierten, sowie ihr Vater Christian Matthes, der in den Franckeschen An-
    stalten beschäftigt war, vgl. S. 77 f. Diese Aussage ist Linck untergeschoben

Mutter Gegenwart, prophezeÿet, daß Sie 40 Tage und 40 Nachte
fasten sollte, hätte ein anderer Nahmens Pott,[12] welcher aus Halle
dahingekommen, und ihrer Meinung nach aus Halberstadt gewesen auch mit dieser Elisabeth als Schwester und Bruder gelebet,
die Bezeigungen gekriegt und ausgesprochen, daß Jungfer Elisabeth zu schwach wäre und Sie es nicht ausstehen könne; Desgleichen hätte Sie in Nürnberg einer Jungfer Nahmens Elisabeth auf
Befehl des Geistes angedeütet 40 Tage und 40 Nachte zu fasten,
diejenige Manns Person aber, welche sich mit der Jungfer gehalten und mit welcher Elisabeth als Schwester und Bruder gelebt,
hätte auch von dem Geist eine Bezeigung gekrigt und wiedersprochen, Jungfer Elisabeth könne solches nicht aushalten. Auch
wären ihre Prophezeÿungen nicht eingetroffen, denn wie der reiche Kauffmann zu Nürnberg, welchem Sie prophezeÿet, daß Er
auf dem Waßer gehen solte, gesuncken wäre, also seÿ es auch mit
dem Kauffmann zu Cölln am Rhein geschehen, welcher noch darzu bald ersoffen wäre, wann Er nicht von ohngefehr aus dem Waßer
wieder herausgefischt worden. Nach der Zeit habe Sie sich von denen Inspiranten wegbegeben, da Sie auch keine Aussprache mehr
gehabt, aber wohl Flüchtungen,[13] daß, wann Sie vor ein Waßer gekommen, so klein gewesen, es gelaßen, als wenn es so groß wäre,
daß kein Mensch darüber kommen könne, oder es habe ihr ge-
daucht, als wenn gantze Compagnien Reuter[14] hinter ihr hergewe-

worden, denn als die Inspirierten in Deutschland aufkamen, lag ihre Prophe-
zeitenzeit über zehn Jahre zurück.

12 *Pott*] Gemeint ist Johann Heinrich Pott (1692-1777), doch gilt dasselbe wie in
der Fußnote zuvor.

13 *Flüchtungen*] Im Grimmschen Wörterbuch (Bd. 3, 1836) – dem einzigen Lexikon, das den Begriff führt – findet sich lediglich die lateinische Übersetzung
salus fuga petita, also das in der Flucht gesuchte Heil. Aus dem Kontext ergibt
sich eher die Bedeutung ›Erscheinungen‹.

14 *Compagnien Reuter*] Kompanien Reiter.

sen; der Geist wäre ihr auch nachdem, bald weis, bald schwartz als
eine Manns Person erschienen, der weiße Geist habe ihr angelegen,
sich mit Ihm wieder zu verbinden und in den Inspiranten Bund zu
begeben; der schwartze Geist aber wäre ihr unterschiedliche mahl
zu Cölln am Rhein, nachdem sie sich schon von denen Inspiranten wegbegeben, item,[15] im Sauerlande, alwo Sie sich damahls beÿ
einem Bauren vermiethet und die Schweine gehütet, item in dem
großen Holtze beÿ Cölln, woselbst Sie 3 Tage und 3 Nachte ohne
Eßen und Trincken sich aufgehalten, erschienen, hätte Ihr angelegen, Sie solte sich mit Ihme verbinden auff 20 Jahr, nach deren Ver-
lauff Sie seine seÿn solte, inzwischen wolte Er Ihr Geldes gnug geben; der weiße Geist aber hätte dieses allemahl verhinderet und ihr
Vermahnungen gegeben, Gott getreu zu verbleiben, nach dem aber
wäre ihr kein Geist weiter erschienen.

Hierauff habe Sie sich wieder nacher Halle begeben, und nachdem
Sie einige Monate da gewesen, wäre Sie unter die Hannoverische
Trouppen, und zwar unter des Obristen Stallmeisters Regiment[16]
als Mousquetier gegangen, alwo Sie 3 Jahr mit zu Felde gewesen,
und sich den Nahmen Anastasius Lagrantinus Beuerlein, oder laut
der Hannoverischen Relation[17] fol[io] 89 Caspar Beuerlein gegeben.
Anno 1708 wäre Sie in Braband desertiret, wäre aber beÿ Antwerpen wieder ertappet und Ihr der Strang zuerkand, aber ohne Straffe
wieder dimittiret worden, weil Sie ihr Geschlecht offenbahret, auch
ein Schreiben aus Halle von dem Professore Francken ihrenthalben
eingelauffen.
   Nach der Zeit wäre Sie unter die Königl[ich] Preuß[ischen]

15 *item*] ebenso.
16 *Obristen Stallmeisters Regiment*] Lincks Kompanie gehörte zum hannöversch-
    lüneburgischen Regiment, vgl. Grumbkows Bericht S. 215 f.
17 *Relation*] Bericht.

Trouppen in Soest,[18] unter des Gen[eral] Horns[19] Freÿ Compagnie unter dem Nahmen Augustus oder Caspar Beuerlein gekommen, ihr Capitain[20] habe Becker[21] geheißen, und als Sie ohngefehr 1 Jahr darunter gedienet, habe der Prof[essor] Francke an den dortigen Garnison Prediger[22] geschrieben, daß Sie eine Weibes-Person seÿ, weshalb Sie mit einem Pass fortgeschickt worden, darauff Sie sich wieder nach Halle begeben, ihre Weibskleÿder angelegt, und alda sich einen Sommer aufgehalten, demnechst in Männlichen Kleÿdern nach Wittenberg gegangen, und alda sich unter den Königl[ich] Pohlnischen Trouppen[23] als Mousquetier unter den Nahmen Peter oder Lagrantinus Wannich unterhalten laßen, da Sie eine Campagne[24] mitgethan, auf dem Marck[25] beÿ Brussel aber von denen Frantzosen gefangen genommen worden, von dar Sie wieder durchgegangen und unter denen Hessischen Trouppen in Rheinfels[26] unter des Major Bridens[27] Freÿ Compagnie 1 Jahr gedienet, wegen vorgehabter Schlägereÿ aber, und daß Sie durch die Spitzruthen lauffen sollen, wieder davon gekommen; Unter solchen Trouppen habe Sie sich Cornelius Hubsch genant, und deswegen so offt den Nahmen verändert, damit, wenn Sie desertiret, man Sie so leicht nicht ausfragen könne. Währenden Krieges diensten wäre

---

18 *Soest*] Soest in Westfalen.

19 *Gen[eral] Horns*] Magnus Friedrich von Horn (1640-1712), preußischer Generallieutenant, wurde 1705 Gouverneur von Geldern (vgl. König [1989], Bd. 2, 182-183).

20 *Capitain*] Hauptmann.

21 *Becker*] Nicht identifiziert.

22 *Garnison Prediger*] Wahrscheinlich Pastor Johann Möller (1646-1722), seit 1696 bis zu seinem Tod Pastor primarius an der St.-Petri-Kirche in Soest.

23 *Königl[ich] Pohlnischen Trouppen*] Vgl. S. 68 f.

24 *Campagne*] Feldzug.

25 *Marck*] Die »grenze eines politischen gebietes« (Grimm Bd. 12, 1635).

26 *Rheinfels*] Rheinfels im Hunsrück.

27 *Major Briden*] Nicht identifiziert.

Sie bald Catholisch, bald Lutherisch gewesen, und habe bald auff
Catholisch, bald auf Lutherisch communiciret.[28] Als Sie von denen
Hessischen Trouppen weggekommen, seÿ Sie wieder nacher Halle gegangen und habe beÿ dem Universitäts Tuchmacher daselbst
Flenell[29] gemacht, habe auch gesponnen und gedruckt, offters 8, 9
und mehr Spinn Mägdgens gehalten, und diese Lebens Art 3 bis
4 Jahr continuiret, Jnzwischen bald in Männlichen, bald in Weiblichen Kleÿdern gegangen, Einmahl wäre Sie von denen Soldaten
in Halle weggenommen, auf des Prof[essor] Franckens Vorbitte
aber und Offenbahrung, daß Sie ein Weibes Mensch seÿ, wieder
lossgelassen, auch beÿ dieser Gelegenheit auf dem Rathhause besichtiget worden, ob Sie ein Kerl oder Weib seÿ? Nach dieser Be-
sichtigung hätte Sie ihre Lebens-Art abermahl verändert, sich in
Manns Kleÿder wieder gesteckt und im Jahr 1717 nacher Halberstadt beÿ einem frantzösischen Strumpffmacher begeben, alwo Sie
mit der Coinquisitin Catharinen Margarethen Mühlhahnin bekandt worden, und sich mit selbiger ehelich versprochen, darauf zu
den ehmahligen Ober Prediger beÿ St. Pauli, Lic[entiatus][30] Clau-
den gegangen, demselben das geschehene Verlöbniß mit gedach-
ter Mühlhahnin eröffnet, sich dabeÿ für einen Schönfärber und
Cattundrucker, und für einen Sohn, Cornelii Josephi Rosenstengels, gewesenen Berghauptmanns in Gültenburg bei Prag[31] gelegen,
ausgegeben und um gewöhnliche proclamation und Copulation[32]
gebeten, welche dann auch kurtz vor Michaëlis[33] im Jahr 1717 in der
St. Pauli Kirche würcklich erfolget. Beÿ der ersten Proclamation seÿ
ein Geschreÿ entstanden, als wenn Sie zu Halle Weib und Kinder

28 *communiciret*] am Abendmahl teilgenommen.
29 *Flenell*] Flanell, leichtes Wollgewebe.
30 *Lic[entiatus]*] Akademischer Grad.
31 *Gültenburg bei Prag*] Nicht identifiziert, vermutlich nie existent.
32 *proclamation und Copulation*] Aufgebot und Trauung.
33 *Michaëlis*] 29. September.

habe, Sie habe aber einen Brieff von Ihrer Mutter vorgezeiget, auch
zweÿ Zeugen vorgestellet, daß solches falsch wäre. Darauff wäre
mit der Proclamation und Trauung fortgefahren worden; Nach der
Hochzeit hätten Sie zusammen als vermeinte Eheleute gelebet, wären zusammen zu Tische und Bette gegangen, Sie habe ein von Leder gemachtes ausgestopfftes Männliches Glied, woran ein Beütel
von Schweine Blasen gemacht, und zweÿ ausgestopffte von Leder
gemachte testiculi[34] gehänget, mit einem ledern Riemen an ihre
Schaam gebunden gehabt, und wenn Sie mit ihrer vermeinten Frau
zu Bette gegangen, habe Sie derselben solch ledern Ding in den
Leib gesteckt, und solcher Gestalt den Beÿschlaff mit ihr würcklich
verrichtet, Als Sie das erste mahl mit der Brautt zu Bette gegangen,
habe Sie wohl zu derselben gesagt, Sie wolte dieselbe die Nacht
24 mahl beschlaffen, Sie hätte es aber nur 3 oder 4 mahl gethan, es
hätte auch allemahl nicht länger, als eine Viertel Stunde gewehret,
nach dem Sie verliebt gewesen, bißweilen hätte Inquisita nicht ge-
kont, und da hätte Sie wohl länger genurgelt,[35] saget auch, daß in
diesem Beÿschlaff und wenn Inquisitae Liebe auf dem höchsten
gewesen, es ihr in den Adern, Arm und Beinen gekribbelt, Sie habe
unter denen Soldaten manches Weibesmensch vor einen blaumeusen[36] gedungen, und dieselbe mit dem ledernen Dinge gleichfals
exerciret,[37] Sie wäre manchmahl gantze Meilen[38] nach einem schönen Weibes Menschen gelauffen, und alles was Sie erworben, hätte
sie daran gewand. Öffters, wenn ein Weibesbild Sie nur im geringsten angegriffen, wäre Inquisita so brünstig geworden, daß Sie nicht
gewust wo Sie bleiben sollen. Einmahl habe Sie der Coinquisitin

34 *testiculi*] Hoden.
35 *genurgelt*] genörgelt (vgl. Grimm Bd. 13, 609).
36 *blaumeusen*] Blaumüser, niederrheinische und münsterländische Münze.
 Acht Blaumüser ergaben einen Taler (vgl. Adelung Bd. 1, 1056).
37 *exerciret*] Hier etwa: genommen.
38 *Meilen*] Eine preußische Meile entsprach 7532,5 m.

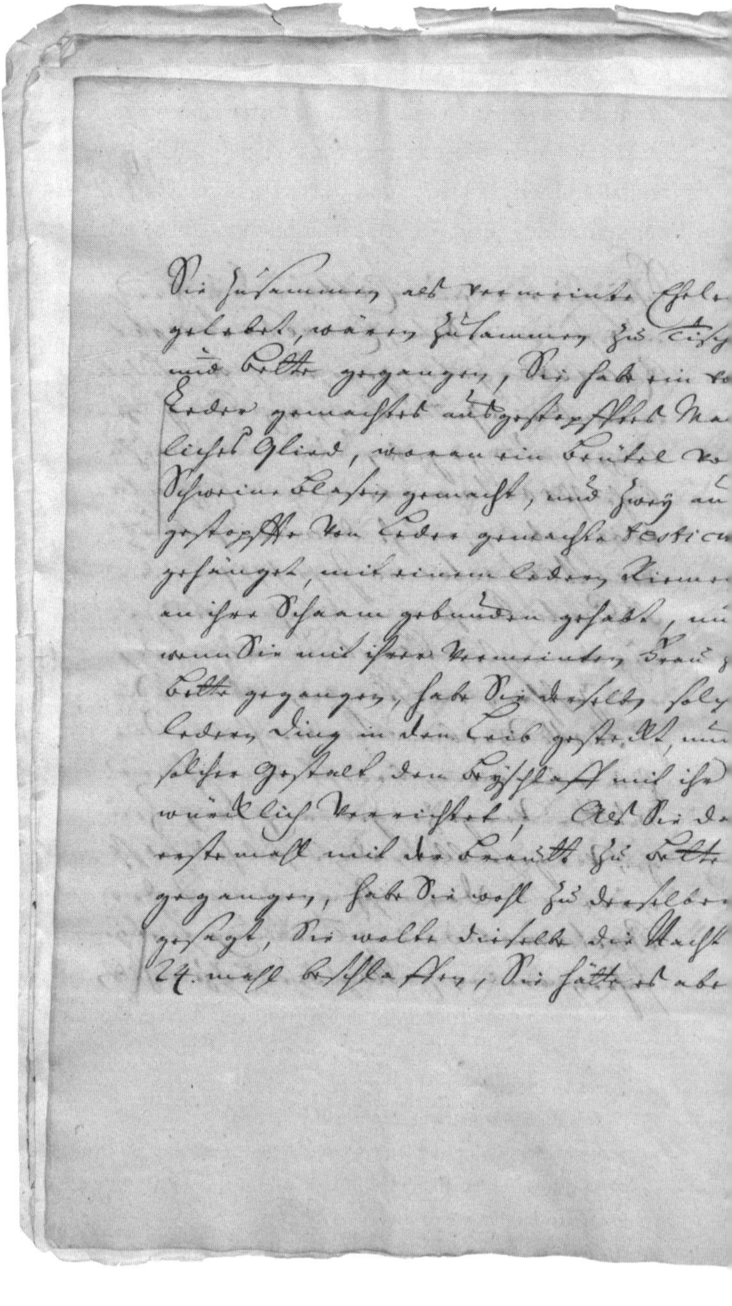

Sie zusammen als vermeinte Ehe-
gelebet, wären zusammen zu Tisch
und Bette gegangen, Sie habe ein vo
Leder gemachtes ausgestopftes Ma
liches Glied, woran ein beutel vo
Schweins blasen gemacht, und zwey au
gestopffte von Leder gemachte Testicu
gehänget, mit einem ledern Riemen
an ihre Schaam gebunden gehabt, un
wann Sie mit ihrer vermeinten Frau z
bette gegangen, habe Sie dasselbe solc
ledern Ding in den Leib gesteckt, und
solcher gestalt den beyschlaf mit ihr
würcklich verrichtet. Als Sie da
erstemahl mit der braut zu bette
gegangen, habe Sie wohl zu derselben
gesagt, Sie wolte dieselbe die Nacht
24 mahl beschlafen, Sie hätte es aber

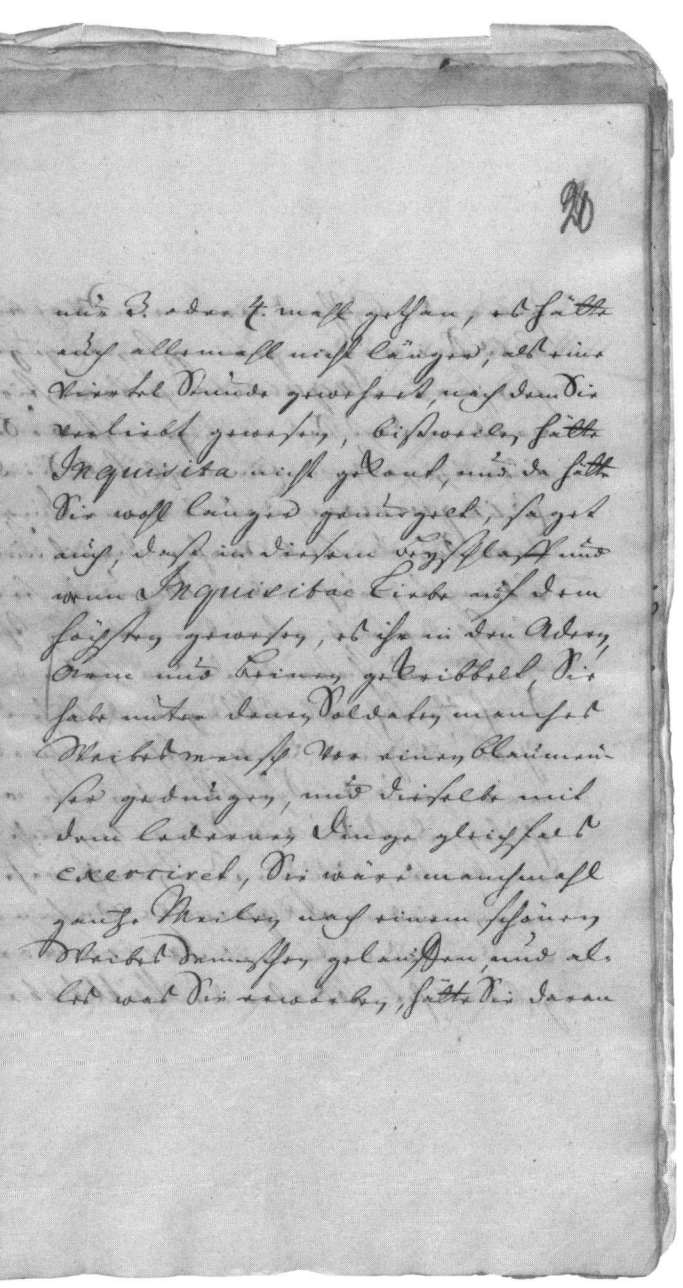

Abb. 19: Aus dem Gutachten des Criminal-Collegiums: »Sie zusammen als
vermeinte Eheleute … und alles was Sie erworben, hätte Sie daran«

das lederne Ding, nachdem Sie dieselbe vorher damit unten bedie-
net, auch in den Mund gesteckt, ob sich dieselbe aber darüber beÿ
Ihrer Mutter beschweret, das wiße Sie nicht, Sie hätte sich wohl
beklaget, daß ihr das Geburts Glied[39] davon sehr geschwollen wäre,
und die Schoßknochen sehr wehethäten, daß Sie vor Schmertzen
nicht gehen könte; Allein es seÿ nicht wahr gewesen, indem Inquisita Anfangs ein dünnes ledernes Instrument gebrauchet, als aber
der Mühlhahnin Glied weiter geworden, hätte Sie sich auch ein
dickeres zugelegt, die Mühlhahnin hätte das lederne Instrument
öffters in Händen gehabt, und in Ihr Geburts Glied gestecket, welches Sie nicht würde gethan haben, wann es ihr nicht wohl gefallen
hätte. Die Schwieger Mutter habe zwar die Tochter von ihr weggenommen, dieselbe auch von ihr scheiden laßen wollen, Sie habe
sich aber beÿ dortiger Priesterschafft zu St. Pauli beklaget, da sie
Ihr dieselbe wiedergeben müßen. Zum besten habe Sie sich mit ihr
nicht vertragen, denn weil dieselbe Ihr lose Worte gegeben, daß Sie
nichts verdiente, so habe Sie solche zum öfftern geschlagen, auch
habe Sie derselben ihr Linnen, Kleÿder und Bettgewand, so zusammen auf 77 R[eic]h[s]th[ale]r sich belauffen soll, weggenommen,
solches verkaufft und durchgebracht, und wenn dieses ein Diebstahl, so wäre es ein Diebstahl, es wäre ein ausbaden.

Hiernechst wäre Sie mit ihrer vermeinten Frau Landein gegangen, und sich mehrentheils mit Betteln ernähret, und als Sie wieder
zurück gekommen, hätten Sie beÿde kein Hembde mehr am Leibe gehabt, darauff wäre Sie allein nacher Hildesheim gereÿset, dahin Inquisitin ihr endlich gefolget, von Hildesheim wären Sie nacher Münster, alwo Sie sich meist ein Jahr auffgehalten, gezogen,
da Sie beÿde aus Hoffnung Geld zu kriegen, Catholisch worden,
und hätte Sie sich alda in der Jesuiten Kirche öffentlich tauffen und

---

39 *Geburts Glied*] Scheide (vgl. Adelung Bd. 2, 459).

zum zweÿten mahl mit der Coinquisitin trauen laßen. Von Münster
wäre Sie nach Helmstedt gekommen, da Sie sich beÿ dem M[agis-
ter] Heinrich[40] gemeldet, demselben mit sehr niedergeschlagenen
Angesicht und betrübten Hertzen offenbahret, wie sie von Inspi-
rantischen oder so genanten Quackerischen[41] Eltern zu Nürnberg
gebohren und nicht getauffet, sondern am Achten Tage nach ihrer Geburt loco circumcisionis,[42] nur mit einer Nadel geritzet, und
dabeÿ Lagrantinus genant, auch allererst im 12. Jahr ihres Alters zu
Cölln am Rhein von einer Prophetin, Eva genant, auf Quackeri-
sche Art, in dem Nahmen Jehova Almajo Almejo getaufft, und als
ihr Secte alda verjagt worden, Sie endlich nach vielen Fatalitäten
zu Münster angelanget, und von denen dasigen Jesuiten zum Thor-
hüter gemacht und in deren Religion und Catechismo informi-
ret, Ihr aber die Bibel zu lesen verwehret worden, weshalb Sie aus
dem Kloster gelauffen und sich bis hieher nach Helmstedt gebet-
telt, mit Bitte Sie in der Lutherischen Lehre zu unterrichten und
zu tauffen, damit Sie keine Gefahr an ihrer Seeligkeit litte, welches dann endlich nach vielen Umbständen erfolget, dabeÿ Ihr der
Nahme Julius Augustus und 25 R[eic]h[s]th[ale]r Pathen Geld gegeben worden, davon Sie 16 r[eichstha]l]er bekommen, das übrige
habe M[agister] Heinrich so lange nach sich genommen, welchem
Sie vorgebracht, daß Sie Willens seÿ nacher Halberstadt zu reÿsen,
umb alda ihre Geistliche Mitschwester, welche Sie in ihrem Inspiranten Stande mit sich herumgeführet, auffzusuchen und sich
mit derselben allenfals zu Helmstedt trauen zulaßen, darauff Sie
dann auch die Reÿse nacher Halberstadt angetreten, alwo Sie ihre
vermeinte Frau kranck gefunden, und wie Sie dieselbe caressiren[43]

40 *M[agister] Heinrich*] Johann Friedrich Heine, vgl. Fußnote 33, S. 225 f.
41 *Quackerischen*] quäkerischen. – Quäker, von George Fox (1624-1691) in Eng-
    land gegründete, pazifistische und sozial engagierte Religionsgemeinschaft.
42 *loco circumcisionis*] Stelle der Beschneidung, d. h. an der Vorhaut.
43 *caressiren*] liebkosen.

wollen, auch würcklich 4 Groschen zu einer Kanne Wein gegeben,
hätte Sie nebst der Mutter der Inquisitin die Thüre gewiesen, auch
habe die Mutter ihr vorgehalten, daß Sie kein Kerl, sondern ein
Weib wäre, und als Sie darüber in Streitt gerathen, hätte die Mutter nebst der Petersen[44] Sie angekrigt, ihr den Degen begriffen, die
Hosen aufgerißen, dieselbe visitiret[45] und gefunden, daß Sie kein
Kerl, sondern ein Weib seÿ, Sie hätten ihr auch das lederne Instrument vom Leibe gerißen, und solches nebst einem mit Leder über-
zogenen Horn, wordurch Sie den Urin gelaßen, und welches Sie
am bloßen Leibe zustecken gehabt, weggenommen, und als Inquisita dennoch behaupten wollen, daß Sie ein Kerl seÿ, hätten Sie ihr
das Geburts Glied von einander geklappet, und gefunden, daß Sie
nicht das aller geringste Männliches an sich habe, da Sie ihr dann
Schläge darzugegeben, und hätte die Schwieger Mutter das lederne
Instrument samt dem Horn in die Gerichte geliefert, Sie aber wäre
darauff zur Hafft und Inquisition gerathen.

Das lederne Instrument habe Sie, als Sie unter denen Hannoverischen Soldaten gewesen, selber gemacht, und hätte Ihr solches
ihre Vernunfft gelehret, Sie habe es beÿ unterschiedlichen Mädgens unter denen Soldaten gebraucht, und hätte Sie müßen mitmachen, wie andere Soldaten gemacht, Sie hätte auch wohl ehender[46] unterschiedliche Wittwen caressiret, welche den ledernen
penem[47] befühlet, auch damit gespielet, und doch nicht erkandt, denen Wittfrauens aber habe Sie solchen nicht in den Leib gesteckt.
fol[io] 190. Die Schwieger Mutter und die Brautt hätten es schon
vor der Hochzeit gewust, daß Sie ein Weib seÿ, weshalb Sie ver-

44 *Petersen*] Nicht identifiziert. Möglicherweise die Mutter oder eine Verwandte
   von Catharina Margaretha Mühlhahns späterem Ehemann Johann Levin Peters.
45 *visitiret*] untersucht.
46 *ehender*] früher (vgl. Adelung Bd. 1, 1641).
47 *penem*] Penis.

schiedene Umbstände anführet, und als die Coinquisitin Ihr das
lederne Ding in Münster einmahl abgerißen und also vollenkom-
men gewust, daß Sie kein Mann seÿ, habe Sie sich dennoch nachher damit noch offte kitzeln laßen, und hätten zusammen noch
vertraulicher gelebet, auch sich nachher in Münster zum Zweÿten
mahl trauen laßen. Einen Mann habe Sie niemahlen erkandt, habe
sich auch das lederne Instrument niemahlen selbst appliciret oder
appliciren laßen; und als dieselbe letztlichen gefraget wird, wie Sie
gedächte dergleichen begangene Mißethaten vor Gott zu verantworten, so saget Sie:

a) Daß Sie sich in Mannskleÿder gesteckt, das hätten ja mehr
WeibsLeuthe gethan; Vorhin aber fol[io] 109 hat dieselbe bereits
ausgeführet, daß Sie es darum gethan, weil Sie hätte wollen ein
keusches Leben führen. Imübrigen wiße Sie wohl, daß Gott verbothen hätte, daß ein Weib keine Mannskleÿder anziehen solle,⁴⁸ solches gienge aber nur die Weiber an, und keine Jungfern.

b) Daß Sie unter die Inspiranten sich begeben, so wäre ja dieses
ein frommes Leben, und weil Sie gerne den prophetischen Geist
haben wollen, hätte Sie müßen noch einmahl getaufft werden,
sonst käme der Geist nicht, und kriegte man Keine Außsprache.

c) Daß Sie öffters desertiret, und meinEÿdig worden, dafür hätte Sie ihre Straffe ausgestanden, habe 16 Wochen in Ketten und
Banden geseßen, auch schon im Creÿse gestanden gehenkt zu
werden.

---

48 *daß Gott verbothen hätte, daß ein Weib keine Mannskleÿder anziehen solle*]
Vgl. 5. Mose 22,5.

d) Daß Sie sich mit der Coinquisitin offentlich proclamiren und copuliren laßen, das dächte Sie vor Gott schon zu verantworten, der Satan hätte Sie müßen sichten, Ihre Mutter wäre mit dem Teuffel beseßen, denn als dieselbe Inquisitin am ersten Pfingsttage gebohren, hätte der Teuffel begehret, die Mutter solte Ihm das Kind übergeben, so solte die Mutter freÿ seÿn, hätte auch zu dem Ende der Mutter die Hände auf den Rücken gedrehet, Ihme solches zuzusagen, weil aber die Mutter nicht gewolt, so wäre der Teuffel in derselben geblieben, Inquisitin aber hätte Er gesichtet.

e) Daß Sie sich beÿ ihrer vermeinten Frau als einen Mann aufgeführet, und Sie mit dem ledernen Dinge so schändlich gequälet, das wolle Sie Gott abbitten, ihre Frau aber habe davon keine Qual gehabt, Sie erkenne jetzo, daß Sie damit eine greuliche Sodomiereÿ begangen, allein der Satan hätte Sie bißher verblendet gehabt.

f) Daß Sie ihrer vermeinten Frauen ihre Sachen weggenommen, und herdurch gebracht, das wolle Sie wohl verantworten, Sie hätte die frau ernehret, und was Inquisita verkaufft, hätte Coinquisita mit verzehret.

g) Daß Sie sich umb Zeitlichen Gewinstes halber zur Catholischen Religion begeben, in Münster nochmahlen tauffen und trauen laßen, auch die Tauffe in Helmstädt wiederholet, und dadurch ein großes Ärgerniß angerichtet, alles dieses stünde Gott abzubitten, und Gott vergebe es ihr auch; zu Helmstädt aber habe Sie sich nicht zeitlichen Gewinstes halber tauffen laßen, sondern Sie hätte mit Gott einen Neuen Bund auffgerichtet, Sie hätte gemeinet, daß es nöthig seÿ. Ob Sie ein Ärgerniß angerichtet, das wiße Sie nicht, Sie bekennete und bereuete ihre Miß-

ethaten, den Tod hätte Sie Zehnmahl verdienet, aber wenn Sie
auch schon aus dem Wege geraümet würde, so bliebe doch dergleichen; Sie wiße weiter nichts zu ihrer Entschuldigung vorzu-
bringen, Sie habe sich an Gott versündiget, wolte gerne sterben.

So viel hiernechst die Coinquisitin, Catharinen Margarethen
Mühlhahnin, ihres Alters 22 Jahr, deren Vater Pachsteter[49] zu Claus-
dahl gewesen, anbetrifft; Hat dieselbe gleichfals gestanden und beÿ
der summarischen Verhör[50] ausgesaget, daß Sie sich in Anno 1717
14 Tage vor Michaelis mit dem so genanten Rosenstengel in der St.
Pauli Kirche zu Halberstadt auffbieten und trauen laßen, Sie hätte
auch die Nacht das Brautt Bette mit ihm gehalten, wie es aber zum
würcklichen Beÿschlaff gekommen, hätte ihr vermeintlicher Mann
sein Glied in ihres nicht bringen können, sondern Sie wohl 8 Tage
gequälet und gemartert, daß Sie große Schmertzen davon gehabt,
und ihr Geburts Glied sehr geschwollen, nach 8 Tagen wäre es angegangen, Er hätte es aber niemahlen über einen halben Finger
lang hinein bringen können, alle mahl hätten ihr die Knochen und
das Geburts Glied davon sehr wehe gethan, des Morgens, Abends
auch zu Mitternacht hätte Sie ihm müßen hinhalten, offt hätte Er
eine gantze Stunde in eins Sie so weg gequälet, wenn es abend worden, wäre Ihr ein rechtes Grauen angegangen, Sie wäre ein einfältig Mägdgen gewesen, und hätte davon nichts gewust, daß Sie so
betrogen worden, daher Inquisit so dreiste geworden, daß Sie ihm
müßen an sein vermeintlich Männlich Glied greiffen, welches in
ihrem Leibe gantz warm geworden, und Sie doch nicht gemerckt,
daß es von Leder gewesen; Inquisit habe immer in denen Hosen
geschlaffen, und hätte Sie ihm nicht dürffen in die Hosen greiffen,
Sie hätte zwar, wenn Sie ihn pißen gesehen, angemercket, daß Er

---

49 *Pachsteter*] Puch- oder Pochsteiger, vgl. Fußnote 27, S. 225.
50 *bei der summarischen Verhör*] bei dem freien Verhör. Im Gegensatz zum artikulierten Verhör mit zuvor festgelegten Fragen.

die Schuh allezeit naß gemacht, solches wäre ihr verdächtig vorgekommen und hätte zu ihm gesagt: andere Manns Leüte können ja so weit pißen, und du bepißest allezeit die Schuh. Er hätte Sie aber bestie und Canaille[51] geheißen, und zu schlagen gedrohet. Im Jahr 1718 kurtz vor Gallen,[52] hätte Sie zu münster einstens mit ihrem Manne auffn Bette gelegen, da Er es dann versehen und die Hosen ausgezogen, weil Sie eben kranck gewesen, wie Sie nun gemercket, daß Er geschlaffen, hätte Sie Ihn, weil das Hembde auch in der Hose gelegen, genau besehen und gefunden, daß Er die von ihrer Mutter übergebene Lederne Wurst, woran ein lederner Beutel gehänget, um den Leib gebunden gehabt, im übrigen aber so beschaffen gewesen, wie Sie; darüber Sie gantz erschrocken und verstaunet; Ihr vermeinter Mann wäre aufgewacht, und weil Sie ihm das lederne Männliche Gliedt, samt dem Beütel weggerißen, hätte Er unter dem Vorwand, ob hätte Er seine Hand Knöpffe verlohren, solches im Bette gesucht, Sie hätte Ihm darauf vorgestellet, wie Er Sie doch so betrogen, Er hätte aber gebeten, Ihn nicht in Unglück zu bringen, was ihr mit einer Handvoll Blutt gedienet wäre. Er wolte ins künfftige mit Ihr leben als Schwester und Bruder, Hätte sich auch erbothen Sie nach Hause zubringen, Sie habe sich aber für Ihm gefürchtet, Er mögte Sie auf dem Wege umbringen, wäre noch bis zu Fastnacht beÿ Ihm in Münster geblieben, aber Er hätte Sie mit dem Dinge nicht mehr verunruhigen dürffen, Sie habe solches, wie Sie nachher ad Art[iculum] inquis[itonis] 112 fol[io] 228 deponiret,[53] in das vorbeÿ fließende Waßer geschmißen. Inquisit habe Ihr sowohl in Halberstadt, als auch in Münster weiß gemacht, daß Sie schwanger wäre, und da es nicht so gewesen, hätte Er gesaget, Sie solten hingehen und sich von einem andern ein Kind machen

51 *Canaille*] Hundevolk, Hund, ein »niedriges Schimpfwort auf liederliche lasterhafte Leute von der untersten Classe« (Adelung Bd. 1, 1296).
52 *Gallen*] St. Gallus: 16. Oktober.
53 *deponiret*] bezeugt.

laßen. Umb Fasten wäre Er in Münster weggegangen, und gegen
Ostern[54] wieder zu Ihr gekommen, Er hätte sich die Zeit über mit
Betteln ernähret, sich allezeit vor Catholisch ausgegeben, Er wäre
von Wiedertäufferischen[55] Eltern gebohren und Catholisch worden,
Ihr Mann hätte Ihr öffters angelegen, sie mögte doch Catholisch
werden, so wäre ihm geholffen, und die Patres hätten sich auch
deßhalb sehr bemühet, aber Sie hätte nicht gewolt.

Nachher aber fol[io] 68b gestehet Sie zu, daß Sie zu Münster
Catholisch worden, hätte solches aus Noth und aus Zwang des In-
quisiti gethan, gestehet auch daß Sie daselbst beÿ denen Jesuiten
auffs neue getrauet worden, dieses alles aber wäre vorher geschehen, ehe Sie erfahren, wie es mit dem Inquisiten beschaffen gewesen, bleibet auch beständig dabeÿ, daß Sie nachher, als Sie gewust,
daß Inquisit kein Mann seÿ, Sie sich mit dem ledern Dinge nicht
weiter von Ihm kitzeln laßen, und wolle Sie schweren, daß Sie vorher nicht anders gewust, als daß das lederne Ding, des Inquisiten
Natürlich Männliches Glied gewesen. Wie ihre Mutter in Praetorius Garten[56] den Inquisiten hätte wollen besichtigen laßen, hätte
Er Sie gegen Abend vor sich, und das Ding aus denen Hosen gekrigt und gesaget, Sie solte nun sehen ob Er nicht ein Mann seÿ;
Sie hätte geantwortet, das Ding ist ja so schwartz, worauff Inquisit
gesaget, beÿ denen kleinen Kindern wäre es anders, wenn Sie aber
groß würden, so würde es schwartz, und Er wäre ohne dem auf dem
gantzen Leibe schwartz.

Hat hierauff Coinquisitin gegen juratorische Caution des Ar-

---

54 *Ostern*] 31. März 1720.

55 *Wiedertäufferischen*] Kriminalisierende, von ihren Gegnern verwendete Bezeichnung für Täufer (vgl. Laubach 1993, 145).

56 *in Praetorius Garten*] Vermutlich der Garten der Halberstädter Familie Praetorius, Nachkommen des Obercommisarius Praetorius, dessen Magd Catharina Reinecke 1691 zu den »begeisterten Mägden« gehört hatte (vgl. Brandenburg 1991, 280).

resti wollen erlaßen seÿn,[57] ist aber von dem Mindischen Schöppenstuhl fol[io] 203 erkandt worden, daß der Inquisitin Suchen nicht
statt habe, sondern die special Inquisition ratione imputati Criminis Sodomiae[58] wieder dieselbe billig fortzusetzen; welches dann
geschehen, und ist dieselbe ad Artic[ulum] inquisit[ionis] fol[io]
211 et seq[uentes][59] vernommen worden, wobeÿ nichts weiteres he-
rausgekommen, außer daß Coinquisitin ad Art[iculum] 37 et 38 zu-
gestehet, daß Inquisit einmahl das lederne Ding ihr ins Maul gesteckt, Sie hätte es anfänglich nicht thun wollen, weil aber Inquisit
gesagt, Sie hätte Ihn nicht lieb, so hätte Sie es das eine mahl im
Maul gelitten, auch erzehlet Sie ad Art[iculum] 75 daß wie Inquisit
wieder von Hildesheim gekommen, und der Coinquisitin Mutter
damahl noch nicht glauben wollen, daß Er ein Kerl seÿ, hätte Er
bcÿ der Trunckenheit sein Ding aus denen Hosen gekrigt und damit ihre Mutter und die Catholische Zimmermansche[60] bepißet;
Er habe solches können steiff und schlap machen, ad Art[iculum]
144. Sie habe wohl auf Befehl ihrer Mutter nach der Hochzeit beÿ
dem Beÿschlaff darnach gefühlet, ob Inquisit ein Weib seÿ, Sie wäre
aber nicht dahin gekommen, hätte auch keinen Band oder Riemen
gefühlet, womit das lederne Ding am Leibe wäre fest gemacht gewesen, indem dieselbe das lederne Ding halb zwischen denen Beinen behalten. Ratione[61] der Religion saget Sie ad Artic[ulum] 96
daß Sie die Lutherische Religion in Münster auffs Evangelium Jo-

---

57 *gegen juratorische Caution des arresti wollen erlaßen seÿn*] gegen eine Sicher-
    heitsleistung durch eidliches Versprechen aus der Haft entlassen werden wol-
    len.

58 *special Inquisition ratione imputati Criminis Sodomiae*] Spezialinquisition we-
    gen des beschuldigten Verbrechens der Sodomie.

59 *et seq[uentes]*] und folgende.

60 *Catholische Zimmermansche*] Nicht identifiziert.

61 *Ratione*] wegen, bezüglich.

hannis beÿm Pater Schaumburg⁶² abgeschworen, und hätte in dem
Eÿde mit gestanden, daß Sie von ihrem 7. Jahre an im unrechten
Glauben gestanden, die Armuth habe Sie zu diesem Abfall verleitet.

Wegen der Zweÿten Trauung meldet Sie ad Ar[ticulum] 104
daß, sobald ihr vermeinter Mann getaufft gewesen, hätte der Pater Sie beÿderseits vor den Altar gefordert, einem jeden einen Ring
gegeben, und Sie zum Zweÿten Mahl getrauet, Sie hätte der Trauung wiedersprochen, der Pater aber habe gesagt, die erste Trauung
möchte wohl nicht richtig seÿn; Imübrigen bleibet dieselbe beÿ ihrer Aussage und ist beÿ vorgenommener Confrontation fol[io] 204
et seq[uentes] auch weiter nichts auf Sie gebracht worden, jeder ist
beÿ seinem Vorgeben geblieben, Inquisit hat zwar ad Artic[ulum]
Confront[ationis] 6 der Coinquisitin unter Augen gesagt, daß wie
Sie ihr das lederne Ding einmahl in den Mund gesteckt, wäre Sie,
die Linckin, splitter nackend gewesen, und habe die Coinquisitin
Muhlhahnin ihr die Brüste befühlet, und also wohl wißen und fühlen können, ob das Ding leder oder Fleisch gewesen, allein es wiederspricht hierin die Coinquisitin derselben und saget: die Linckin wäre nicht nackend gewesen, Sie hätte das Hembde darum
geschlagen gehabt, die Brüste hätte Sie wohl gefühlet, aber die Linckin hätte dabeÿ gesagt, viele Mannsleüte hätten solche Brüste.

Von der Inquisitin Zustand deponiret die Mutter fol[io] 252 daß
Sie zwar an dieser ihrer Tochter in ihrer Jugend nichts männliches
gemercket, allein ein vollkommen Weibes Bild wäre Sie auch nicht,
weilen das membrum muliebre⁶³ in ihrer Jugend wenige und fast
gar keine Öffnung gehabt, daß Sie also zum Beÿschlaff wohl nicht
tüchtig seÿn mögte, wiewohl Deponentin⁶⁴ beÿ ihren erwachsenen
Jahren weiter nicht darnach gesehen;

---

62 *Pater Schaumburg*] Ludolph Schaumburg (geb. 1674), seit 1692 Jesuit, lehrte
   in Münster und Paderborn, vgl. S. 100 ff.

63 *membrum muliebre*] weibliche Glied, d. h. die Scheide.

64 *Deponentin*] die Zeugin.

Dargegen erhellet aus des Stadt Phÿsici D[octor] Horne-
manns[65] und des Chirurgi Röpers[66] abgestatteten Relation fol[io]
27 wie daß Sie die Inquisitin genau besichtiget und an derselben
gar nichts hermaphroditisches,[67] vielweniger Männliches, sondern
Sie schlechterdings als eine Weibes Person beschaffen gefunden,
und seÿ ex magnitudine mammarum, ventre quodammodo rugoso
et amplitudine Vulvae,[68] welche durch eine Weh Mutter[69] sondiret[70] worden, nicht ungleich zu praesumiren,[71] daß Sie ihre weibliche Glieder nicht gäntzlich würde haben ruhen laßen, sondern
solche beÿ Ihrem herum Vagiren wohl schändlich dürffte gemißbraucht haben.

Quoad Defensionem, so concludiret der Inquisitin Defensor ad
poenam extra ordinariam und zwar ad perpetuos Carceres, ratio-

65 *Stadt Phÿsici D[octor] Hornemann*] Ein städtischer Arzt dieses Namens wurde
    nicht identifiziert.
66 *Chirurgi Röper*] Dr. Johann Andreas Röper hatte seit 1725 eine eigene Pra-
    xis in Halberstadt, wurde 1730 wahrscheinlich Nachfolger von Dr. Horne-
    mann als Stadtphysicus und 1743 Arzt des Domkapitels, Mitglied des Könige-
    lich Preußischen Collegii Medic. et sanitatis zu Halberstadt. Veröffentlichte
    in den 1740er Jahren mehrere Schriften, u. a. *Die Wirkung der Seele in dem
    menschlichen Körper nach Anleitung der Geschichte eines Nachtwanderers* (1748).
    Vgl. DBA 1048, 139. »Chirurg« bedeutete im 18. Jahrhundert Wundarzt (vgl.
    Zedler Bd. 59, 1489).
67 *hermaphroditisches*] Zwittriges (vgl. Zedler Bd. 12, 1723). – Hermaphroditos,
    der Sohn des Hermes und der Aphrodite, wurde von den Göttern mit der
    Nymphe Salmacis zu einem zweigeschlechtlichen Wesen vereint.
68 *ex magnitudine mammarum, ventre quodammodo rugoso et amplitudine Vulvae*]
    wegen der Größe der Brüste, des einigermaßen faltigen Bauchs und der Weite
    der Scheide.
69 *Weh Mutter*] Hebamme (vgl. Adelung Bd. 4, 1437).
70 *sondiret*] untersucht (vgl. Grimm Bd. 16, 1587).
71 *praesumiren*] vermuten.

ne[72] der Coinquisitin aber vermeinet Defensor, daß diese pure zu
absolviren,[73] zumahl da Sie nun über Jahr und Tag in squalore Carceris[74] liegen müßen, und weil von der Inquisitin in Defensione
fol[io] 276 angeführet werden wollen, als wenn dieselbe summe
Melancholica[75] seÿ, so ist dem oberwehnten Stadt Physico D[oc-
tor] Bornemann[76] auffgetragen worden ihre Complexion[77] und Wesen zu untersuchen, welcher dann fol[io] 279 attestiret,[78] daß nichts
Melancholisches an derselben zu verspühren, Worauf Acta geschlo-
ßen und zum Spruch Rechtens nacher Duÿsburg verschickt worden, alwo die Juristen Facultät erkandt;

Daß Catharina Margaretha Linckin, oder der so genante Anastasius Lagrantinus Rosenstengel, wegen ihrer begangenen und
bekandten Mißethaten dem Nachrichter[79] an seine Hand und
Bande zu liefern, von Ihm zur gewöhnlichen Richtstatt zu führen, alda ihr selbsten zur wohlverdienten Straffe, andern aber
zu einem abscheulichen Exempel mit dem Strange vom Leben
zum Tode zu bringen, und solchem nach deren Cörper zu verbrennen.

72 *Quoad Defensionem, so conduciret der Inquisitin Defensor ad poenam extraordi-
    nariam und zwar ad perpetuos Carceres, ratione*] Hinsichtlich der Verteidigung
    plädiert der Verteidiger der Inquisitin auf außerordentliche Strafe, und zwar
    auf ewiges Gefängnis, bezüglich.

73 *pure zu absolviren*] ohne Vorbehalt freizusprechen sei.

74 *squalore Carceris*] im Schmutz des Gefängnisses. – Die Zeitangabe »über Jahr
    und Tag« ist nur richtig, wenn die Kriminalräte damit nicht den Zeitpunkt
    der Defension meinen, sondern die Zeit dazurechnen, die seither noch ver-
    gangen war.

75 *summe Melancholica*] im höchsten Grade schwermütig.

76 *Bornemann*] Weiter oben Hornemann, nicht identifiziert.

77 *Complexion*] körperliche Beschaffenheit.

78 *attestiret*] bescheinigt.

79 *Nachrichter*] Henker.

Die Catharina Margaretha Muhlhahnen aber zur Erlernung der
Wahrheit mit der scharffen Peinlichen Frage[80] ziemlicher maßen
(nemlich im Zweÿten Grad) anzugreiffen.

Welches Urthel cum rationibus decidendi[81] die Halberstädtsche Regierung mit einem allerunterthänigsten Bericht zur Con- oder Reformation[82] eingesandt, wobeÿ Sie zugleich allerunterthänigst anführet, daß ob zwar die von der Linckin begangene Freveltahten
recht abscheuliche und garstige Dinge, es auch nicht zu leugnen,
daß die reiteratis baptismi Capite pflegte bestrafft zu werden; Es
auch der Rechtsgelehrten Meinung nach gewiß, daß ein Weibesbild mit einer anderen, vermittelst dergleichen Instruments eine
Sodomie begehen und daher poena ordinaria beleget werden könne; Wie dann allein dieses, daß Sie mit dem ledernen Instrument
in der Muhlhahnin Maule venerem exerciret, nach der Meinung
des Carpzovii und anderer mehr, poenam capitis meritire, wiewohl
in Gegenwärtigem Fall, da beÿ dergleichen Instrument der Saame
nicht ausgesogen oder außgelaßen werden könne, diese Lehre wohl
ihren Abfall leÿden würde. Ferner aus der Peinl[ichen] Halß Gerichts Ordnung Art[iculus] 116 klahr, daß dergleichen Crimen Sodomiticum, wenn Weib mit Weib zuthun hat, poena vivi comburii
müßte bestraffet werden, wie man auch wohl beÿ dergleichen Verbrennung, zu Verhütung der desperation, die Maleficanten vorher
pflegte tödten zulaßen.
   Nachdem allen eben auch einige Rechts Gelehrten der Meinung wären, und nach dem Sächsischen Rechte es außer Zweiffel, daß wenn Menschen mit Menschen Sodomiterey trieben, als-
dann bloß das Schwerdt erkandt werde; damit gleichwohl ein
Unterschied der Straffe seÿ beÿ dergleichen Sodomiterÿ, so zwi-

---

80 *scharffen Peinlichen Frage*] Folter.
81 *cum rationibus decidendi*] mit den Entscheidungsgründen.
82 *Con- oder Reformation*] Bestätigung oder Abänderung.

schen Menschen und Menschen, und derjenigen, welche zwischen
Menschen und Vieh begangen wird; Also wolten Sie E[uer] Königl[iche] Maj[estät] allerunterthänigst anheimgestellet haben, Ob
Sie es beÿ dem Erkändniß der Duÿsburgischen Juristen Facultät zu
laßen, oder ob Sie den letztern mildern weg zu erwehlen und der
Inquisitin das Schwerd allein zu erkennen allergnädigst geruhen
wolten; Allenfalls aber sehen Sie keine Ursache, warumb die Inquisitin eben mit dem Strange und nicht vielmehr mit dem Schwerdte, zumahlen Sie eine Weibes Person, vorhero getödtet, und darauf
verbrennet werden solle.

So viel ferner die Coinquisitin Muhlhahnin anbelangte, so wäre
zwar auch an dem, daß dieselbe, wenn Sie um die Betrügereÿ, und
daß der Linckin, ihr vermeinter Mann, keine Manns Person gewesen, gewust, und jedennoch, nachdem Sie dergleichen erfahren,
solche actus venereos exerciret, ja so gar wie Sie deßen beschuldi-
get wird, ihr selber das lederne Instrument appliciret, eine schwere
Straffe zu gewarten haben mögte, und daß demnach dieselbe ad juramentum purgatorium nicht zu admittiren, jedennoch aber und da
dieselbe viele praesumtiones vor sich habe, deren Mutter auch das
Werck selbsten denunciiret, so erachtet Sie den inclusive erkandten
Zweÿten Grad der Tortur ziemlich hart zu seÿn.

Wolten also E[uer] Königl[iche] Maj[estät] allergnädigstem
Gutfinden überlaßen, ob es Deroselben gefallen möchte, die er-
kandte Tortur in etwas zu mildern, oder ob es deshalb beÿ dem
Duÿsburgischen Erkändniß gleichfals zu laßen,[83] worüber dann
E[uer] Königl[iche] Maj[estät] unser rechtliches Gutachten aller-
gnädigst erfordert haben.

---

83 *Welches Urthel cum rationibus decidendi [...] beÿ dem Duÿsburgischen Erkändniß gleichfals zu laßen*] Ausführliche Paraphrase des Briefs der Halberstädter
Regierung an Friedrich Wilhelm I. vom 7. Mai 1721, vgl. S. 229-233.

Ob es nun wohl einmahl das Ausehen haben möchte, als wenn
es beÿ dem Duÿsburger Urthel überall zu laßen, gestalt[84] her dergleichen schwere Verbrechen mit vorkommen, weshalb nicht nur
nach der Peinl[ichen] Halßger[ichts] Ordnung Artic[ulus] 116 als
Weltlichen Gesetzen, dergleichen Verbrechen das Leben verwür-
cket, und der Gemeinen Gewohnheit nach mit dem Feuer vom
Leben zum Tode zu richten, sondern worauf auch nach Göttlichen
Rechten die Todes Straffe gesetzet, und umb welcher Willen der
Herr Feuer und Schwefel vom Himmel regnen und gantze Städte[85]
verzehren laßen.

Hingegen es wieder scheinen dörffte, als wenn hier keine
würckliche Sodomitereÿ mit dem leblosen ledernen Instrument
begangen werden können, Folglich auch die Todes Straffe cessire,[86]
wie dann auch in der Heil[igen] Schrifft nirgends ausdrücklich zu
finden, daß Weib mit Weib hätten Schande getrieben, gleichwie
vom Mann, Röm[er] 1 v[ers] 27 zu lesen, sondern es stehe cap[itel]
1 v[ers] 26[87] von denen Weibern nur, daß Sie verwandelt den natürlichen Brauch in den unnatürlichen, und das wäre geschehen,
wenn Sie mit einem Vieh zu schaffen gehabt, welches Levit[icus]
18 v[ers] 23[88] verbothen und darauf die Todes Straffe Cap[itel] 20
v[ers] 15[89] gesetzet, oder, wenn man auch zugeben wolte, daß Weib
mit Weib unter sich Schande getrieben; So würde doch solches
mehr von denen Orientalischen und eigentlich denen Weibern zu

---

84 *gestalt*] wie denn (vgl. Grimm Bd. 5, 4183).
85 *Städte*] Sodom und Gomorrha (vgl. 1. Mose 19,24).
86 *cessire*] nicht statthabe.
87 *Röm[er] 1 v[ers] 27 [...] v[ers] 26*] Römer 1,26-27, vgl. S. 146.
88 *Levit[icus] 18 v[ers] 23*] »Du solt auch bey keinem thier liegen, daß du mit ihm
   verunreiniget werdest. Und kein weib sol mit einem thier zu schaffen haben;
   denn es ist ein greuel« (3. Mose 18,23).
89 *Cap[itel] 20 v[ers] 15*] »Wenn jemand beym viehe liegt, der sol des todes sterben, und das vieh sol man erwürgen« (3. Mose 20,15).

verstehen seÿn, die mit dem so genanten vitio naturae, Clitore,[90] so starck versehen, daß Sie damit solches Schandwerck unter einander an sich verüben können, welches aber auf diesen Casum[91] nicht zu ziehen, da nur ein ledernes Instrument adhibiret[92] worden.

Demnach aber das Laster der Sodomiereÿ verschiedene Species in sich begreifft, und einmahl mit sich, so schändlich, das andere mahl mit seinesgleichen, als Mann mit Mann, Weib mit Weib, so schändlicher, und das drittemahl mit dem unvernünfftigen Vieh, so am allerschändlichsten, begangen wird (Damhouder pr[axis] Crim[inalium] cap[itel] 96)[93] und also nicht unbillig die Straffe nach Größe des Verbrechens zu determiniren,[94] weshalb nach Anweisung des Carpzovii, pr[axis] Crim[inalium] Quaest[io] 76 n[ota] 9 seq[uentes][95] die erste art mit der Relegation,[96] die Zweÿte mit dem Schwerdt, und die dritte mit Feuer pflegt bestrafft zu werden.

90 *vitio naturae, Clitore*] Laster der Natur, Klitoris.

91 *Casum*] Fall.

92 *adhibiret*] angewendet.

93 *(Damhouder pr[axis] Crim[inalium] cap[itel] 96)*] Der Jurist Jodocus Damhouder (1507-1581), ein Rat Kaiser Karls V., teilte in seinem Hauptwerk *Praxis rerum Criminalium* (1554) im Kapitel »De peccato contra naturam« die Sodomie in die genannten drei Unterarten ein. In den mir zugänglichen Ausgaben (Antwerpen 1562 und 1601) des noch zu Lebzeiten Damhouders vielfach und verändert aufgelegten Werks trägt das Kapitel über die Sünde wider die Natur die laufenden Nummern 98 bzw. 97.

94 *determiniren*] bestimmen.

95 *Carpzovii, pr[axis] Crim[inalium] Quaest[io] 76 n[ota] 9 seq[uentes]*] In der Frage *(Quaestio)* 76 seiner *Practica nova rerum criminalium imperialis Saxonica*, »De poena Sodomiae« (Über die Strafe der Sodomie), erläutert Carpzov in der Anmerkung 9: »Triplici modo committitur Sodomia« (auf dreierlei Arten wird Sodomie begangen), und zwar »aut secum, aut cum hominibus, aut cum animantibus brutis«, d. h. entweder mit sich selbst oder mit Menschen oder mit lebenden Tieren (vgl. Carpzov [1635] 1723).

96 *Relegation*] Landesverweisung.

Nechstdem aber von denen meisten behaupt[et] wird, daß auf
die Weise, wie hier in facto geschehen, zwischen Weibern würcklich eine Sodomie begangen wird, welche die Heÿden[97] auch detestiret[98] und dargegen geschrieben; desgleichen alle Außleger den
locum[99] Pauli Röm[er] 1 v[ers] 26 überhaupt von wiedernatürlichem
Concubitu und libidine[100] des weiblichen Geschlechts erklähren;
die Worte selbst keinen andern Verstandt mit sich führen, wie denn
auch der berühmte H[ugo] Grotius[101] die von Paulo cap[itel] 1 bestraffte unnatürliche Geilheit des Weiblichen Geschlechts von denen Tribadibus,[102] die der bekandte KirchenLehrer Tertullianus Fricatrices, i[d] e[st][103] Reibe Weiber genennet,[104] expliciret[105] und in
dem großen Lexico Septemvir[?] Bahil[106] dergleichen Instrument,

---

97 *Heÿden*] Die Griechen und Römer der Antike.

98 *detestiret*] verabscheut haben.

99 *locum*] die Stelle.

100 *Concubitu und libidine*] Beischlaf und sexuellem Begehren.

101 *H[ugo] Grotius*] Hugo Grotius (1583-1645) begründete mit seinem Hauptwerk
De iure belli ac pacis (1625) das moderne Natur- und Völkerrecht.

102 *Tribadibus*] Tribade (von griech. τριβειν: reiben), Frau, die mit anderen
Frauen sexuell verkehrt, vgl. S. 124.

103 *i[d] e[st]*] das heißt.

104 *die [...] Tertullianus Fricatrices [...] genennet*] Quintus Septimus Florens Tertullianus (ca. 160-222), ältester lateinischer Kirchenschriftsteller. Auf ihn geht
das lateinische Pendant zur griechischen »Tribade«, die »Frictrix« zurück (vgl.
Brooten 1996, 5). In seinen Schriften *De corona* (6. 1), *De pallio* (4. 9) und *De
resurrectione carnis* (16. 6) beschreibt er »Frictrices« als schamlose Frauen, die
gegen die göttliche Ordnung verstießen und die daher zu Recht aus der guten
römischen Gesellschaft ausgeschlossen würden (vgl. Brooten 1996, 314-320).
»Fricatrices« ist eine spätere Variante der »Frictrices« (317).

105 *expliciret*] erläutert.

106 *großen Lexico Septemvir[?] Bahil*] Gemeint ist Pierre Bayles *Dictionaire histori-
que et critique* (1697). Der genannte Eintrag konnte nicht exakt identifiziert
werden. Im Artikel »Thesmophories« (Bd. 2/2, 1050-1054) umschreibt Bayle
sexuelle Praktiken zwischen bzw. von Frauen auf dem gleichnamigen Frauen-
fest zu Ehren Demeters und Kores (Persephones) in der griechischen Antike.

welches diese Weiber anstatt des Männlichen Gliedes gebrauchet, Ολισβος[107] genennet, und aus dem bekandten Griechischen Scriptore Aristophane[108] observiret[109] worden, Ολισβος heiße ein Mannes Glied von Leder; Wie dann Aristophanes selbst es auch durch eine lederne Hülffe erkläret, und also nichts zur Sache thut, wenn gleich in der H[eiligen] Schrifft der Weiber nicht ausdrücklich gedacht worden, daß Sie mit einander Schande getrieben, indem gnug daß die darinn bestraffte Weiber Sünde, mit der Männer Ihrer Sünde idem formale[110] haben, dann die solches thun, agiren alle beÿde contra naturam[111] und ist der effectus[112] auch einerleÿ, non seminis mixtio, quod in alterutram maris partem quidem immittitur, non vero miscetur, sed saltem frictio et utriusque libidinum quaesita extinctio;[113] dieser Casus auch in der Heil[igen] Schrifft c[itato]

Zu diesem drei Tage dauernden Fest, bei dem sich die Frauen von ihren Männern separierten, gehörten u. a. Fasten und obszöne, männerfeindliche Reden und Handlungen.

107 *Ολισβος*] »Olisbos«, griech. »ein von Leder gemachtes männliches Glied« (vgl. Pape ³1954, 323).

108 *Scriptore Aristophane*] Der Schriftsteller Aristophanes (um 445 – um 385 v. u. Z.). – In seiner Komödie *Lysistrata* (411 v. u. Z.) verweigern die Frauen den Männern den Beischlaf, um ein Ende des Krieges zu erwirken. Lysistrata beklagt in der Übersetzung Erich Frieds der Zeile 109, dass »die Lederdinger« (Ολισβος) als Ersatz für die Männer gerade nicht zu haben seien (Aristophanes 1985, 36).

109 *observiret*] beobachtet.

110 *idem formale*] dieselbe Beschaffenheit.

111 *agiren alle beÿde contra naturam*] handeln alle beide gegen die Natur.

112 *effectus*] Wirkung.

113 *non seminis mixtio, quod in alterutram maris partem quidem immittitur, non vero miscetur, sed saltem frictio et utriusque libidinum quaesita extinctio*] nicht eine Vermischung des Samens, weil er zwar in den einen von zwei Teilen des Mannes ergossen wird, nicht aber sich vermischt, sondern nur ein Reiben und die erstrebte Stillung der beiderseitigen Wollust.

l[oco]¹¹⁴ unter denen Worten, den Natürlichen Brauch in einen unnatürlichen verwandeln, nicht undeutlich entfalten, welches eben so
viel, wo nicht ein mehreres involviret,¹¹⁵ als wenn es heißet, den natürlichen Brauch verlaßen, womit nicht bloß auf die Orientalische
Weiber geziehlet worden, und wenn auch diese damit vornehmlich
gemeinet wären, so würden deshalb doch die übrige darum nicht
auszuschließen seÿn, als welche eundem Actum¹¹⁶ mit jenen verrichten, ja noch unnatürlicher darin handeln, indem jene die Glieder,
so ihnen die Natur gegeben nur unrecht und verkehrt gebrauchen,
diese aber Glieder affectiren¹¹⁷ und damit contra naturam agiren, so
Ihnen die Natur gantz und gar versaget, in effectu¹¹⁸ aber mit einem
nicht mehr als dem andern außrichten, sondern das eine so wohl, als
das andere bloß zur Viehischen friction¹¹⁹ und Lustregung des gei-
len Fleisches gebrauchen, mithin das Laster unter beÿden einerleÿ,
auch wie Mann mit Mann, also auch Weib mit Weib, von gleicher
Größe und Straffe, gestalt von gleichen Lastern auch ein gleiches
Urthel zu fällen, wie dann auch in der Peinlichen Halß Gerichtsordnung darauff gleiche Straffe ausdrücklich gesetzet worden.

Daß dannenhero, beÿ so bewandten Umbständen, die Duys-
burgische Sententz so viel die erkandte Todes Straffe wieder Catharinen Margarethen Linckin, oder den so genanten Anastasium Lagrantinum Rosenstengel betrifft, zwar
zu confirmiren,¹²⁰ die Art des Todes aber nach dem Vorschlag der Halberstädtschen Regierung billig einzurichten,

114 *c[itato] l[oco]*] am angeführten Ort.
115 *involviret*] bedeutet.
116 *eundem Actum*] denselben Akt.
117 *affectiren*] befestigen.
118 *in effectu*] tatsächlich.
119 *friction*] Reibung, Sex.
120 *confirmiren*] bestätigen.

und also dieselbe wegen ihrer begangenen und gestandenen vielen schweren Verbrechen, secundum plurima,[121] mit dem Schwerdt vom Leben zum Tode zu bringen.

Es wäre dann, daß E[uer] Königl[iche] Maj[estät] in Ansehung daß in der Heil[igen] Schrifft nirgends ausdrücklich von denen Weibern, gleichwie von denen Männern, wenn Sie mit einander Schande getrieben, anzutreffen, daß Sie sollen des Todes sterben;

Ferner beÿ andern Arthen der Sodomitereÿ wenn dieselbe per immissionem Seminis[122] nicht würcklich vollenbracht worden, solches aber per rerum naturam[123] hier nicht geschehen mögen, nach vieler Rechtslehrer Meinung poena mortis cessiret[124] und nur bloße fustigatio[125] erkandt wird; (Carpzov[ii] pr[axis] Crim[inalium] Qu[aestio] 76 n[ota] 56 seq[entes]).[126]

Weiter verschiedene auch von unserm Collegio dafür halten, daß weil vermittelst dergleichen Instruments vera coniunctio corporum[127] nicht geschehen, noch weniger ab agente Semen immittiret[128] werden können, so beÿdes ad formale delicti[129] einer eigentlichen Sodomitereÿ requiriret[130] werde,

---

121 *secundum plurima*] nach Meinung der Mehrheit.

122 *per immissionem Seminis*] durch Samenerguss in einen anderen Körper.

123 *per rerum naturam*] aus der Natur der Sache.

124 *poena mortis cessiret*] die Todesstrafe nicht verhängt wird.

125 *fustigatio*] Prügelstrafe.

126 *Carpzov[ii] pr[axis] Crim[inalium] Qu[aestio] 76 n[ota] 56 seq[entes]*] Die Anmerkung 56ff, »Poena conatus in crimine Sodomiae«, behandelt die Strafe bei nicht vollzogener Sodomie, vgl. Carpzov [1635] 1723, Quaestio 76.

127 *vera coniunctio corporum*] eine wirkliche Vereinigung der Körper.

128 *ab agente Semen immittiret*] von der Handelnden Sperma in einen anderen Körper ejakuliert.

129 *ad formale delicti*] zur Gestalt des Verbrechens.

130 *requiriret*] erfordert.

und also auff das idem formale peccati,[131] so nicht nostri fori,[132] alhier nicht ankomme, die LebensStraffe ohne das nicht statt finde; die übrige Verbrechen aber, als Mißbrauch der Heil[igen] Tauffe, und öffterer Abfall von der Religion, keine absolute Todes Straffe nach sich ziehen, derselben Gnade vor Recht wolten wiederfahren laßen, welchenfalls dieselbe mit scharffen Staupen Schlägen[133] auszuweisen, und nachmahls Zeitlebens in ein Zucht oder Spinnhauß wohlverwahrlich zu bringen und darinnen zur Arbeit anzuhalten. Was aber die Coinquisitin, Catharinen Margarethen Muhlhahnin anbelanget, so wäre obgeregte Duisburgische Sententz, damit das Mittel die Wahrheit heraus zukriegen, nicht härter als die Straffe selbsten seÿn möge, dahin zu ändern, daß anstatt der Tortur im Zweÿten Grad, dieselbe sogleich, (indem doch poena mortis allenfals wieder Sie, als einer einfältigen und zu diesem Laster verführten Person, nicht erkandt werden mögte) extra ordinarie[134] zu bestraffen, und zu dem Ende in ein Zucht oder Spinnhauß auff dreÿ Jahr zu condemniren;[135] Nachher aber Ihr mitzugeben das Land auff Ewig zu räumen. Im übrigen sind auch beÿde gehalten, die in dieser Sache verursachte Inquisitionskosten, und zwar die Linckin pro duabus tertiis[136] zu erstatten.

Überlaßen aber alles E[uer] Königl[ichen] Majestät allergnädigsten Genehmhaltung oder anderweitem gerechtesten Verfügen und erstreben,/ Allerdurchlauchtigster Großmächtigster König, Al-

---

131 *idem formale peccati*] dieselbe Beschaffenheit der Sünde.
132 *nostri fori*] unseren Gerichts.
133 *Staupen Schlägen*] Prügelstrafe, mit einer Rute (Staupe) vollzogen.
134 *extra ordinarie*] außerordentlich, d. h. anders als im Gesetz vorgesehen.
135 *condemniren*] verurteilen.
136 *pro duabus tertiis*] zu zwei Dritteln.

lergnädigster Herr, E[uer] Königl[iche] Maj[estät],/allerunter-
thänigst treu gehorsamsten Zum Criminal-Collegio verordnete
Director und Räthe,

JHFuchs[137] ZumBroich[138] JFWeitzel[139] JCBerger[140] Fromme[141] Viebahn[142] Hynitzsch[143] KrugvNidda[144] vRodenberg[145]
Berlin d[en] 19. / Julii 1721

137 *JHFuchs*] Johann Heinrich von Fuchs (1664-1727), Studium der Rechte in
Heidelberg, wurde 1691 ordentlicher Professor an der Universität in Frankfurt a. d. Oder, 1696 Amtskammerrat in Berlin, 1697 Kammergerichtsrat, 1716
geadelt, seit 1718 Direktor des Criminal-Collegiums, seit 1719 außerdem Präsident des Kammergerichts, wurde 1723 Geheimer Kammer- und Finanzrat
sowie Vizepräsident des neu eingerichteten Generalauditoriums (vgl. ADB
Bd. 8, 164; AB 1901, 65).

138 *ZumBroich*] Balthasar Conrad zum Broich, seit 1710 Kammergerichtsrat, seit
spätestens 1714 Mitglied des Criminal-Collegiums sowie des Orangischen Tri-
bunals, 1731-1748 preußischer Justizminister (vgl. Isaacsohn 1884, 398).

139 *JFWeitzel*] Johann Friedrich Weitzel, Kriminalrat, auch Stadtsyndikus und
Richter in Berlin, vgl. Küster 1756, 355, sowie Adress-Calender 1722, 38.

140 *JCBerger*] Johann Caspar Berger, »Geheimer Iustitien-, Hof- und Criminal-
Rath. Er ist Concipient von der anno 1717 publicirten CriminalOrdnung vor
die Chur- und Neu-Mark Brandenburg« (Küster 1756, 355).

141 *Fromme*] Johann Fromm[e], Kriegs-, Hof- und Gerichtsrat, Mitglied des Criminal-Collegiums (vgl. Isaacsohn 1884, 31).

142 *Viebahn*] Franz Moritz Viebahn (gest. 1739), Wirklicher Geheimer Etats- und
Kriegsrat, wurde 1727 geadelt, 1729 Nachfolger von Christoph von Katsch im
Generaldirektorium und als Direktor der Criminalsachen im Generalaudito-
riat (vgl. AB 1908b, 476, 481-483). Er galt als »verschmitzt und raffinirt« und
»siehet auch wohl aus« (149).

143 *Hynitzsch*] Albrecht Friedrich Hynitsch, Hof- und Kammergerichtsrat (vgl.
Küster 1756, 356).

144 *KrugvNidda*] Carl Ludwig Krug von Nidda (1686-1754), Geheimer Justiz-
und Ober-Appellationsrat, wurde 1735 Direktor des Criminal-Collegiums
(vgl. Küster 1756, 356).

145 *Rodenberg*] Carl von Rodenberg, Geheimer Justiz-, Ober-Appellations-, Hof-
und Kammergerichtsrat (Küster 1756, 356).

(4) Immediatbericht an Friedrich Wilhelm I.

Christoph von Katsch an den abwesenden König, 26. Juli 1721 (5 Vs. und Rs.).
Auf dem Blatt finden sich zwei nachträgliche Bemerkungen von anderen
Schreibern: Quer am Rand auf der Rückseite eine undatierte eigenhändige An-
weisung des Königs (Marginalresolution), auf der Vorderseite die Empfehlung
des Criminal-Collegiums vom 13. Oktober 1721. Diese verkürzte Art der Ver-
waltung, auf demselben Schriftstück mehrere Arbeitsgänge zu erledigen, wurde
von Friedrich Wilhelm I. zur Steigerung der bürokratischen Effizienz einge-
führt (vgl. Oestreich 1977, 28). Abdruck nach der Chronologie.

Es hat sich zu Halberstadt ein so gar extra ordinaires[1] Verbrechen zugetragen, daß eine Weibes-Persohn die andere würcklich
sich antrauen laßen, beyde als Mann und Frau durch gebrauch
eines darzu gefertigten Ledernen Instruments etliche jahre zusammen gelebet; dabey haben sich mit der als Mann verkleideten Frau noch verschiedene andere rare begebenheiten zugetragen, als sie nemblich mit denen Inspiranten zu Nürnberg, und
andre orthen herum gezogen, sie ist etliche mahl getauft worden,
ihre religion verändert, und sich 2 mahl priesterlich copuliren laßen; die Urthelsfaßer können sich wegen dieses seltzsahmen casus, auch das hiesige Criminal Collegium selbsten unter sich der
Bestraffung wegen darüber nicht vereinigen; die Duisburgische
Universität hat dem als Mann verkleideten Weibe den Strang zu
erkannt, und daß sie hernach zu verbrennen, der anderen Wei-
bespersohn aber haben sie die tortur zuerkant; Die Halberstädtsche Regierung rathet wegen der ersteren in ihrem bericht zum
Schwerdt an, womit auch einige von dem hiesigen Criminal-Collegio gleicher Meinung, andere aber wollen es vor keine würck-

---

1 *extra ordinaires*] außergewöhnliches.

liche Sodomiterey halten, und solches aus der Schrifft[2] behaupten, mithin von der Todesstraffe abgehen, und erkennen, daß die
erstere mit harten Staupenschlägen zu belegen, hernach aber auff
Zeit Lebens in Spinnhauß zu bringen, die 2. aber sey anstatt der
tortur mit 3 jähriger Spinnhauß arbeit zu belegen, und hernach
aus dem Lande zu jagen, die als Mann verkleidete Weibes Persohn hat anfangs unterm Hannöverischen, hernach auch unter
E[uer] Königl[iche] Maj[estät] Trouppen als würcklicher Soldat
gedienet, und etliche Campagnen mitgethan; In der Campagne
a[nn]o 1708 solte sie in Brabant wegen ihrer Desertion bey den
Hannöverischen Trouppen gehangen werden, worüber der dortige General-Auditeur Borries[3] mit mir selbiger Zeit gesprochen;
weil aber ein schreiben von dem Professore Francken aus Halle
eingelauffen, und ihr geschlechte dadurch offenbar worden, wurde sie pardoniret,[4] und weggejaget, in Summa es seynd solche
umbstände bey der Sache, die so leichte nicht in der welt passiret
seyn mögen, und ist das Urthel gewiß curieux zu lesen, dahero
E[uer] Königl[iche] Maj[estät] allerunterthänigst anfragen soll,
ob ich das in 17 bogen bestehende Urthel vorerst überschicken,
oder bis zu E[uer] Königl[iche] Maj[estät] anherokunfft zurück
legen soll, um daraus E[uer] Königl[iche] Maj[estät] nicht nur
allerunterthänigst zu referiren, sondern auch Dero allergnädigsten
Ausspruch und confirmation darüber zu vernehmen, gestalt ich
der beständigen Meynung bin, daß dieses weibesstück wegen so
vielen Schandthaten, nicht nur den Todt durch das Schwerdt verdienet, sondern auch hernach der Cörper zum abscheulichen Excempel öffentlich zu verbrennen, das andere weibesstück aber auff

2 *Schrifft*] Heiligen Schrift.

3 *dortige General-Auditeur Borries*] Nicht identifiziert. Katsch war damals schon
   Generalauditeur, d. h. oberster Militärgerichts- und Militärverwaltungsbeam-
   ter Preußens.

4 *pardoniret*] entschuldigt, freigesprochen.

etliche jahr ins Spinnhauß zu schicken seÿ. Berlin den 26. Julÿ
1721

Katsch[5]

Quer am Rand auf der Rückseite die Marginalresolution:

Soll das Urtell schicken
FW[6]

Quer am Rand auf der Vorderseite:

Die Linckin sonst Rosenstengel genant, soll vorkommendem
Umbstand nach mit der erkanten Halsstrafe verschonet, hingegen
mit starken Staupenschlagen auß der Stadt gebracht, auff Lebzeit
ins Zuchthauß geliefert, und so verwahret werden, daß Sie nicht
gelegenheit habe andere zu verführen. Die Mülhanin soll sonder
tortur auff 3 Jahr ins Zuchthauß gebracht werden.
In Cons[ilio][7] d[en] 13. Oct[ober] 1721
Auff des Herrn von Katsch Excell[enz] Vortrag

5   *Katsch*] Christoph von Katsch (1665-1729), seit 1703 Kammergerichtsrat in
    Berlin, wurde 1706 Geheimer Justizrat, 1718 Wirklicher Geheimer Kriegsrat
    und Etatsminister, Chef des Kriminaldepartements, vortragender Rat über
    die Gutachten des Criminal-Collegiums (vgl. S. 143 sowie ADB Bd. 15, 453-
    455).
6   *FW*] Friedrich Wilhelm (eigenhändig).
7   *In Cons[ilio]*] im [Geheimen] Rat.

(5) Ordre des Königs an die Halberstädter Regierung (Entwurf)

Nicht unterzeichnete Vorlage des Geheimen Rats vom 13. Oktober 1721 (2 Vs. und Rs.). Das Dokument wurde auf der Rückseite durchgestrichen und am 20. Oktober 1721 mit einer Nachbemerkung von einer anderen Hand ergänzt.

Von Gottes Gnaden Friderich Wilhelm, König in Preußen, Marggarff zu Brandenburg, des Heÿl[igen] Röm[ischen] Reichs Ertz-Cämmerer undt Churfürst. p[erge] p[erge] p[erge]

Unseren gnadigen Gruß zuvor, Wohlgebohrener, Edler, Veste[1] undt Hochgelehrte Räthe, liebe Getreuen. Die vermittelst Eures gehorsambsten Berichts vom 7. Maÿ a[nni] c[urrentis] eingesandte Inquisitions Acta wieder Catharina Margareta Lyncken oder den so genandten Rosenstengel, undt Catharina Margareta Muhlhanin in puncto verschiedener delictorum ergangene undt hiebeÿ zurückkommende Acta, haben Wir durch Unser Criminal Collegium allhier examiniren undt erwegen laßen, undt soll die Lincken sonst Rosenstengel genandt, die sich fälschlich für eine Manns Persohn ausgegeben, undt sich mit der Muhlhahnen würcklich trauen laßen, undt beÿde alß Mann undt Frau etliche Jahr mit einander gelebet, vorkommenden Umbständen nach, mit der erkandten Todes-Straffe verschohnet, hingegen mit scharffen[2] Staupenschlagen aus der Stadt gebracht, auf Lebens Zeit in ein Zuchthauß geliefert, undt so verwahret werden, daß Sie nicht Gelegenheit hatt, andre zu verführen, undt weiter dergleichen Schande zu treiben, die Muhlhahnin

---

1 *Veste*] »Feste«, ursprünglich Ehrentitel für Ritter, bereits im 18. Jahrhundert veraltet und nur noch in Kanzleischreiben üblich (vgl. Adelung Bd. 4, 1191).

2 Ab hier ist die Vorlage durchgestrichen.

aber soll ohne dieselbe mit der Tortur zu belegen auf dreÿ Jahr ins
Zuchthauß dißfalß gebracht werden, alß weshalb Ihr das gehörige
zu verfügen habt. Seÿndt Euch mit Gnaden gewogen. [...] zu Berlin den 13. Octobris 1721.

An die Halberstädtische Regierung,
daß die Cath[arina] Marg[aretha] Lÿncken welche die Marg[are-
tha] Muhlhahnen sich würcklich antrauen laßen undt Sie beÿde
etliche Jahr alß Mann undt Weib mit einander gelebet, mit der Todes Straffe zwahr verschohnet, Selbige aber mit scharffen Staupenschlägen aus der Stadt undt in ein Zuchthauß auf Lebenszeit die
Muhlhahnen aber auf 3 Jahr in ein Zuchthauß gebracht werden.[3]

Nachbemerkung von fremder Hand, nicht durchgestrichen:

Weile S[eine] Konigl[iche] M[ajestät] es zu gelinde finden, so
bleibt es beÿ der vom Criminal collegio secundu plurima ertheilten
Sententz daß sie mit dem Schwerdt zu richten. Die Mulhanin soll
aber auf 3 Jahr ins Spinnhauß
In consilio d[en] 20. oct[obris] 1721

3   Hier endet der durchgestrichene Text.

(6) Vorlage für das Urteil von Friedrich Wilhelm I.

Konzept und Korrektur auf demselben Blatt (1 Vs. und Rs.). Am 25. Oktober 1721 ließ Friedrich Wilhelm durch Streichungen und Überschreibungen die Vorlage vom 13. Oktober korrigieren. Auch die zusammenfassenden Kurzanweisungen wurden auf diese Weise bearbeitet. Der Abdruck rekonstruiert zuerst die ursprüngliche Fassung, darauf folgt die endgültige.

Ursprüngliche Fassung:

13. october 1721 Halberstadt Friedrich Wilhelm

Marg[1] Lynkern margaretha catharina oder der so genandte Rosenstengel und margaretha catharina mulhahn in p[unc]to verschiedener delictorum[2]

Die vermittelst Eures gehorsamsten Berichts am 7. May a[nni] c[urrentis][3] eingesandte inquisitions acta wieder Catharina Margareta Lyncken oder den so genanten Rosenstengel, und Cath[arina] Marg[aretha] Muhlhanin in puncto verschidener delictorum ergangner und hirbeÿ zurückkommender acta haben wir durch unser Criminal Collegium alhier examiniren[4] und erwegen laßen, und soll die Lincken sonst Rosenstengel genant die sich fälschlich für eine Mans Pesohn ausgegeben, und sich mit der Muhlhahnen wüklich trauen laßen, und beÿde als Mann und Frau etliche jahr mit einander gelebt vorkommenden umbstanden nach mit der erkan-

---

1   *Marg*] Sofortkorrektur, gestrichen.
2   *in p[unc]to verschiedener delictorum*] hinsichtlich verschiedener Verbrechen.
3   *a[nni] c[urrentis]*] des laufenden Jahres.
4   *examiniren*] untersuchen.

ten Halsstraffe verschonet, hingegen mit starken stäupenschlägen
aus der Stadt gebracht, auf Lebenszeit in das Zuchthaus gebracht[5]
geliefert, und so verwahrt werden, daß Sie nicht gelegenheit andere
zu verführen, und weiter dergleichen schande zu treiben, Die Mulhahnin aber soll ohne dieselbe mit der Tortur zu belegen auf 3 jahr
ins Zuchthaus nach[6] gebracht werden, alß weshalb ihr das gehörige
zu verfügen habt. Branden[burg] 13. oct[ober] 1721

An die Halberstätdsche Reg[ierung] daß die Cath[arina] Marg[are-
tha] Lyncken welche mit[7] die Marg[aretha] Mulhanen sich würcklich antrauen laßen und Sie beÿde etliche jahr als Mann und Weib
mit einander gelebt mit der Lebensstraffe zu verschonen Selbige
aber mit starken staupenschlägen aus der Stadt und in ein Zuchthauß auf Lebenszeit, die Mulhanen aber auf 3 jahr in ein Zuchthaus gebracht werden.

*Korrigierte, endgültige Fassung ohne die Sofortkorrekturen der ursprünglichen
Fassung:*

Lynkern margaretha catharina oder der so genandte Rosenstengel
und margaretha catharina mulhahn in p[unc]to verschiedener delictorum

Die vermittelst Eures gehorsamsten Berichts am 7. May a[nni]
c[urrentis] eingesandte inquisitions acta wieder Catharina Margareta Lyncken oder den so genanten Rosenstengel, und Cath[ari-
na] Marg[aretha] Muhlhanin in puncto verschidener delictorum

---

5   *gebracht*] Sofortkorrektur, gestrichen.
6   *nach*] Sofortkorrektur, gestrichen.
7   *mit*] Sofortkorrektur, gestrichen.

ergangner und hirbeÿ zurückkomender acta haben wir durch unser Criminal Collegium alhier examiniren und erwegen laßen, und soll die Lincken sonst Rosenstengel genant die sich fälschlich für eine Mans Pesohn ausgegeben, und sich mit der Muhlhahnen wüklich trauen laßen, und beÿde als Mann und Frau etliche jahr mit einander gelebt vorkommenden umbständen nach mit dem Schwert vom Leben zum Tode gebracht werden, und habt ihr das[8] solches an der inquisitin voll streckenzulaßen

Die Mulhahnin aber soll ohne dieselbe mit der Tortur zu belegen auf 3 jahr ins Spinnhaus gebracht werden, alß weshalb ihr das gehörige zu verfügen habt.

Auf die Post den 25. Oct[ober]

An die Halberstätdsche Reg[ierung] daß die Cath[arina] Marg[aretha] Lyncken welche die Marg[aretha] Mulhanen sich würcklich antrauen laßen und Sie beÿde etliche jahr als Mann und Weib mit einander gelebt mit dem Schwert vom Leben zum Todt gebracht die Mulhanen aber auf 3 jahr in ein Spinnhaus gebracht werden.

---

8   *das*] Sofortkorrektur, gestrichen.

13 octobr. 721

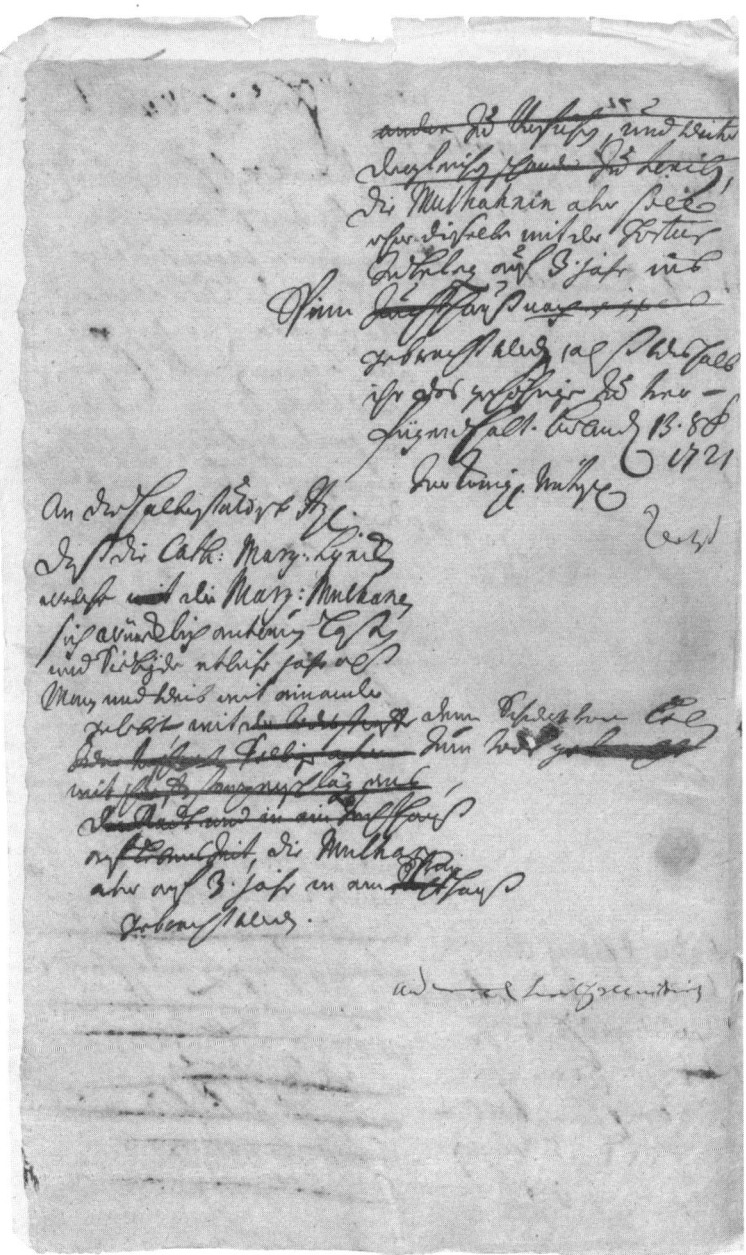

Abb. 20: Vorlage für das Urteil Friedrich Wilhelms I.

(7) Brief des Bürgermeisters von Halberstadt an Friedrich Wilhelm I.

Ausfertigung vom 13. Oktober 1721 (4 Vs. und Rs.).

Allerdurchläuchtigster p[erge] p[erge]

E[uer] Königl[iche] Maj[estät] hochpreißl[iche] Halberstädt[ische]
Regierung haben wir bereits vor einem halben Jahre die vor unß ergangene Acta Inquisitionalia, Catharinen Margar[ethen] Lÿncken,
oder den sogenanten Anastasium Lagarantinum Rosenstengel und
Consorten,[1] betreffend sambt der darinn eingehohlten Urthel[2] in
unterthänigkeit eingeschicket, und sind sothane[3] Acta nachhero an
das Berlinische Criminal-Gericht eingesandt worden;

Weilen aber Acta binnen so geraumer Zeit nicht wieder remittiret[4]
worden, und wir inzwischen die Inquisitin mit schweren Kosten erhalten müssen;
    So ersuchen E[uer] Königl[iche] Maj[estät] und Dero Hoch-
preißl[iche] Regierung wir hierdurch nochmahlen allerunterthänigst gehorsambst, die allergnädigste Verfügung zuthun, damit sothane Acta an unß forderlichst[5] remittirt werden mögen.

---

1   *Consorten*] Mittäter, Genossen.
2   *der darinn eingehohlten Urthel*] Das grammatikalische Geschlecht schwankte
    noch im 19. Jahrhundert zwischen Neutrum und Femininum, vgl. Grimm
    Bd. 24, 2569-2570, mit Leibniz' Frage, »was für geschlechts das wort urtheil
    sey«.
3   *sothane*] solche (vgl. Adelung Bd. 4, 153).
4   *remittiret*] zurückgeschickt.
5   *forderlichst*] »auf das geschwindeste« (Adelung Bd. 2, 243).

Die wir p[erge] / E[uer] Königl[iche] Majestät allerunterthänigst,
-gehorsambste, / Bürgermeister und Raht Hieselbst,
Halberstad den 13. Octobr[is] 1721

JLindholtz⁶ Thomas Koch⁷

6   *Jl indholtz*] Christian Jusὶ Lindholtz (geb. um 1680), seit 1716 Condirektor
    des Fürstentums Halberstadt, seit spätestens 1720 Regierender Bürgermeister
    von Halberstadt auf Lebenszeit, laut Samuel von Cocceji (1679-1755), dem
    ersten preußischen Justizminister, »ein sehr geschickter und erfahrener Mann«
    (AB 1912, 641, auch 753).
7   *Thomas Koch*] Thomas Koch, Rat oder (zweiter) Bürgermeister in Halber-
    stadt, nach 1724 Stadtrichter (vgl. Lucanus 1744).

(8) Brief der Halberstädter Regierung an Friedrich Wilhelm I.

Ausfertigung vom 23. Oktober (3 Vs.-3 Rs. und 10 Rs.).

Halberstadt den 23. Octobr[is] 1721

Allerdurchläuchtigster, Großmächtigster König p[erge]
Allergnädigster König und HErr!

E[uer] Königl[iche] Majestät haben wir die, wieder den sogenanten Anastasium Rosenstengel und dessen außgegebenes Eheweib,
Catharinen Margar[ethen] Mühlhanen, in puncto criminis Sodomiae und anderer delictorum halber verhandelte Acta Inquisitionalia, sambt der zu Duisburg außgesprochenen Sententz, schon unterm 7. Maÿ c[urrentis] a[nni] allerunterthänigst eingesandt, und
Dero Höchsterleüchtetem Gutbefinden allergehorsambst überlassen, was Sie, ratione Confirmationis sothaner Sententz,[1] unß zu
befehlen allergnädigst geruhen würden;

Nachdem aber besagte Acta nebst Dero allerhöchsten Resolution unß seith dieser geraumen Zeit nicht zugekommen, indessen
der Magistrat hieselbst in dem Beÿschluß vorstellt, wie die Inquisitin durch die langwierige Hafft und Verpflegung Ihnen sehr zur
Last säßen; Alß haben E[uer] Königl[iche] Maj[estät] wir hierdurch allerunterthänigst ersuchen sollen, die allergnädigste Verfügung ergehen zu lassen, daß unß obige Acta sambt Dero allergnädigsten Resolution fordersambt[2] zugesandt werden mögen.

---

1   *ratione Confirmationis sothaner Sententz*] bezüglich der Bestätigung solchen
    Urteils.
2   *fordersambt*] »auf das schleunigste« (Adelung Bd. 2, 245).

Die wir mit aller Devotion verharren, / E[eur] Königl[iche] Majestät, / allerunterthänigsten, / -gehorsambsten, / Zur Halberstädtschen Regierung verordnete Präsident, Directores und Räthe p[erge]

Fr Hamrath JFKunckel HGünther[3] JHKoch JACochen PCSchwartz[4]

---

3 *HGünther*] H. Günther, Hofrat (vgl. AB 1901, 112).

4 *PCSchwartz*] Philipp Christian (auch Christoph) Schwartz(e) (gest. 1737 oder 1739), seit 1709 Regierungsrat, seit 1720 auch Geheimer Finanzrat in Halberstadt, ein »sehr guter Cameralist. respicirt das Justizwesen bei der Kammer« (AB 1898, 87-88, vgl. Lucanus 1788, 29).

(9) Brief der Halberstädter Regierung
an Friedrich Wilhelm I.

*Ausfertigung vom 30. Oktober 1721 (46 Vs. bis 49 Rs.). Die Vorderseite des An-
schreibens ist nachträglich in anderer Handschrift durch eine Anweisung vom
3. November 1721 ergänzt. In der Anlage die Kopie einer Anfrage des Bürgermeisters der Stadt Halberstadt vom 29. Oktober 1721. Abdruck nach der chrono-
logischen Entstehung.*

Anlage:

Copia ad Relat[ionem] Regim[inis] Halberstad[iensis][1] den
/30. Octobr[is] 1721

Allerdurchläuchtigster p[erge] p[erge]

Acta Inquisitionalia, so vor unß wieder die Lÿnckinn und Consorten ergangen, sambt dem Duisburgischen Urtheil und dem Königl[ichen] allergnädigsten Rescripto sind unß dato wohl insinuiret,[2] und haben wir daraus ersehen, daß die, der Mühlhaninn zu
erkante Tortur aufgehoben, und dagegen dieselbe auff 3 jahr zum
Spinnhause condemniret; So viel aber die Linckinn betrifft, die
poena laquei & strangulationis in poenam gladii[3] verändert.

Weil aber in dem Urthel zugleich auch das Comburium erkant,
in Rescripto gratiosissimo[4] aber davon keine Erwehnung gesche-

---

1 *Copia ad Relat[ionem] Regim[inis]*] Kopie zum Bericht der Halberstädter Regierung. – Verwaltungsinterne Notiz.
2 *insinuiret*] verkündet worden.
3 *poena laquei & strangulationis in poenam gladii*] Tod durch Strang und Erwürgen in Enthaupten.
4 *in Rescripto gratiosissimo*] in der gnädigsten Verfügung.

hen, ob facta decollatione[5] der Cörper inhalt[6] Urtheils verbrandt,
oder begraben werden solle, in den Rechten aber es heißet: quod
non mutatur, quare state prohibeatur[7] welches dann in praesenti[8]
um so viel mehr Platz findet, da wegen der Mühlhanen außdrück-
lich im Rescripto declariret,[9] daß Selbige ohne Tortur ins Spinnhauß gebracht werden solte, also, da in diesem stück Königl[iche]
Majestät Ihren mentem[10] so besorglich declariret, zu vermuthen,
daß, da Sie von dem erkanten comburio der Lynckinn nichts erwehnet, Sie nur den modum mortis[11] geändert, und es im übrigen
beÿ der Urttheil gelaßen wißen wollen.

Damit wir nun hierunter nicht anstoßen, und der Sachen nicht zu
wenig oder zu viel thun mögen mithin keine Verantwortung auff
unß laden mögen; So haben beÿ E[uer] Königl[iche] Maj[estät]
wir hierdurch allerunterthänigst anfragen und bitten sollen, E[uer]
Königl[iche] Maj[estät] wollen unß allergnädigst bescheiden, ob
die Lynckinn, wenn Sie mit dem Schwerdte abgethan, verbrandt
oder begraben, und ob sie in loco honesto[12] eingesencket werden
solle. Die wir p[erge],
    E[uer] Königl[iche] Maj[estät] p[erge], / allerunterthänigsten
Bürgermeister und Rath / der Stadt Halberstadt.

JLindholtz Thomas Koch.

Halberstadt, den 29. Oct[ober] 1721.

5 *facta decollatione*] nach der Enthauptung.
6 *inhalt*] laut (vgl. Grimm Bd. 10, 2119).
7 *quod non mutatur, quare state prohibeatur*] was nicht geändert wird, bleibt
    verboten.
8 *in praesenti*] im gegenwärtigen Fall.
9 *declariret*] erklärt wird.
10 *mentem*] Sinn, Absicht.
11 *modum mortis*] Art des Todes.
12 *in loco honesto*] in einen ehrbaren Ort, also in ein geweihtes Grab.

Brief der Halberstädter Regierung:

Halberstadt, den 30. Octob[er] 1721

Allerdurchläuchtigster, Großmächtigster König p[erge]
Allergnädigster König und HErr!

E[uer] Königl[iche] Majestät haben unß vermittelst Deroselben an
unß ergangenen allergnädigsten Rescripti de 13. Octobr[is] c[urren-
tis] a[nni] in allerhöchsten Gnaden eröffnet, wie Sie die, wieder Catharinen Margarethen Lynckinn, sonst Rosenstengel genant, und
dessen vermeintes Eheweib, die Mühlhanin, in puncto Sodomiae,
zu Duisburg außgesprochene Urthel dahin allergnädigst geändert
daß die Erstere, die Lynckinn mit dem Schwerdt vom Leben zum
Tode, die andere aber auff 3 jahr in ein Spinnhauß gebracht werden
solle, welche Dero allerhöchsten Willens Meinung zur Exekution
zu bringen, dem alhiesigen Magistrat Befehl ertheilet worden.

Nachdem aber bemeldeter Magistrat occasione des in angezogener
Urthel[13] mit erkanten Comburii, und weshalb in Dero allergnädigstem Rescripto keine Erwehnung mit geschehen, Gelegenheit
genommen, vermittelst der Copeÿlichen[14] Anlage beÿ unß Umfrage zu halten,[15] ob die mehrgedachte Lÿnckinn, nachdem Sie mit
dem Schwerdte abgethan, verbrandt oder aber begraben werden
solle; Alß haben E[uer] Königl[iche] Maj[estät] allerhöchste Willens Meinung wir unß hier, durch fordersambst in tieffster Unterthänigkeit außbitten sollen.

---

13   *bemeldeter Magistrat occasione des in angezogener Urthel*] besagter Magistrat
     bei Gelegenheit des angeführten Urteils (vgl. Grimm Bd. 1, 528 bzw. 1459).
14   *Copeÿlichen*] kopierten.
15   *Umfrage zu halten*] nachzufragen (vgl. Grimm Bd. 23, 884).

Die wir mit aller devotion lebenslang verharren, / E[uer] Königl[iche] Majestät, / allerunterthänigst, / -gehorsambst / Zur Halberstädtschen Regierung verordnete / Präsident, Directores und
Räthe p[erge]

FrHamrath WHDanckelman JHKoch JACochen PCSchwartz
MKulenkamp

*Auf der Vorderseite des Briefes in anderer Handschrift eine Anweisung vom
3. November 1721:*

Die delinquentin soll nach der Execution durch den Schinder unterm galgen oder sonst unehrlichen[16] art eingescharret werden,
undt kan expeditio ad mandatu[17] geschehen.

Den 3. Nov[ember] 1721 Auff des herren von Katsch Ex[zellenz]
Vortrag.

16 *unehrlichen*] schändlichen (vgl. Grimm Bd. 24, 455).
17 *expeditio ad mandatu*] die Ausführung im Auftrag.

(10) Ordre Friedrich Wilhelms I.
an die Halberstädter Regierung

Konzept vom 3. November 1721 (45 Vs.).

Halberstadt Friedrich Wilhelm

Auf die in Euerem gehorsamsten Bericht vom 30. oct[ober] jüngst-
hin gethane anfrage wie es mit der Delinquentin Margarethen Lyn-
ckin sonst Rosenstengel nach der execution gehalten und auf was
art selbige Begraben werden soll, ertheilen wir Euch zur resolution
daß selbige nach der execution durch den Schinder unterm Galgen
oder sonst unehrlichen art eingescharret werden soll, als weshalb
ihr das nötige verfügen zu laßen habt. Berlin d[en] 3. nov[ember]
1721

Gerichtsakte 1722

Geheimes Staatsarchiv Preußischer Kulturbesitz, Sig. I. HA Geheimer Rat, Rep. 33 Fürstentum Halberstadt, Nr. 62, 1722–1724

Das Faszikel umfasst vier Schriftsätze, teils mit Zusätzen von anderer Hand. Der Abdruck erfolgt nach der Chronologie.[1]

---

1 Diese vier Schriftsätze werden hier zum ersten Mal veröffentlicht, mit größtem Dank an Jakob Michelsen, der sie fand und transkribierte.

(1) Brief der Halberstädter Regierung
an Friedrich Wilhelm I.

Ausfertigung vom 17. März 1722. Die Vorderseite des Anschreibens ist nach-
träglich in anderer Handschrift durch eine Anweisung vom 31. März 1722 er-
gänzt.[1]

Allerdurchlauchtigster, Großmächtigster König,
Allergnädigster König und Herr,

E[uer] Königl[iche] Majestät hat allergnädigst gefallen, das in In-
quisitions-Sachen Catharinen Margarethen Lynken oder den so
genandten Rosenstengel, und dero vermeintes Eheweib, Catharinen Margarethen Mühlhahnin zu Düyßburg gesprochene Urthel
dahin zu declariren, daß die Lynkin mit dem Schwerdte vom Leben zum Tode gebracht, die Mühlhahnin aber auf 3 Jahr ins Spinnhauß geschicket werden solte;
Ob wir nun wol sothanes Urthel an der Lynkin allerunterth[änigst]
gehorsamst exequiret[2], uns auch dabeneben euserst bemühet, die
Mühlhanin ins hiesige Zuchthauß zu bringen; so haben doch die
Herren Inspectores des hiesigen Zucht- und Waysenhauses selbige
anzunehmen sich bishero beständig gewegert, ohngeachtet denen-
selbigen hierbey vorgestellet worden, daß dis Mensch keine Kosten
erfodere, maaßen dieselbige Kleider und Bette nach Nohtturft hat,
und sich mit Wollespinnen reichlich ernehren kann;

1   Die Rückseite ist mit der Adresse beschrieben:
    Dem Allerdurchläuchtigsten, Großmächtigsten Fürsten und Herrn
    Herrn Friederich Wilhelm, Könige in Preußen, Marggrafen zu Brandenb.
    des Heil. Röm. Reichs Ertz-Cäm(m)erern und Churfürsten ppp. / Unserm al-
    lerg[nä]d[ig]sten Könige und Herrn.
    Die Mühlhanin betr. in Inquisitions-Sachen
    Franco
2   *exequiret*] ausgeführt.

Alldieweilen wir aber mit diesem Menschen anderst nirgends hin
wißen, unser Rahthauß auch nicht in dem stande ist, die Verpflegungs-Kosten an anderen auswertigen Orten vor sie zu entrichten,
uns auch ohnedem schwerfället, die beyden Delinquentinnen, welche ohnelängst ex aggratione[3] E[euer] Königl[ichen] May[estät]
von hier nach Halle gebracht worden, zu unterhalten,
So ergehet diesemnach an E[uer] Königl[iche] May[estät] unser allerunterth[änigst] gehorsamstes Suchen, aus obangeführten
Uhrsachen die Rechtl[iche] Verfügung zu thun, daß vorgemeldte
Mühlhanin ins hiesige Zuchthauß eingenommen werden müße.
Die wir übrigens in getreuester Devotion jederzeit verharren,
Allergnädigster König und Herr, / E[uer] Königl[iche] Majestät
allerunterthänigst-gehorsamste / Bürgermeister und Raht hieselbst

CJLindtholtz / Thomas Koch

Halberstadt den 17. Martij 1722

*Vermerk von anderer Hand zwischen Anredeformel und Text auf der ersten
Seite des Anschreibens:*

ponat ad acta, et rsp[4] das, wann in Halberstadt ein Zuchthaus, daß
die Mühlhahnin auf die condemnirte Zeit darin aufnehmen u[nd]
v[om] Magistrat zu unterhalten Berl[in] d[en] 31. Mart[ii] 1722

Katsch

---

3   *ex aggratione*] durch Begnadigung.
4   *ponat ad acta, et rsp*] zu den Akten und geantwortet.

(2) Ordre von Friedrich Wilhelm I.

Abschrift der Ausfertigung vom 31. März 1722. Der Text ist in zwei Spalten
aufgeteilt.

Linke Spalte:

31. Martij 1722
Mülhahnin Catharina Margaretha soll 3 Jahr ins Halberstädtsche
Zuchthaus gebracht werden

Rechte Spalte:

Halberstadt
Friderich Wilhelm König p.
Wir seÿn beÿ denen von Euch in Euerem Bericht vom 17. hujus[1]
angeführten Umbständen, allerg[nä]d[ig]st wohl zu frieden, daß
wann in Halberstadt ein Zuchthauß vorhanden, Catharina Margaretha Mühlhahnin auff die condemnirte Zeit darin auffgenommen
und von Euch unterhalten werde, wornach Ihr Euch also zu achten
und die Verfügung zu thun habet[.] zu dem ende die ordre an die
Inspectores des Zuchthauses hiebeÿ kommet. Seÿn p. berlin den 31
Martij 1722

Katsch

---

1   *hujus*] dieses Monats.

Linke Spalte:

An den Magistrat zu Halberstadt
daß die Mühlhahnin im Halberstadtschen Zuchthauß auff ihre
Kosten zu bringen
Den 11. April auf die Post.

(3) Anlage zur Ordre von Friedrich Wilhelm I.

Abschrift der Ausfertigung vom 31. März 1722

S[ein]e Königl[ich]e Maÿ[es]t[ä]t in Preußen Unser allerg[nä]
d[ig]ster Herr befehlen denen Inspectoribus des Halberstädtschen
Zucht- und Waÿsenhauses hiermitt in Gnaden Catharinen Margarethen Mühlhahnin, welche auff 3 jahr zum Zuchthauß condemniret ist, auff des Magistrats zu Halberstadt Kosten auff die gesetzte
Zeit lang auffzunehmen und zur Arbeit gehörig anhalten zu laßen.
Sig[niert] berlin den 31 Martij 1722

Katsch

(4) Gnadengesuch von Catharina Margaretha Mühlhahn geb. Eichsfelder (Mutter) an Friedrich Wilhelm I.

Ausfertigung vom 19. Juni 1722.

Allerdurchlauchtigster Großmächtigster König p.
Allergnädigster König und Herr p.

E[ue]r Königl[iche] Majestät geruhen mich armen und verlaßenen
Weibe allergnädigst zu pardoniren, daß ich mich unterwinde hierdurch fußfällig und allerdemühtigst vorzustellen;
waßgestalt ich 20 Jahr im betrübten Wittwenstande[1] gelebet, 15 Jahr
in Halberstadt gewohnet, und sonder Ruhm zu melden währender
Zeit mich redlich auffgeführet, mein Kind in der Furcht Gottes
und zu allen guten erzogen, daß jedermann, der mich kennet, mir
ein gut Zeugniß beÿlegen muß;
Es aber mich und meine Tochter das große Unglück betroffen daß
ein gottloses betrügliches Weibstück, so sich Rosenstengel genandt
und in Manneskleidern praesentiret, meine Tochter geheÿrathet,
und solchergestalt ihre gottlose Tücke und Boßheit an meiner armen und in der That recht einfältigen Tochter ausgeübet, wovon
die Acta beÿm hiesigen Stadt Gerichte Zeugniß geben;
Da ich nun endlich deren gottlose Streiche, die weder meine Tochter noch ich anfangs gemercket, an des Tages Licht gebracht, ist
gedachtes Mensch zur gebührenden Straffe gezogen und decoliret[2] worden; meine Tochter aber, welche wie Gott bekandt an des
Weibstücks Boßheit und Laster kein Theil gehabt, und sich wenig

1 Ihr Ehemann Johann Joachim Mühlhahn starb 1701.
2 *decoliret*] enthauptet.

zu ihr gehalten, hatt dennoch über zweÿ Jahr gefänglich geseßen
und ist nunmehro gar ins Spinnhauß gebracht.

Nun ist aber Allergnädigster König und Herr meine Tochter gnug-
sahm gestraffet und zu bedauren, daß sie in ihrer jugend, von diesem betrug- und boßheitsvollen Mensch ins Elende gestürtzet und
umb Ehr und Redlichkeit ja alle zeitliche Glückseeligkeit gebracht,
wofür diese sich doch nicht hüten mögen; Maßen des Weibstücks
Boßheit so groß, und ihr kein Scheu gewesen, kluge Leuthe, ja
gantze vornehme Collegia und Universitäten mit List zu betriegen;
und würde also gar was hartes seÿn, wann meine Tochter, ohnerach-
tet dieselbe zweÿ Jahr gefangen im Richthause geseßen, und beÿ solcher Gefangenschafft sich selbsten veralimentiren³ müßen, annoch
ferner gestraffet und zum Spinnhause condemniret werden solte, da
sie doch ihrer Unschuld und Unwißenheit halber vielmehr pure zu
absolviren were; Diesemnach ergehet an E[ue]r Königl[iche] Majestät mein allerunterthänigst demühtigst und höchst flehentliches
Bitten; Sie wollen allergnädigst geruhen in ansehung der langen
Zeit, so meine Tochter gefänglich zubringen und sich selbst veralimentiren müßen, nunmehro dieses unschuldige Mensch, von fer-
nerer poen loßzusprechen;

Ich getröste mich allergnädigster erhörung und ersterbe
Allergnädigster König und Herr p. / E[ue]r Königl[iche] Majestät /
allerdemühtigste Magdt

Catharina Margaretha Mühlhahn
Johan Henric Schlepegrell⁴ ad petit. subscrips.⁵

Halberstadt d[en] 19. Junij 1722

3   *veralimentiren*] mit Lebensmitteln versorgen.
4   *Schlepegrell*] Nicht identifiziert. Wegen der juristischen Fachsprache in dem
    Gnadengesuch war er vermutlich ein Rechtsanwalt.
5   *ad petit. subscrips.*] schließt sich dem Gesuch an bzw. reicht das Gesuch ein.

Rückseite:

Supplicantin bittet allerdemühtigst intus[6] angeführten Uhrsachen halber, ihre Tochter von der Straffe des Spinnhauses allergnädigst zu absolviren.

Vermerk zwischen Anredeformel und Text auf der ersten Seite des Anschreibens:

reponirt[7] u[nd] abgeschlagen d[en] 8. jul[ii] 1722
Katsch

---

6   *intus*] inwendig.
7   *reponirt*] zu den Akten gelegt.

ANHANG

Siglen

AB   *Acta Borussica. Denkmäler der preußischen Staatsverwaltung im 18. Jahrhundert.* Berlin: Parey.

1894, Bd. 1: *Die Behördenorganisation und die allgemeine Staatsverwaltung Preußens im 18. Jahrhundert. Akten von 1701 bis Ende Juni 1714.*

1898, Bd. 2: *Die Behördenorganisation und die allgemeine Staatsverwaltung Preußens im 18. Jahrhundert. Akten vom Juli 1714 bis Ende 1717.*

1901, Bd. 3: *Die Behördenorganisation und die allgemeine Staatsverwaltung Preußens im 18. Jahrhundert. Akten vom Januar 1718 bis Januar 1723.*

1905, Ergänzungsband: *Die Briefe König Friedrich Wilhelms I. an den Fürsten Leopold zu Anhalt-Dessau 1704-1740.*

1908a, Bd. 4.1: *Die Behördenorganisation und die allgemeine Staatsverwaltung Preußens im 18. Jahrhundert. Akten vom 8. Januar 1723 bis Ende Dezember 1725.*

1908b, Bd. 4.2: *Die Behördenorganisation und die allgemeine Staatsverwaltung Preußens im 18. Jahrhundert. Akten von Anfang Januar 1726 bis Ende Dezember 1729.*

1912, Bd. 5: *Die Behördenorganisation und die allgemeine Staatsverwaltung Preußens im 18. Jahrhundert. Akten vom 4. Januar 1736 bis 31. Mai 1740.*

ADB   *Allgemeine Deutsche Biographie.* 56 Bde. Neudruck der 1. Auflage Leipzig 1875-1912. Berlin: Duncker & Humblot, 1967-1971.

CCM   *Corpus Constitutionum Marchicarum oder Königl. Preußis. und Churfürstl. Brandenburgische in der Chur- und Marck Brandenburg, auch incorporierten Landen, publicirte und ergangene Ordnungen, Edicta, Mandata, Rescripta usw. Von Zeiten Friedrich I. Churfürstens zu Brandenburg, usw. bis ietzo unter der Regierung Friedrich Wilhelm Königs in Preußen usw. ad annum 1736. inclusive.* Hg. von Christian Otto Mylius. 6 Theile und 4 Continuationes. Berlin und Halle: Buchladen des Waisenhauses, 1737-1755.

CO   *Seiner Königlichen Majestät in Preussen [et]c. [et]c. [et]c. Vor Dero Fürs-*
      tenthum Halberstadt Und darzu gehörigen Graffschafften, Hohnstein und
      Rheinstein Verfaßte Criminal-Ordnung [1720]. Berlin: Nicolai, 1721.
DBA   *Deutsches Biographisches Archiv.* 1447 Fiches. Hg. von Bernhard Fabian.
      München [u. a.]: Saur, 1982-85.
PGO   *Peinliche Gerichtsordnung Kaiser Karls V.* [1532]. Hg. und erläutert von
      Gustav Radbruch. 6. Auflage hg. von Arthur Kaufmann. Stuttgart: Re-
      clam, 1984.

Bibliographie

Ungedruckte Quellen
Geheimes Staatsarchiv Preußischer Kulturbesitz

»A[ct]a betr. Catharina, Margaretha Lÿnckern oder der sogen. Anastasius Lagrantinus Rosenstengel und dessen vermeintes Eheweib Cathar[ina] Margar[aretha] Mühlhahnen. 1721 Okt[ober] 13« (Sig. I. HA Geheimer Rat, Rep. 33 Fürstentum Halberstadt, Nr. 62, 1715-1721 sowie 1722-1724).

Bericht von Friedrich Wilhelm von Grumbkow an Friedrich I. von Preußen (Sig. I. HA Geheimer Rat, Rep. 63 Neuere Kriegssachen, Nr. 834, Blatt 42 Rs. und 43 Vs).

Archiv und Bibliothek der Franckeschen Stiftungen, Halle a. d. Saale

Francke, August Hermann: »Historische Nachricht / Wie sich die Zuverpflegung der Armen und Erziehung der Jugend in Glaucha an Halle gemachte Anstalten veranlasset«, »Schul-Ordnung Für die Wäysen- und übrige Schul-Kinder«, »Von der Information und Aufferziehung der Wäysen Kinder insonderheit«. Handschrift mit Stand April 1697 (AFSt/H B.FS: 64 F 47 (4) und B.FS: 27 H 11 (2).

Francke, August Hermann: Tagebuch sowie beigelegte Briefe und Dokumente von und an August Hermann Francke 1721. AFSt/H A 175:1.

Freylinghausen, Johann Anastasius: Brief an August Hermann Francke, Halle, Anfang 1718, AFSt/H C 241.63.

Schmid, Conrad: Briefe an August Hermann Francke vom 6. August 1715 und vom 20. September 1715 (AFSt/H, Berliner Francke-Nachlass, Mikro-F. 13, 447-452).

Schilling, Petrus: Brief an August Hermann Francke vom 17. Januar 1715 (AFSt/H, Berliner Francke-Nachlass, Mikro-F. 13, 428-429).

Stadtarchiv Halberstadt

»Rath Häußliches Interims. Regelement vor die Stadt Halberstadt« [1720] (Sig. X 21).

Kirchenbücher

Kirchenbuch der Johannes-Baptistae-Gemeinde in Gehofen, Evangelisches Kirchspiel Wiehe.

Kirchenbuch der St.-Georgen-Gemeinde in Glaucha, Marienbibliothek Halle.

Kirchenbuch der Gemeinde Halberstadt St. Petri und St. Pauli, 459/5, Taufen 1717-1741, Trauungen 1717-1740, Landeskirchenarchiv Magdeburg, Rep. R 03-2130.

Kirchenbuch der Gemeinde Halberstadt St. Petri und St. Pauli, 463/9, Sterbefälle 1741-1812, Landeskirchenarchiv Magdeburg, Sig. Rep. R 03-2132.

Kirchenbuch der Gemeinde St. Marienberg in Helmstedt, Niedersächsisches Staatsarchiv Wolfenbüttel, Sig. 1 KB Nr. 576, N 988, 453-454.

Kirchenbuch der Marktkirche zum Heiligen Geist, Ev.-luth. Kirchengemeinde Clausthal.

Gedruckte Quellen und Sekundärliteratur

Abel, Caspar 1754: *Stiffts-, Stadt- und Land-Chronick Des jetzigen Fürstenthums Halberstadt [...]*. Bernburg: Christoph Gottfried Körner.

Adelung, Johann Christoph 1811: *Grammatisch-kritisches Wörterbuch der Hochdeutschen Mundart*. 4 Bde. Wien: Bauer.

Adress-Calender, Der Königl. Preußis. Haupt- und Residentz-Städte Berlin, Und derer daselbst befindlichen Hohen und niedern Collegien, Instatien und Expeditionen. Auf das Jahr CHRISTI MDCCXXII. Berlin: Königliche Societät der Wissenschaften 1722.

Ahrens, Tilo 1962: *Aus der Lehr- und Spruchtätigkeit der alten Duisburger Juristenfakultät*. Duisburger Forschungen Beiheft 4. Duisburg: Walter Braun.

Andreadis, Harriette 2001: *Sappho in Early Modern England: Female same-sex literary erotics 1550-1714*. University of Chicago Press.

Aristophanes 1985: *Lysistrata*. Neu übersetzt von Erich Fried. Berlin: Wagenbach.

Arndt, Georg 1910: *Zur Heimatkunde von Halberstadt*. H. 1: *Die äußere Entwicklung der Stadt*. Halberstadt: Schimmelburg.

Bailey, Derrick Sherwin [1955] [2]1975: *Homosexuality and the Western Christian Tradition*. Connecticut: Archon.

Bandau, Wilhelm 1930: *Das Ratslagerbuch von Halberstadt vom Jahre 1721*. Halberstadt: Genealogischer Abend.

Bartz, Ernst 1934: *Die Wirtschaftsethik August Hermann Franckes*. Harburg.

Baumann, W. 1934: »Der[!] Halberstädter Bürgermeisterverfassung vom Jahre 1720.« *Halberstädter Zeitung und Intelligenz-Blatt*, 15.12.1934.

Bautz, Friedrich Wilhelm 1975ff: *Biographisch-Bibliographisches Kirchenlexikon*. Hamm: Bautz.

Beynon, John C. and Caroline Gonda (Hgg.) 2010: *Lesbian dames. Sapphism in the Long Eighteenth Century*. Farnham: Ashgate.

Beyreuther, Erich 1978: *Geschichte des Pietismus*. Stuttgart: Steinkopf.

Biblia, Das ist: die gantze Heilige Schrift Alten und Neuen Testaments, Nach der Ubersetzung Doct. Mart. Luthers […]. Minden: Enax, 1756.

Biener, Friedrich August [1827] 1965: *Beiträge zur Geschichte des Inquisitionsprozesses und der Geschworenengerichte*. Aalen: Scientia.

Bleibtreu-Ehrenberg, Gisela [1978] [2]1981: *Homosexualität. Geschichte eines Vorurteils*. Frankfurt a.M.: Fischer.

Bollmann, Klaus 1963: *Die Stellung des Inquisiten bei Carpzov. Eine Untersuchung über den Gemeinen Deutschen Strafprozess des 17. Jahrhunderts*. Diss. masch. Marburg.

Born, Gernot und Frank Kopatschek 1992: *Die alte Universität Duisburg 1655-1818*. Duisburg: Mercator.

Boswell, John 1980: *Christianity, social tolerance, and homosexuality. Gay people in Western Europe from the beginning of the Christian era to the fourteenth century*. Chicago [u.a.]: University of Chicago Press.

Brandenburg, Hans-Christian 1991: »Die drei Gebrüder Pott – Die ersten deutschen ›Werkzeuge‹ der Inspirations-Bewegung. Ein Beitrag zur Geschichte von Pietismus und Separatismus.« Heiner Faulenbach (Hg.): *Standfester Glaube. Festgaben zum 65. Geburtstag von J. F. G. Goeters*. Koln: Rheinland, 277-298.

Braun, Friedrich 1934: *Joh[ann] Tennhardt. Ein Beitrag zur Geschichte des Pietismus*. München: Christian Kaiser.

Brecht, Martin [u.a.] (Hg.) 1993-2000: *Geschichte des Pietismus*. 3 Bände. Göttingen: Vandenhoeck & Ruprecht.

Brecht, Martin 1993: »August Hermann Francke und der Hallische Pietismus.«

Geschichte des Pietismus Bd. 1: *Der Pietismus vom siebzehnten bis zum frühen achtzehnten Jahrhundert.* Hg. von Martin Brecht. Göttingen: Vandenhoeck & Ruprecht, 440-539.

Brooten, Bernadette J. 1996: *Love between women. Early Christian responses to female homoeroticism.* Chicago: University of Chicago Press.

Brown, Judith C. 1989: »Lesbian sexuality in medieval and early modern Europe.« Martin Bauml Duberman [u.a.] (Hgg.): *Hidden from history. Reclaiming the gay and lesbian past.* New York: New American Library, 67-75.

Buchholz, Stefan 1989: »Christian Thomasius: Zwischen Orthodoxie und Pietismus – Religionskonflikte und ihre literarische Verarbeitung.« Werner Schneiders (Hg.): *Christian Thomasius 1655–1728. Interpretationen zu Werk und Wirkung.* Hamburg: Meiner, 248-255.

Buchner, Eberhard 1914: *Liebe. Kulturhistorisch interessante Dokumente aus alten deutschen Zeitungen. Vom Ende des 17. bis zum Ende des 18. Jahrhunderts.* München: Albert Langen.

Bullough, Vern L. und Bonnie Bullough 1993: *Cross dressing, sex, and gender.* Philadelphia: University of Pennsylvania Press.

Burschel, Peter [u.a.] (Hgg.) 2000: *Das Quälen des Körpers. Eine historische Anthropologie der Folter.* Köln [u.a.]: Böhlau.

Butler, Judith 1990: *Gender trouble. Feminism and the subversion of identity.* New York [u.a.]: Routledge. Dt.: *Das Unbehagen der Geschlechter.* Frankfurt a.M.: Suhrkamp, 1991.

Castle, Terry 1993: *The Apparitional Lesbian. Female Homosexuality and Modern Culture.* New York: Columbia University Press

Campe, Joachim Heinrich 1789: *Väterlicher Rath für meine Tochter. Ein Gegenstück zum Theophron.* Braunschweig: Schulbuchhandlung.

Carpzov, Benedict [1635] 1723: *Practica nova imperialis Saxonica rerum criminalium.* Lipsiae: Jo. Friderici Gleditschii.

Chess, Simone, Colby Gordon und Will Fisher 2019: »Introduction: Early Modern Trans Studies.« *The Journal for Early Modern Cultural Studies* vol. 19, No. 4, 1-25.

Collis, Rose 2001: *Colonel Barker's monstrous regiment. A tale of female husbandry.* London: Virago.

Conrad, Hermann 1966: *Deutsche Rechtsgeschichte. Bd. 2: Neuzeit bis 1806.* Karlsruhe: Müller.

Crompton, Louis 1980/1981: »The myth of lesbian impunity. Capital laws from

1270 to 1791.« Salvatore J. Licata und Robert P. Petersen (Hgg.): *Historical perspectives on homosexuality* [= *Journal of homosexuality* 6, 1/2], 11-25.

Dekker, Rudolf und Lotte van de Pol 1990: *Frauen in Männerkleidern. Weibliche Transvestiten und ihre Geschichte.* Berlin: Wagenbach.

Demandt, Karl Ernst ²1974: *Laterculus notarum. Lateinisch-deutsche Interpretationshilfen für spätmittelalterliche und frühneuzeitliche Archivalien.* Veröffentlichungen der Archivschule Marburg 7. Marburg: Archivschule.

Deutsches Rechtswörterbuch. Wörterbuch der älteren deutschen Rechtssprache. Hg. von der Heidelberger Akademie der Wissenschaften. Stuttgart: Metzler.

Doering, Oscar 1927: *Die Kirchen von Halberstadt.* Augsburg [u.a.]: Filser.

Domeier, Norman und Christian Mühling (Hgg.) 2020: *Homosexualität am Hof. Praktiken und Diskurse vom Mittelalter bis heute.* Frankfurt a.M.: Campus.

Donoghue, Emma 1993: *Passions between Women. British Lesbian Culture 1668-1801.* London: Scarlet.

Dreyhaupt, Johann Christoph von 1749/51: *Beschreibung des [...] Saal-Creyses [...] insonderheit der Städte Halle, [...] Glaucha [...].* 2 Bde. Halle: Buchhandlung des Waisenhauses.

Droysen, Johann Gustav 1869: *Friedrich Wilhelm I. König von Preußen.* 2 Bde. Leipzig: Veit.

Duhr, Bernhard: *Geschichte der Jesuiten in den Ländern deutscher Zunge.* 6 Bde. Freiburg: Herder.

1921, Bd. 3: *Geschichte der Jesuiten in den Ländern deutscher Zunge in der zweiten Hälfte des siebzehnten Jahrhunderts.*

Dülfer, Kurt 1986: *Gebräuchliche Abkürzungen des 16.-20. Jahrhunderts.* Veröffentlichungen der Archivschule Marburg 1. Marburg: Archivschule.

Dülmen, Richard van ²1988: *Theater des Schreckens. Gerichtspraxis und Strafrituale in der frühen Neuzeit.* München: Beck.

Ebert, Berthold 1998: »Waisenvater und Erzieher 1695-1727.« Paul Raabe (Hg.): *Vier Thaler und sechzehn Groschen. August Hermann Francke – Der Stifter und sein Werk.* Halle: Verlag der Franckeschen Stiftungen, 103-115.

Eckardt, Hans Wilhelm [u.a.] 1999: »*Thun kund und zu wissen jedermänniglich.« Paläographie – Archivalische Textsorten – Aktenkunde.* Köln: Rheinland.

Eder, Franz Xaver 2014: »Homo- und andere gleichgeschlechtliche Sexualitäen in Geschichte und Gegenwart.« Florian Mildenberger u.a. (Hgg.) *Was ist Homosexualität? Forschungsgeschichte, gesellschaftliche Entwicklungen und Perspektiven.* Hamburg, 17-39.

»Empfehlungen zur Edition frühneuzeitlicher Texte« 1981. *Jahrbuch der historischen Forschung in der Bundesrepublik Deutschland.* Hg. von der Arbeitsgemeinschaft außeruniversitärer historischer Forschungseinrichtungen in der Bundesrepublik Deutschland. Berichtsjahr 1980. Stuttgart: Klett-Cotta, 85-96.

Engel, Franz 1965: *Tabellen alter Munzen, Maße und Gewichte zum Gebrauch für Archivbenutzer.* Rinteln: Bösendahl.

Eriksson, Brigitte 1980/81: »A lesbian execution in Germany, 1721. The trial records.« *Historical perspectives on homosexuality.* Hg. von Salvatore J. Licata und Robert P. Petersen. (= *Journal of Homosexuality* 6, 1-2), 27-40.

Evans, Richard J. 1984: »Öffentlichkeit und Autorität. Zur Geschichte der Hinrichtungen in Deutschland vom Allgemeinen Landrecht bis zum Dritten Reich.« Heinz Reif (Hg.): *Räuber, Volk und Obrigkeit. Studien zur Geschichte der Kriminalität in Deutschland seit dem 18. Jahrhundert.* Frankfurt a.M.: Suhrkamp, 185-258.

Faderman, Lillian 1981: *Surpassing the love of men: Romantic friendship and love between women from the Renaissance to the present.* New York: William Morrow. Dt.: *Köstlicher als die Liebe der Männer. Romantische Freundschaft und Liebe zwischen Frauen von der Renaissance bis heute.* Zürich: eco, 1990.

Faust, Ulrich 1979: *Die Benediktinerklöster in Niedersachsen, Schleswig-Holstein und Bremen.* St. Ottilien: Eos.

Feuerbach, Paul Johann Anselm 1801: *Lehrbuch des gemeinen in Deutschland geltenden Peinlichen Rechts.* Gießen: Heyer.

Foucault, Michel 1975: *Surveiller et punir. La naissance de la prison.* Paris: Gallimard. Dt: *Überwachen und Strafen. Die Geburt des Gefängnisses.* Frankfurt a.M.: Suhrkamp, 1977.

Foucault, Michel [1976] 1991: *Sexualität und Wahrheit.* Bd. 1: *Der Wille zum Wissen.* 5. Aufl. Frankfurt a.M.: Suhrkamp. Zuerst: *Histoire de la sexualité.* Bd. 1: *La volonté de savoir.* Paris: Gallimard, 1976.

Francke, August Hermann 1697: »Historische Nachricht / Wie sich die Zuverpflegung der Armen und Erziehung der Jugend in Glaucha an Halle gemachte Anstalten veranlasset / eines aus dem andern gefolget / und das gantze Werck durch Göttlichen Seegen von A. 1694 biß A. 1697 im Monath Junio fortgesetzet und eingerichtet sey [...].« Philipp Jacob Spener: *Christliche Verpflegung der Armen [...].* Frankfurt a.d. Oder: Schrey & Hartmann.

Francke, August Hermann 1698: *Entwurff Der gesammten Anstalten / Welche zu Glaucha an Halle durch GOTTES sonderbaren Seegen Theils zur Erziehung der Jugend / theils zur Verpflegung der Armen gemachet sind / Wie sichs damit verhält im Monat Decembri Anno 1698.* Halle: Christian Henckeln.

Francke, August Hermann [2]1871: *Schriften über Erziehung und Unterricht. Abt. I. Kurzer und einfältiger Unterricht, wie die Kinder zur wahren Gottseligkeit und christlichen Klugheit anzuführen sind.* Bearbeitet und mit Erläuterungen versehen von Karl Richter. Leipzig: Siegismund & Volkening.

Francke, August Hermann [2]1885: *A. H. Francke's Pädagogische Schriften. Nebst der Darstellung seines Lebens und seiner Stiftungen.* Hg. von Gustav Kramer. Langensalza: Hermann Beyer & Söhne.

Francke, August Hermann 2014: *Tagebuch 1714.* Hg. von Veronika Albrecht-Birkner und Udo Sträter. Halle: Verlag der Franckeschen Stiftungen.

Frantz, Klamer Wilhelm 1853: *Geschichte des Bisthums, nachmaligen Fürstenthums Halberstadt von seiner Gründung ums Jahr 800 bis zur Aufnahme in die Provinz Sachsen im Jahr 1816.* Halberstadt: R. Frantz.

Freist, Friedrich-Wilhelm 1969-1980: *Die Pastoren der Braunschweigischen Evangelisch-lutherischen Landeskirche seit Einführung der Reformation.* 3 Bde. Wolfenbüttel: o. V.

Friedli, Lynne 1987:»»Passing women‹: a study of gender boundaries in the eighteenth century.« G. S. Rousseau und Roy Porter (Hgg.): *Sexual underworlds of the Enlightenment.* Manchester: Manchester University Press, 234-260.

Garber, Marjorie 1992: *Vested Interests. Cross-dressing & cultural anxiety.* New York [u. a.]: Routledge.

Geisberg, Max: *Bau- und Kunstdenkmäler von Westfalen.* Bd. 41: *Die Stadt Münster.* Münster: Aschendorff.

1935, Teil 4: *Die profanen Bauwerke seit dem Jahre 1701.*

1941, Teil 6: *Die Kirchen und Kapellen der Stadt außer dem Dom.*

Georges, Karl Ernst 1988. *Ausführliches Lateinisch-Deutsches Handwörterbuch.* Unveränderter Nachdruck der alten verbesserten und vermehrten Auflage von Heinrich Georges. 2 Bde. Darmstadt: Wissenschaftliche Buchgesellschaft.

Geschichte der deutschen Länder (»Territorien-Ploetz«). Hg. von Georg Wilhelm Sante und dem A. G. Ploetz-Verlag. Würzburg: Ploetz, 1964.

Bd. 1: *Die Territorien bis zum Ende des alten Reiches.*

Giffney, Noreen, Michelle M. Sauer und Diane Watt (Hgg.) 2011: *The Lesbian Premodern*. New York: Palgrave Macmillan.

Goebel, Max 1854-1857: »Geschichte der wahren Inspirations-Gemeinden, von 1688 bis 1850.« *Zeitschrift für die historische Theologie* 24 NF. 18 (1854), 267-322, 377-438; 25 NF. 19 (1855), 94-160, 327-425; 27 NF. 21 (1857), 131-151.

Göse, Frank 2020: *Friedrich Wilhelm I. Die vielen Gesichter des Soldatenkönigs*. Darmstadt: Wissenschaftliche Buchgesellschaft.

Grimm, Jacob und Wilhelm 1854-1984: *Deutsches Wörterbuch*. 33 Bde. Nachdruck der Ausgabe Leipzig: Hirzel. München: dtv.

Grolman, Karl [1798] ³1818: *Grundsätze der Criminalrechtswissenschaft nebst einer systematischen Darstellung des Geistes der Deutschen Criminalgesetze*. Giesen: Heyer.

Grotefend, Hermann 1991: *Taschenbuch der Zeitrechnung des deutschen Mittelalters und der Neuzeit*. 13. Aufl. Hannover: Hahn.

Gruber, Eberhard Ludwig 1715a: *Unterschiedliche Erfahrungs-volle Zeugnisse […] Von der so sehr verhassten und verschreyten Inspirations-Sache […]*. [o.O.] Hauptbibliothek der Franckeschen Stiftungen: Sig. 121E6[1].

Gruber, Eberhard Ludwig 1715b: *Historische Umstände zur Prüfung des Geistes der so genannten Inspirierten und Inspiration*. [o.O.]. Hauptbibliothek der Franckeschen Stiftungen: Sig. 121E6[1].

Gruber, Eberhard Ludwig 1715c: *Summarischer gründlicher Erweiß / Daß Hrn Joachim Langens / Theol. Prof. Ordin. Auf Gutbefinden Der sämtlichen Theologischen Facultät zu Halle herauß-gegebene Schrifft Von unmittelbaren Offenbarungen: Und zwar erstlich ins gemein; Und dann fürnemlich von den ganz besondern Leibes-Bewegungen / auch Prophetischen Ein- und Außsprachen dieser Zeit; kein wahrer / Sondern ein unzulänglicher / partheyischer und höchst gefährlicher Unterricht sey*. [o.O.]. Hauptbibliothek der Franckeschen Stiftungen: Sig. 121E6[1].

Grun, Paul Arnold 1966: *Schlüssel zu alten und neuen Abkürzungen. Wörterbuch lateinischer und deutscher Abkürzungen des späten Mittelalters und der Neuzeit […]*. Limburg: Starke.

Grundmann, Herbert (Hg.) ⁹1970: *Handbuch der deutschen Geschichte [Gebhard]*. Stuttgart: Klett.
Bd. 2: *Von der Reformation bis zum Ende des Absolutismus*. Bearbeitet von Max Braubach [u.a.].

Guerike, Heinrich 1827: *August Hermann Francke*. Halle: Buchhandlung des Waisenhauses.

Haase, Hans 1976: *Die Universität Helmstedt 1576-1810*. Bremen [u.a.]: Jacobi.

Hagn, Virginia 2020:»Freundschaftskult? Die Briefe der Isabella von Parma an ihre Schwägerin Marie Christine.« Norman Domeier und Christian Mühling (Hgg.) 2020: *Homosexualität am Hof. Praktiken und Diskurse vom Mittelalter bis heute*. Frankfurt a.M. und New York: Campus, 303-324.

Hälschner, Hugo 1855: *Geschichte des Brandenburgisch-Preußischen Strafrechtes. Ein Beitrag zur Geschichte des deutschen Strafrechtes*. Bonn: Marcus.

Handwörterbuch zur deutschen Rechtsgeschichte. Hg. von Adalbert Erler und Ekkehard Kaufmann. 5 Bde. 1964-1991. Berlin: Erich Schmidt.

Hark, Sabine 2010:»Lesbenforschung und Queer Theorie. Theoretische Konzepte, Entwicklungen und Korrespondenzen.« Ruth Becker und Beate Kortendiek (Hgg.): *Handbuch Frauen- und Geschlechterforschung. Theorie, Methoden, Empirie*. Wiesbaden: VS Verlag für Sozialwissenschaften, 108-115. DOI: https://doi.org/10 25595/337.

Hartmann, Werner 1986:»Halberstadt um 1700 – ein Zeitbild.« *Studien zur Aufführungspraxis und Interpretation von Musik des 18. Jahrhunderts*. Heft 30: *Bericht über das Werckmeister-Kolloquium aus Anlaß des 340. Geburtstages von Andreas Werckmeister*. Michaelstein/Blankenburg, 16-22.

Hartmann, Werner 1991: *Halberstadt. Geschichten – Gestalten – Geschichte*. Böblingen: Tykve.

Hausen, Karin 1976:»Die Polarisierung der ›Geschlechtscharaktere‹ – Eine Spiegelung der Dissoziation von Erwerbs- und Familienleben.« Werner Conze (Hg.): *Sozialgeschichte der Familie in der Neuzeit Europas*. Schriftenreihe des Arbeitskreises für moderne Sozialgeschichte 21. Stuttgart: Klett, 363-393.

Hegler, August 1899: *Die praktische Tätigkeit der Juristenfakultäten des 17. und 18. Jahrhunderts in ihrem Einfluß auf die Entwicklung des deutschen Strafrechts von Carpzov ab*. Freiburg [u.a.]: Mohr.

Hehenberger, Susanne 2006: *Unkeusch wider die Natur. Sodomieprozesse im frühneuzeitlichen Österreich*. Wien: Löcker.

Heinse, Wilhelm [1773] 1987:»Begebenheiten des Enkolp. Aus dem Satyricon des Petron übersetzt«. Wolfgang Hübner: *Die Petronübersetzung Wilhelm Heinses*. Quellenkritisch bearbeiteter Nachdruck der Erstausgabe mit textkritisch-exegetischem Kommentar. Bd. 1. Frankfurt a.M. [u.a.]: Peter Lang.

Hengst, Karl 1994 (Hg.): *Westfälisches Klosterbuch. Lexikon der vor 1815 errichteten Stifte und Klöster von ihrer Gründung bis zur Aufklärung.* Bd. 2. Münster: Schendorff.

Henschel, Johann Friedrich 1972: *Die Strafverteidigung im Inquisitionsprozeß des 18. und im Anklageprozeß des 19. Jahrhunderts.* Diss. Freiburg.

Hermann, Carl Hans 1966: *Deutsche Militärgeschichte. Eine Einführung.* Frankfurt a. M.: Bernhard & Graefe.

Herzer, Manfred und Jean-Claude Féray 1993:»Karl Maria Kertbeny.« Rüdiger Lautmann (Hg.): *Homosexualität. Handbuch der Theorie- und Forschungsgeschichte.* Frankfurt u. a.: Campus, 42-47.

Hertzberg, Gustav Friedrich 1898: *August Hermann Francke und sein Hallisches Waisenhaus.* Halle: Verlag der Buchhandlung des Waisenhauses.

Heumanns Handlexikon zu den Quellen des römischen Rechts. 9. Auflage bearbeitet von E. Seckel. Jena: Fischer, 1926.

Hinrichs, Carl 1936: *Der Kronprinzenprozeß. Friedrich und Katte.* Hamburg: Hanseatische Verlagsanstalt.

Hinrichs, Carl 1941: *Friedrich Wilhelm I. König in Preußen. Eine Biographie.* Hamburg: Hanseatische Verlagsanstalt.

Hinrichs, Carl 1971: *Preußentum und Pietismus.* Göttingen: Vandenhoeck & Ruprecht.

Hintze, Carl [2]1967:»Preußens Entwicklung zum Rechtsstaat [1920].« *Gesammelte Abhandlungen.* Bd. 3: *Regierung und Verwaltung. Gesammelte Abhandlungen zur Staats-, Rechts- und Sozialgeschichte Preußens.* Hg. von Gerhard Oestreich. Göttingen: Vandenhoeck & Ruprecht, 97-163.

Hoffmann, Barbara 1996: *Radikalpietismus um 1700.* Frankfurt a. M.: Campus.

Holzhauer, Heinz 1976:»Rechtsgeschichte der Folter.« *Folter. Stellungnahmen, Analysen, Vorschläge zur Abschaffung.* amnesty international publications. Baden-Baden: Nomos, 107-124.

Holzschuh, Robert 2001: *Das verlorene Paradies Ludwigs II. Die persönliche Tragödie des Märchenkönigs.* Frankfurt a. M.: Eichborn.

Hüffer, Hermann 1892: *Die Beamten des älteren preußischen Kabinets von 1713-1808.* Forschungen zur Brandenburg-Preußischen Geschichte Bd. 5. [o. O.]

Isaacsohn, Siegfried 1884: *Geschichte des preußischen Beamtenthums vom Anfang des 15. Jahrhunderts bis auf die Gegenwart.* Bd. 3: *Das Beamtenthum unter Friedrich Wilhelm I. und während der Anfänge Friedrich des Großen.* Berlin: Puttkammer & Mühlbrecht.

Jacobi, Juliane und Thomas J. Müller-Bahlke (Hgg.) 1998: »*Man hatte von ihm gute Hoffnung* ...« *Das Waisenalbum der Franckeschen Stiftungen 1695-1749.* Hallesche Quellenpublikationen und Repertorien 3. Tübingen: Verlag der Franckeschen Stiftungen Halle im Max Niemeyer Verlag.

Jagose, Annamarie 1996: *Queer theory. An introduction.* New York: New York University Press.

Jany, Curt 1928: *Geschichte der Königlich Preußischen Armee bis zum Jahre 1807.* Bd. 1: *Von den Anfängen bis 1840.* Berlin: Karl Siegismund.

Jeserich, Kurt [u.a.] 1983: *Deutsche Verwaltungsgeschichte.* Bd. 1: *Vom Spätmittelalter bis zum Ende des Reiches.* Stuttgart: Deutsche Verlagsanstalt.

Kathe, Heinz 1981: *Der ›Soldatenkönig‹. Friedrich Wilhelm I. 1688-1740. König in Preußen – eine Biographie.* Köln: Pahl-Rugenstein.

Kellner, Werner 1908: *Consilia Hallensium Jureconsultum (Die Spruchpraxis der Halleschen Juristenfakultät in der ersten Hälfte des 18. Jahrhunderts).* Diss. Halle-Wittenberg.

Kertbeny, Karl Maria [anonym] 1869: *§143 des Preußischen Strafgesetzbuches vom 14. April 1851.* Offene, fachwissenschaftliche Zuschrift an Herrn Dr. Leonhardt, königl. preussischen Staats- und Justizminister. Leipzig.

Klepper, Jochen [2]1938: »Der Besuch König Friedrich Wilhelms I. in den Franckeschen Stiftungen in Halle.« *Der Soldatenkönig und die Stillen im Lande.* Berlin: Eckart, 14-38.

Kloosterhuis, Jürgen 1999: »Amtliche Aktenkunde der Neuzeit. Ein hilfswissenschaftliches Kompendium.« *Archiv für Diplomatik* 45, 465-563.

Kloosterhuis, Jürgen 2003: *Legendäre ›Lange Kerls. Quellen zur Regimentskultur der Königsgrenadiere Friedrich Wilhelms I. (1713-1740).* Berlin: Geheimes Staatsarchiv Preußischer Kulturbesitz.

Kloosterhuis, Jürgen 2004: »Kabinetts-Minüten.« Klaus Dettmer (Hg.): »*Es wächst zusammen, was zusammengehört.« Beiträge zum wissenschaftlichen Kolloquium zu Ehren von Jürgen Wetzel.* Berlin: Berliner Wissenschaftsverlag, 25-61.

Knötel, Richard 1985: *Farbiges Handbuch der Uniformkunde.* Stuttgart: Spemann.

König, Anton Balthasar: *Biographisches Lexikon aller Helden und Militairpersonen, welche sich in Preußischen Diensten berühmt gemacht haben.* Neudruck der Ausgabe Berlin 1788-1791. Starnberg: LTR-Verlag, 1989.

Kramer, Gustav 1880-1882: *August Hermann Francke. Ein Lebensbild.* 2 Bde. Halle: Verlag der Buchhandlung des Waisenhauses.

Kuczynski, Jürgen 1981: »Der Alltag des Soldaten.« *Geschichte des Alltags des deutschen Volkes.* Studien 2: *1650-1810.* Köln: Pahl-Rugenstein, 309-371.

Kühns, Friedrich Julius 1871: »Die Ressortverhältnisse des preußischen Geheimen Staatsraths bis in das 18. Jahrhundert.« *Zeitschrift für Preußische Geschichte und Landeskunde.* Bd. 8. Berlin, 141-170.

Küster, Georg Gottfried (Hg.) 1756: *Altes und Neues Berlin.* Bd. 3. Berlin: Im Hallischen Buchladen.

Kunisch, Johannes 2004: *Friedrich der Große. Der König und seine Zeit.* München: Beck.

Laqueur, Thomas 1990: *Making sex. Body and gender from the Greeks to Freud.* Harvard University Press. Dt.: *Auf den Leib geschrieben. Die Inszenierung der Geschlechter von der Antike bis Freud.* Frankfurt a.M.: Campus, 1992.

Lanser, Susan S. 2014: *The Sexuality of History. Modernity and the Sapphic, 1565-1830.* Chicago, London: The University of Chicago Press.

Laubach, Ernst 1993: »Reformation und Täuferherrschaft«. Franz-Josef Jakobi (Hg.): *Geschichte der Stadt Münster.* Bd. 2. Münster: Aschendorff, 145-216.

Leidinger, Christiane 2008: *Keine Tochter aus gutem Hause – Johanna Elberskirchen (1864-1943).* Konstanz: UVK.

Leube, Hans 1975: *Orthodoxie und Pietismus. Gesammelte Studien.* Hg. von Dietrich Blaufuß. Bielefeld: Luther-Verlag.

Lieberknecht, Herbert 1921: *Das Altpreußische Zuchthauswesen bis zum Ausgang des 18. Jahrhunderts, insbesondere in den Provinzen Pommern und Ostpreußen.* Diss. Göttingen. Berlin-Charlottenburg: Klambt.

Liebers, Ursula 1989: »*Eine Frau war dieser Mann.*« *Die Geschichte der Hildegund von Schönau.* Zürich: efeF.

Lieberwirth, Rolf [3]1993: *Latein im Recht.* Berlin [u.a.]: Verlag die Wirtschaft.

Lindemann, Mary 2002: »Gender Tales: The Multiple Identities of Maiden Heinrich, Hamburg 1700.« Ulinka Rublack (Hg.): *Gender in Early Modern German History.* Cambridge: Cambridge University Press, 131-151.

Loening, Edgar 1914: *Gerichte und Verwaltungsbehörden in Brandenburg-Preußen. Ein Beitrag zur Preußischen Rechts- und Verfassungsgeschichte.* Halle: Buchhandlung des Waisenhauses.

Löhr, Rudolf (Bearb.) 1972: *Protokolle der lutherischen Gemeinde in Köln von 1661-1765.* Köln: Rheinland-Verlag.

Löhr, Rudolf (Bearb.) 1976: *Protokolle der hochdeutsch-reformierten Gemeinde in Köln von 1599-1794.* Bd. 1: *1599-1630.* Köln: Rheinland-Verlag.

Lommatzsch, Herbert 1961: »Die Bergstädte Clausthal und Zellerfeld in der Barockzeit.« *Harz-Zeitschrift* Jg. 94, 9-50.

Lucanus, Johann Heinrich 1744: *Notitia Principatus Halberstadiensis oder Gründliche Beschreibung des alten löblichen Fürstenthums Halberstadt deßen sonderbaresten Merckwürdigkeiten und eigentlicher Beschaffenheit im Politischen, Kirchen und Civil-Wesen, sowohl in alten als auch denen neuen Zeiten [...].* Halberstadt.

Lucanus, Johann Heinrich 1788: *Beyträge zur Geschichte des Fürstenthums Halberstadt.* Zweytes Heft. Halberstadt: Mevius.

Luther, Martin 1959: »Ein Traubüchlein für die einfältigen Pfarrherrn.« Otto Clemens (Hg.): *Luthers Werke in Auswahl.* Bd. 4: *Schriften von 1529 bis 1545.* 5. Aufl. Berlin: de Gruyter, 100-103.

Manion, Jen 2020: *Female Husbands. A Trans History.* Cambridge: Cambridge University Press.

McIntosh, Mary [1968] 1981: »The homosexual role.« Kenneth Plummer (Hg.): *The making of the modern homosexual.* London [u. a.]: Hutchinson, 30-44.

Menck, Peter 1969: *Die Erziehung der Jugend zur Ehre Gottes und zum Nutzen des Nächsten. Begründung und Intentionen der Pädagogik August Hermann Franckes.* Wuppertal [u. a.]: Henn.

Michelsen, Jakob 1996: »Von Kaufleuten, Waisenknaben und Frauen in Männerkleidern. Sodomie im Hamburg des 18. Jahrhunderts.« *Zeitschrift für Sexualforschung* Jg. 9, H. 3, 205-237.

Michelsen, Jakob 2005: »Die ›Blame‹ des Senatssekretärs Schlüter. Ein Sodomiefall aus dem Hamburg des 18. Jahrhunderts.« *Frühneuzeit-Info* Jg. 16, Heft 1 + 2, 53-68.

Michelsen, Jakob 2012: »›Wider die Natur.‹ Gleichgeschlechtliche Sexualität im frühneuzeitlichen Hamburg.« Johann Anselm Steiger und Sandra Richter (Hgg.): *Hamburg. Eine Metropolregion zwischen Früher Neuzeit und Aufklärung.* Berlin: Akademie-Verlag, 805-823.

Michelsen, Jakob 2016: »Die Verfolgung des Delikts Sodomie im 18. Jahrhundert in Brandenburg-Preußen.« Norbert Finzsch und Marcus Velke (Hg.): *Queer – Gender – Historiographie. Aktuelle Tendenzen und Projekte.* Berlin: LIT, 217-252.

Mildenberger, Florian 2002: »... in die Richtung der Homosexualität verdorben.« *Psychiater, Kriminalpsychologen und Gerichtsmediziner über männliche Homosexualität 1850-1970.* Hamburg: Männerschwarmskript.

Mounsey, Chris and Caroline Gonda (Hgg.) 2007: *Queer People. Negotiations and Expressions of Homosexuality, 1700-1800.* Lewisburg: Bucknell University Press.

Müller, Franz Carl 1891:»Ein weiterer Fall von conträrer Sexualempfindung.« *Friedreich's Blätter für gerichtliche Medicin und Sanitätspolizei* 4, 279-300. Auch eigenständig unter dem Titel *Ein Beitrag zur perversen Sexualempfindung. Seperatabdruck* [sic] *aus Heft IV von Friedreich's Blätter für gerichtliche Medizin und Sanitätspolizei.* Nürnberg: Friedrich Korn'sche Buchhandlung 1891.

Müller, Franz Carl 1902: *Geschichte der organischen Naturwissenschaften im Neunzehnten Jahrhundert. Medizin und deren Hilfswissenschaften, Zoologie und Botanik.* Berlin: Bondi.

Müller, Franz Carl 1912: *Sexuelle Verbrechen und Verirrungen mit Rücksicht auf die moderne Gesetzgebung geschildert.* München: Hans Sachs.

Müller, Franz Carl 1928/1929:»Die letzten Tage Ludwigs II.« *Süddeutsche Monatshefte,* 768-792.

Müller, Klaus 1991: *Aber in meinem Herzen sprach eine Stimme so laut. Homosexuelle Autobiographien und medizinische Pathographien im neunzehnten Jahrhundert.* Berlin: rosa Winkel.

Müller-Bahlke, Thomas 1998:»Die frühen Verwaltungsstrukturen der Franckeschen Stiftungen.« Juliane Jacobi und Thomas J. Müller-Bahlke (Hgg): *»Man hatte von ihm gute Hoffnung ...« Das Waisenalbum der Franckeschen Stiftungen 1695-1749.* Tübingen: Verlag der Franckeschen Stiftungen Halle im Max Niemeyer Verlag, vii-xxii.

Müller-Bahlke, Thomas (Hg.) 2001: *Gott zur Ehr und zu des Landes Besten. Die Franckeschen Stiftungen und Preußen: Aspekte einer alten Allianz.* Ausstellung in den Franckeschen Stiftungen zu Halle vom 26.6.–28.10.2001. Halle: Verlag der Franckeschen Stiftungen.

Münch, Paul 1992: *Lebensformen in der Frühen Neuzeit.* Frankfurt a. M.: Propyläen.

Neuß, Erich 1958: *Entstehung und Entwicklung der Klasse der besitzlosen Lohnarbeiter in Halle.* Berlin: Akademie-Verlag.

Neuß, Erich 1965:»Das Glauchaische Elend 1692.« *August Hermann Francke. Das humanistische Erbe des großen Erziehers.* Leipzig: VEB Druckerei der Werktätigen.

Noth, Isabelle 2005: *Ekstatischer Pietismus. Die Inspirationsgemeinden und ihre Prophetin Ursula Meyer (1682-1743).* Göttingen: Vandenhoeck & Ruprecht.

Obst, Helmut 1998:»Pastor und Professor. Die letzten Lebensjahre 1715-1727.«

Paul Raabe (Hg.): *Vier Thaler und sechzehn Groschen*. *August Hermann Francke – Der Stifter und sein Werk*. Kataloge der Franckeschen Stiftungen 5. Halle: Verlag der Franckeschen Stiftungen, 219-231.

Obst, Helmut 2013: *August Hermann Francke und sein Werk*. Halle: Verlag der Franckeschen Stiftungen.

Oestreich, Gerhard 1977: *Friedrich Wilhelm I. Preußischer Absolutismus, Merkantilismus, Militarismus*. Göttingen: Musterschmidt.

Pape, W. ³1954: *Griechisch-deutsches Handwörterbuch*. Bd. 2. Graz: Akademische Druck- und Verlagsanstalt.

Papke, Gerhard 1979: »Von der Miliz zum Stehenden Heer. Wehrwesen im Absolutismus.« Militärgeschichtliches Forschungsamt (Hg.): *Handbuch zur deutschen Militärgeschichte 1648-1939*. Bd. 1, Abschnitt I. München: Bernhard & Graefe.

Perko, Gudrun 2005: *Queer-Theorien: Ethische, politische und logische Dimensionen plural-queeren Denkens*. Köln: PapyRossa.

Puff, Helmut 2000: »Female Sodomy: The Trial of Katherina Hetzeldorfer (1477).« *Journal of Medieval and Early Modern Studies* 30, 1, 41-61.

Puff, Helmut 2011: »Toward a Philology of the Premodern Lesbian.« Giffney, Noreen, Michelle M. Sauer und Diane Watt (Hgg.): *The Lesbian Premodern*. New York: Palgrave Macmillan, 146-157.

Puff, Helmut 2012: »After the History of (Male) Homosexuality.« Scott Spector, Helmut Puff und Dagmar Herzog (Hgg.): *After the History of Sexuality. German Genealogies with and beyond Foucault*. New York, Oxford: Berghahn Books, 17-30.

Quanter, Rudolf 1900: *Die Folter in der deutschen Rechtspflege sonst und jetzt*. Dresden: Dohrn.

Raabe, Paul 1995: *Das Hallesche Waisenhaus. Das Hauptgebäude der Franckeschen Stiftungen*. Kataloge der Franckeschen Stiftungen I. Halle: Verlag der Franckeschen Stiftungen.

Raabe, Paul (Hg.) 1998: *Vier Thaler und sechzehn Groschen. August Hermann Francke – Der Stifter und sein Werk*. Kataloge der Franckeschen Stiftungen 5. Halle: Verlag der Franckeschen Stiftungen.

Radbruch, Gustav 1984: »Zur Einführung in die Carolina.« *Die Peinliche Gerichtsordnung Kaiser Karls V*. [1532]. Hg. und erläutert von Gustav Radbruch. 6. Auflage hg. von Arthur Kaufmann. Stuttgart: Reclam, 5-23.

Reith, Reinhold (Hg.) 1990: *Lexikon des alten Handwerks. Vom Spätmittelalter bis ins 20. Jahrhundert*. München: Beck.

Regge, Jürgen 1977: *Kabinettsjustiz in Brandenburg-Preußen. Eine Studie zur Geschichte des landesherrlichen Bestätigungsrechts in der Strafrechtspflege des 17. und 18. Jahrhunderts.* Berlin: Duncker & Humblot.

Religion in Geschichte und Gegenwart. Handwörterbuch für Theologie und Religionswissenschaft. 4., völlig neu bearbeitete Auflage. Tübingen: Mohr Siebeck, 1998 ff.

Roden, Günter von 1968: *Die Universität Duisburg.* Duisburger Forschungen Bd. 12. Duisburg: Walter Braun.

Rüping, Hinrich ²1991: *Grundriß der Strafrechtsgeschichte.* München: Beck.

Rupp, Leila J. 2009: *Sapphistries. A Global History of Love between Women.* New York: New York University Press.

Schild, Wolfgang ²1985: *Alte Gerichtsbarkeit. Vom Gottesurteil bis zum Beginn der modernen Rechtsprechung.* München: Callwey.

Schmidt, Eberhard 1914: *Die Kriminalpolitik Preußens unter Friedrich Wilhelm I. und Friedrich II.* Berlin: Guttentag.

Schmidt, Eberhard 1915: *Entwicklung und Vollzug der Freiheitsstrafe in Brandenburg-Preußen bis zum Ausgang des 18. Jahrhunderts. Ein Beitrag zur Geschichte der Freiheitsstrafe.* Berlin: Guttentag.

Schneider, Hans 1993: »Der radikale Pietismus im 17. Jahrhundert.« *Geschichte des Pietismus* Bd. 1: *Der Pietismus vom siebzehnten bis zum frühen achtzehnten Jahrhundert.* Hg. Von Martin Brecht. Göttingen: Vandenhoeck & Ruprecht, 391-437.

Schneider, Hans 1995: »Der radikale Pietismus im 18. Jahrhundert.« *Geschichte des Pietismus* Bd. 2: *Der Pietismus im achtzehnten Jahrhundert.* Hg. Von Martin Brecht und Klaus Deppermann. Göttingen: Vandenhoeck & Ruprecht, 107-197.

Schneider, Ulf-Michael 1995: *Propheten der Goethezeit. Sprache, Literatur und Wirkung der Inspirierten.* Göttingen: Vandenhoeck & Ruprecht.

Schnitter, Helmut und Thomas Schmidt 1987: *Absolutismus und Heer. Zur Entwicklung des Militärwesens im Spätfeudalismus.* Berlin: Militärverlag der DDR.

Scholke, Horst 1990: *Halberstadt. Kunst- und Kulturdenkmäler einer tausendjährigen Stadt.* Hg. vom Gleimhaus im Auftrag der Stadtverwaltung Halberstadt.

Schultze-Galléra, Siegmar von 1921: *Topographie oder Häuser- und Strassengeschichte der Stadt Halle a. d. Saale. Beschreibung und Geschichte der Strassen, Plätze und Märkte, öffentlicher und privater Gebäude der Stadt von den ältesten Zeiten ab bis zum Jahr 1914.* Bd. 2. Halle: Wilhelm Hendrichs.

Schultze-Galléra, Siegmar von 1930: »Seltsame Schicksale einer ›insprierten‹ Hallenserin.« *Hallische Nachrichten*, 11. September.

Sellert, Wolfgang und Hinrich Rüping 1989: *Studien- und Quellenbuch zur Geschichte der deutschen Strafrechtspflege.* Bd. 1: *Von den Anfängen bis zur Aufklärung.* Aalen: Scientia.

Sigusch, Volker 2015: »Das Eis ist gebrochen.‹ Karl Heinrich Ulrichs als Vorkämpfer der Homosexuellen.« Florian Mildenberger (Hg.): *Die andere Fakultät. Theorie/Geschichte/Gesellschaft.* Hamburg: Männerschwarmskript, 99-121.

Smith-Rosenberg, Carroll 1975: »The female world of love and ritual: Relations between women in nineteenth-century America.« *Signs. Journal of women in culture and society* 1, 1-29. Dt.: »Meine innig geliebte Freundin!‹ Beziehungen zwischen Frauen im 19. Jahrhundert.« Claudia Honegger und Bettina Heintz (Hgg.): *Listen der Ohnmacht. Zur Sozialgeschichte weiblicher Widerstandsformen.* Frankfurt a.M.: Europäische Verlagsanstalt, 1981, 357-392.

Steidele, Angela 1999: »Von keuschen Weibern und lüsternen Tribaden. Der Diskurs über sexuelle Handlungen zwischen Frauen im 18. und 19. Jahrhundert.« *Forum Homosexualität und Literatur* 35, 5-34.

Steidele, Angela 2003: *»Als wenn du mein Geliebter wärest.« Liebe und Begehren zwischen Frauen in der deutschsprachigen Literatur 1750-1850.* Stuttgart: Metzler.

Steidele, Angela 2010: »... als Mann und Frau etliche jahr mit einander gelebt.« Catharina Margaretha Linck und Catharina Margaretha Mühlhahn.« Luise Pusch und Joey Horsley (Hgg.): *Frauengeschichten. Berühmte Frauen und ihre Freundinnen.* Göttingen: Wallstein, 19-49.

Steidele, Angela 2015: *Rosenstengel. Ein Manuskript aus dem Umfeld Ludwigs II.* Berlin: Matthes & Seitz.

Stölzel, Adolf 1872: *Die Entwicklung des gelehrten Richterthums in deutschen Territorien. Eine rechtsgeschichtliche Untersuchung mit vorzugsweiser Berücksichtigung der Verhältnisse im Gebiete des ehemaligen Kurfürstenthums Hessen.* 2 Bde. Stuttgart: Cotta.

Stölzel, Adolf 1888: *Brandenburg-Preußens Rechtsverwaltung und Rechtsverfassung, dargestellt im Wirken seiner Landesfürsten und obersten Justizbeamten.* 2 Bde. Berlin: Vahlen.

Stölzel, Adolf 1901: *Die Entwicklung der gelehrten Rechtsprechung. Bd. 1: Der Brandenburger Schöppenstuhl.* Berlin: Franz Vahlen.

Stryker, Susan [2008] 2017: *Transgender History: The Roots of Today's Revolution*. 2nd revised edition. New York: Seal Press.

Sutton, Katie 2014: »From Sexual Inversion to Trans.« Transgender History and Historiography.« Florian Mildenberger u. a. (Hgg.) *Was ist Homosexualität? Forschungsgeschichte, gesellschaftliche Entwicklungen und Perspektiven*. Hamburg, 181-204.

Thoma, Lev Mordechai und Sven Limbeck (Hgg.) 2009: »Die sünde, der sich der tiuvel schamet in der helle.« *Homosexualität in der Kultur des Mittelalters und der frühen Neuzeit*. Ostfildern: Thorbecke.

Thomasius, Christian [1705] 1960: *Über die Folter. Untersuchungen zur Geschichte der Folter*. Übersetzt und hg. von Rolf Lieberwirth. Weimar: Böhlau.

Traub, Valerie 2002: *The renaissance of lesbianism in early modern England*. Cambridge [u. a.]: Cambridge University Press.

Traub, Valerie 2015: *Thinking Sex with the Early Moderns*. Philadelphia: University of Pennsylvania Press.

Umständliche und wahrhaffte Beschreibung einer Land- und Leute-Betrügerin. [o. O.] 1720.

Vehse, Eduard [1851] 1970: *Berliner Hof-Geschichten. Preußens Könige privat*. Düsseldorf [u. a.]: Diederichs.

Vicinus, Martha 2004: *Intimate friends: Women who loved women, 1778-1928*. University of Chicago Press.

Volz, Gustav Berthold 1928: »Friedrich der Große und seine sittlichen Ankläger.« *Forschungen zur Brandenburgischen und Preußischen Geschichte* 41, 1-37.

Vorberg, Gaston 1921: *Der Klatsch über das Geschlechtsleben Friedrichs II. Der Fall Jean-Jacques Rousseau*. Bonn: Marcus und Webers.

Wachenfeld, Friedrich 1901: *Homosexualität und Strafgesetz. Ein Beitrag zur Untersuchung der Reformbedürftigkeit des § 175 St. G. B.* Leipzig: Dieterich.

Wächtler, August 1898: *August Hermann Francke als Pastor zu St. Ulrich 1715-1727*. Halle: Niemeyer.

Wagnitz, Heinrich Balthasar 1791/92: *Historische Nachrichten und Bemerkungen über die merkwürdigsten Zuchthäuser in Deutschland*. 2 Bde. Halle: Johann Jakob Gebauer.

Wallmann, Johannes 1990: *Der Pietismus*. Göttingen: Vandenhoeck & Ruprecht.

Wallmann, Johannes 1998: »Der junge Francke 1663-1691.« Paul Raabe (Hg.): *Vier Thaler und sechzehn Groschen. August Hermann Francke – Der Stifter und sein Werk*. Halle: Verlag der Franckeschen Stiftungen, 35-47.

Weber, Hellmuth von 1941: »Die Entwicklung des Zuchthauswesens in Deutschland im 17. und 18. Jahrhundert.« *Festschrift Adolf Zycha*. Weimar: Böhlau, 427-468.

Weniger, Peter 1991: »Anfänge der ›Franckeschen Stiftungen‹. Bemerkungen zur Erforschung der Geschichte der Glauchaschen Anstalten in ihrem ersten Jahrzehnt.« *Pietismus und Neuzeit. Ein Jahrbuch zur Geschichte des neueren Protestantismus* 17, 95-120.

Westphal, Carl Friedrich Otto 1869: »Die conträre Sexualempfindung. Symptom eines neuropathischen (psychopathischen) Zustandes.« *Archiv für Psychiatrie und Nervenkrankheiten* 2, 73-108.

Wilson, John E. 1993: »Max Goebels ›Geschichte der wahren Inspirationsgemeinden‹ (1854-1857).« *Pietismus und Neuzeit. Ein Jahrbuch zur Geschichte des neueren Protestantismus* 19, 143-168.

[Wolff, Christian] 1724a: *Des Herrn Doct. und Prof. Joachim Langens Oder: Der Theologischen Facultæt zu Halle Anmerckungen Uber Des Herrn Hoff-Raths und Professor Christian Wolffens Metaphysicam Von denen darinnen befindlichen so genannten der Natürlichen und geoffenbarten Religion und Moralität entgegen stehenden Lehren. Nebst beygefügter Hr. Hoff-R. und Prof. Christian Wolffens Gründlicher Antwort*. Kassel.

Wolff, Christian 1724b: *Anmerckungen über die vernünfftige Gedancken von Gott, der Welt und der Seele des Menschen, auch allen Dingen überhaupt*. Franckfurt am Mayn: Andreae.

Woltersdorff, Volker 2014: »Homosexualitätsforschung und Queerstudien.« Florian Mildenberger u.a. (Hgg.): *Was ist Homosexualität? Forschungsgeschichte, gesellschaftliche Entwicklungen und Perspektiven*. Hamburg, 205-240.

Wunder, Heide 1992: »Geschlechtsidentitäten. Frauen und Männer im späten Mittelalter und am Beginn der Neuzeit.« Karin Hausen und Heide Wunder (Hgg.): *Frauengeschichte – Geschlechtergeschichte*. Frankfurt a.M. [u.a.]: Campus, 131-136.

Wustmann, Claudia 2008: *Die »begeisterten Mägde«. Mitteldeutsche Prophetinnen im Radikalpietismus am Ende des 17. Jahrhunderts*. Leipzig und Berlin: Kirchhof & Franke.

Zedler, Johann Heinrich 1732-1764: *Grosses vollständiges Universal-Lexicon aller Wissenschaften und Künste, welche bißhero durch menschlichen Verstand und Witz erfunden und verbessert worden*. 64 Bde., 4 Bde. Suppl. Halle: Zedler.

Glossar

Actis Inquisitionalibus	Inquisitionsakten, Untersuchungsakten
Art[iculum] inquis[itonis]	Inquisitionsartikel, nummerierte Frage im Inquisitionsverhör
Coinquisit[inn]	mitangeklagte Person im Inquisitionsprozess
Comburium	Verbrennen
Confirmation	landesherrliche Bestätigung eines Urteils
Confrontatio[n]	Gegenüberstellung von Angeklagten untereinander oder mit Zeugen im Inquisitionsprozess
Consilium	Spruch eines Dikasteriums
Crimen	Verbrechen
Criminal-Collegium	Kollegium von Kriminalräten, das den Urteilsspruch des preußischen Königs in Strafsachen vorbereitete
Defension	Verteidigung
Defensor	Verteidiger
Dikasterium	Spruchkollegium (Juristische Fakultät oder Schöppenstuhl)
Folia/Folio/Folium	Blätter / auf Blatt / Blatt
inquiri[e]ren	untersuchen
Inquisit(in)	angeklagte Person im Inquisitionsprozess
Inquisition	Untersuchung, Befragung
Inquisitionsprozess	Strafprozessform des 16.-19. Jahrhunderts
Inspiranten/Inspirierte	radikalpietistische Glaubensgemeinschaft
Interlocutum	Zwischenurteil im Inquisitionsprozess

p[erge]	»fahre fort«, und so weiter
poena/poena mortis bzw. capitis	Strafe / Todesstrafe
Rescript[um]	Verfügung, schriftlicher Bescheid einer Oberbehörde an eine nachrangige Behörde
Resolution	Beschluss
Sentenz	Urteilsspruch
Sodomie/Sodomiereÿ	Selbstbefriedigung, sexueller Verkehr mit einem Menschen gleichen Geschlechts sowie mit einem Tier (18. Jahrhundert)
Vivicomburium	Verbrennen bei lebendigem Leib

Bildnachweise

Bayerische Staatsbibliothek München: Abb. 5 (4 Sc.mil. 2 m, Image 6, urn:nbn: de:bvb:12-bsb10 692 016-8), 6 (4 Sc.mil. 2 m, Image 221, urn:nbn:de:bvb:12-bsb10 692 016-8)

bpk, Berlin: 17 (Roland Handrick/Stiftung Preußische Schlösser und Gärten Berlin-Brandenburg)

Franckesche Stiftungen Halle (Saale): 3 (Sig. AFSt/ S B I 93, Waisenmädchen, Teil 2 Waisenmädchen S. 1, Nr. 7), 15 (Sig. AFSt/B G 0145)

Geheimes Staatsarchiv Preußischer Kulturbesitz, Berlin: 19 (GStA PK, I. HA Geheimer Rat, Rep. 33 Fürstentum Halberstadt, Nr. 62, 1715-1721, 19 Rs. und 20 Vs.), 20 (GStA PK, I. HA Geheimer Rat, Rep. 33 Fürstentum Halberstadt, Nr. 62, 1715-1721, 1 Vs. und Rs.)

Herzog August Bibliothek Wolfenbüttel: 1 (Porträtsammlung Sig. A6796)

Historisches Stadtarchiv Halberstadt: 13 (Fotosammlung)

Landeskirchenarchiv Magdeburg: 9 (Sig. Rep. R3 Film-Nr. 2130 Band-Nr. 459/5)

LWL-Medienzentrum für Westfalen, Münster: 11

Niedersächsisches Landesarchiv Wolfenbüttel: 12 (Sig. 1 Kb Nr. 576, S. 453 und 454)

Stadtarchiv Duisburg: 16

Stadtarchiv Halle (Saale): 2 (Riehm 12)

Universitätsbibliothek Leipzig: 8 (Porträtstichsammlung, Inv.-Nr. 9/239)

Württembergische Landesbibliothek: 18 (Sig. Crim. R. qt. 136)

Alle weiteren Abbildungen stammen aus dem Archiv des Insel Verlags.

Zeittafel

15. Mai 1687	Uneheliche Geburt von Catharina Margaretha Linck in Gehofen (Kyffhäuser), Mutter: Magdalena Linck, Vater: namentlich nicht bekannter Soldat
16. Mai 1687	Taufe in der Johannes-Baptistae-Kirche Gehofen
11. November 1696	Aufnahme in Franckes Waisenhaus in Glaucha bei Halle
17. April 1700	Entlassung aus dem Waisenhaus
1700-1702	Arbeit zunächst bei einem Wagner, dann bei einem Knopfmacher und Kattundrucker in Halle
1702/1703	Aufenthalt in Calbe, zum ersten Mal in Männerkleidern
1703-1704	Als Mann bei einer radikalpietistischen Täufersekte Wanderung von Halle über die Oberlausitz nach Nürnberg, dort Taufe auf den Namen Anastasius Lagrantinus Rosenstengel Erfolglose Auftritte in Nürnberg und Köln als Prophet
1704/1705	Schweinehüter im Sauerland Aufenthalt in Halle in Frauenkleidern
1705-1708	Musketier bei den hannöversch-lüneburgischen Truppen Teilnahme an Feldzügen im Spanischen Erbfolgekrieg in Brabant
Ende Mai/ Anfang Juni 1708	Desertion, wieder gefasst bei Antwerpen Hinrichtung verhindert durch Offenbarung des Geschlechts

September 1708-1709	Musketier bei den preußischen Truppen Winterlager in Soest
Sommer 1709	Aufenthalt in Halle als Frau
1709-1710	Musketier bei den polnischen Truppen, Feldzug in Brabant, Flucht aus französischer Gefangenschaft
1711	Musketier bei den hessischen Truppen Winterlager in Rheinfels im Hunsrück
1713-1716	Anstellung beim Universitätstuchmacher in Halle In Frauen- und Männerkleidern
1716	Festnahme durch ein Werbekommando Untersuchung von Catharina Lincks Geschlecht im Rathaus in Halle
1717	Anstellung als Mann bei einem französischen Strumpfmacher in Halberstadt
12. September 1717	Trauung mit Catharina Margaretha Mühlhahn in der Kirche St. Paul in Halberstadt
1718	Aufenthalt der Rosenstengels im Kloster St. Michael in Hildesheim
Herbst 1718-Ostern 1720	Aufenthalt der Rosenstengels im Jesuitenkolleg in Münster; katholische Taufe und Trauung in St. Petri
12. Mai 1720	Evangelische Taufe von Anastasius Rosenstengel in St. Marienberg, Helmstedt
Ende Mai 1720	Festnahme und Anklage in Halberstadt Beginn des Inquisitionsprozesses gegen Linck und Mühlhahn vor dem Stadtgericht in Halberstadt
September 1720	*Umständliche und wahrhaffte Beschreibung einer Land- und Leute-Betrügerin*
April 1721	Urteil der Juristischen Fakultät der Universität Duisburg
7. Mai-25. Oktober 1721	Landesherrliche Überprüfung des Urteils in Berlin
7. oder 8. November 1721	Hinrichtung Catharina Lincks durch das Schwert Unehrenhafte Bestattung unterm Galgen

Dank

Seit der ersten Veröffentlichung von *In Männerkleidern* wurden mir etliche neue Funde zu Catharina Linck mitgeteilt. Britta Klosterberg vom Archiv der Franckeschen Stiftungen in Halle verdanke ich den Brief von Johann Anastasius Freylinghausen an August Hermann Francke (s. S. 94 f.). Jakob Michelsen, Hamburg, entdeckte und transkribierte im Geheimen Staatsarchiv Preußischer Kulturbesitz das juristische Nachspiel um Catharina Mühlhahn (s. S. 285-292). Stefan Borchers, Berlin, machte mich auf Christian Wolffs Beschäftigung mit Catharina Linck aufmerksam (s. S. 131 f.). Jakob Michelsen und Stefan Borchers haben mich bei der Überarbeitung dieses Buchs selbstlos mit ihrem Fachwissen unterstützt und sogar Unterschriften in den Prozessakten entziffert, vor denen ich kapitulieren musste. Jakob Michelsen und Helmut Puff, Ann Arbor, verdanke ich zudem wertvolle bibliographische Hinweise im Bereich der Geschlechter- und Sexualitätsgeschichte. Martina Wunderer hat die Überarbeitung bewundernswert akribisch lektoriert. Elisabeth Honerla kümmerte sich um die Abbildungen. Das Register erstellte Yoko Hamann. Meine Frau, Susette Pia Schuster, hat meine Darstellung kritisch-juristisch geprüft sowie die Neuausgabe skeptisch mit der ursprünglichen verglichen. Allen Genannten sowie dem Verlag Suhrkamp/Insel sei von Herzen gedankt.

Personenregister

Achilles, Andreas 44 f.
Adelung, Johann Christoph 176
Allut, Jean 77
Angermannin, Elisabeth 14
Anton, Paul 194
Antwerpen, Maria van 39, 91
Aristophanes 261
Arkell-Smith, Valerie 39, 91
Arndt, Johann 23, 27
Arnold, Gottfried 44

Bayle, Pierre 260
Becker, Hauptmann in der Frei-
    kompanie Horn 66, 239
Bender, Augustinus 97 f., 225
Berg, Antoinette 39
Berger, Johann Caspar 265
Bernhardt, Martin 141
Böhme, Jakob 46
Böhmer, Johann Samuel Friedrich 115
Bonny, Anne 39
Briden, Major der hessischen
    Truppen 69, 239
Broich, Balthasar Conrad zum 265
Bunck, Anna Ilsabe 185
Buttlar, Eva Margaretha von 128, 191

Campe, Joachim Heinrich 175
Carpzov, Benedict 114 f., 231, 256, 259,
    263
Charcot, Jean-Martin 175
Christina, Königin von Schweden
    101 f., 190
Clauder, Israel C. 87-91, 94 f., 97, 104,
    110, 224, 240
Cocceji, Samuel von 83, 277
Coch, Johann Anton 233, 279, 283

Damhouder, Jodocus 259
Danckelman, Wilhelm Heinrich
    Freiherr von 233, 283
Dencker, Rosenstengels Pate in
    Helmstedt 107

Eck, Jakob 200
Eichsfelder, Catharina Margaretha,
    verheiratete Mühlhahn 85 f., 89,
    93-98, 104, 110 f., 113 f., 121, 123, 143,
    154, 158, 163, 165, 184, 195, 214, 232,
    244, 246, 250 ff., 257, 290 ff.
Elberskirchen, Johanna 173
Elisabeth [Nachname unbekannt],
    Radikalpietistin 45, 50, 237

Fario, Nikolaus 77
Fichte, Johann Gottlieb 175
Fox, George 245
Francke, Anna Magdalena 45, 80
Francke, August Hermann 15 ff., 20-
29, 31-36, 41, 43 ff., 55, 65 f., 68, 74-
82, 87, 94, 124, 130, 132 f., 136, 141, 151,
167, 183, 187 ff., 191 f., 194 f., 216 f.,
221, 224, 238 f., 267
Francke, Johanna Sophia Anastasia 80
Freud, Sigmund 175
Freylinghausen, Johann Anastasius
80, 94, 194 f.
Friedrich August I., genannt August
der Starke, Kurfürst von Sachsen,
als August II. König von Polen
und Großherzog von Litauen 84,
193
Friedrich I. König in Preußen, vormals
Friedrich III., Kurfürst von Brandenburg 56, 65, 74, 151, 189, 211, 215
Friedrich II., König von Preußen 152,
202
Friedrich Wilhelm I., König in Preußen 63, 65 f., 73-76, 80, 95 f., 136,
141-145, 150-157, 162 f., 193, 202 f.,
212, 214, 227 ff., 233 f., 266, 268,
270 f., 275, 284, 288 f.
Fromm, Johann 265
Fuchs, Johann Heinrich von 145, 265

Geuder, Johann Georg von 233
Goethe, Johann Wolfgang von 21
Greta, Magd aus Meßkirch 185
Grolman, Karl von 148
Groß, Andreas 191

Grotius, Hugo 260
Gruber, Eberhard Ludwig 79, 129 f.
Grumbkow, Friedrich Wilhelm
von 33, 41, 64 f., 69, 151, 189, 193,
211 f., 215, 238
Gudden, Bernhard von 169 f.
Günther, H. 279

Hamilton, Mary 91
Hamrath, Friedrich von 142, 145, 153 f.,
156, 233, 279, 283
Hardman, Catharina 14
Hardt, Hermann von der 225
Hegel, Georg Wilhelm Friedrich
21, 175
Heine, Amalia Helena 106
Heine, Johann Friedrich 104-107, 110,
225, 245
Heinse, Wilhelm 185
Henrikson, Jonas 152
Herder, Johann Gottfried 21
Hetzeldorfer, Katherina 184
Hochenau, Ernst Christoph
Hochmann von 44, 47, 191
Hölderlin, Friedrich 21
Horn, Magnus Friedrich von 66, 239
Hornemann, Arzt 254
Humboldt, Wilhelm von 175
Hynitsch, Albrecht Friedrich 265

Isabella, Erzherzogin von Österreich,
geb. Prinzessin von Parma 185

Jahn, Anna Margaretha 44 f.
Jans, Maritgen 39
Jürgens, Maria Cäcilia 185

Kant, Immanuel 21, 175

Karl II., König von Spanien 55

Karl V., Kaiser des Heiligen
  Römischen Reichs Deutscher
  Nation 114

Katsch, Christoph von 143, 150 ff., 229,
  265-268, 283, 287 ff., 292

Katte, Hans Hermann von 152, 202

Kertbeny, Karl Maria 170, 173, 204 f.

Knauth, Theodor 79

Knoche, Rosenstengels und Mühlhahns Verteidiger 119 f., 123, 135,
  145, 157, 254 f.

Koch, Johann Heinrich 233, 279, 283

Koch, Margaretha 35

Koch, Thomas 156, 162 f., 277, 281, 287

Krafft-Ebing, Richard von 172

Kulenkamp, Michael 233, 283

Kunckel, Johann Friedrich 233, 279

Lange, Eva 45, 48, 51, 105, 199, 222,
  235, 245

Lange, Joachim 79, 128-133, 136, 151,
  218

Leade, Jane 44

Lehmann, Berend 84

Leiden, Jan van 98 f.

Leithorst, Maximiliana von 185

Leopold I., Fürst von Anhalt-
  Dessau 66, 75, 80

Leopold I., Kaiser des Heiligen
  Römischen Reichs Deutscher
  Nation 56

Lessing, Gotthold Ephraim 21

Linck, Magdalena 13 f., 16, 33, 37, 39,
  46, 55, 68, 74 f., 81 f., 88, 94, 124, 131,

157, 167, 177, 180, 187 f., 194, 217, 221,
  234 f., 241, 248, 253

Linck, Martin 13, 167, 234

Lindholtz, Christian Just 153 f., 156,
  162 f., 227, 276 f., 281, 287

Louis XIV., König von Frankreich 56

Loyola, Ignatius von 99

Ludwig II., König von Bayern 10,
  169 ff., 205

Lühmann, Benedikt 98

Luitpold, Prinzregent von Bayern 170

Luther, Martin 20, 87, 89

Marchand, Abraham 77

Maria Theresia, Erzherzogin von
  Österreich, Königin von Ungarn
  und Böhmen 185

Marie Christine, Erzherzogin von
  Österreich 185

Marion, Elie 77

Matthes, Christian 78, 236

Matthes, Maria Elisabeth 77 f., 82,
  84, 236

Matthys, Jan 98

Meisenbougk, Christian Ernst von
  233

Meschmann, August Heinrich 118 f.,
  122 ff., 158 f., 181, 197

Mills, Anne 39

Möbius, Paul Julius 175

Möller, Johann 66, 239

Moritz, Karl Philipp 21

Mühlhahn, Catharina Margaretha
  85 ff., 89-98, 100-104, 110, 113 ff.,
  118-123, 126, 128, 135 f., 138, 140 f.,
  143, 145, 147, 149-158, 160-163, 165 ff.,

178, 180 f., 184, 186, 204 f., 213,
224 ff., 228-232, 234, 240 f., 244-
249, 251 ff., 255 ff., 264, 268-273, 278,
280 ff., 286-292
Mühlhahn, Johann Bestian 85
Mühlhahn, Johann Joachim 85, 87, 91,
    195, 224, 249, 290
Mühlhahn, Johann Otto 85
Müller, Franz Carl 9 f., 169-172, 204 f.,
    212

Neubauer, Georg Heinrich 33 f.
Neumann, Gottfried 191
Nidda, Carl Ludwig Krug von 265
Nietschmann, Maria 35

Otto, Eberhard 200
Otto, Prinz von Bayern 169

Peters, Anna Margaretha 166 f.
Peters, Catharina Dorothea Salome
    166 f.
Peters, Catharina Elisabeth 166
Peters, Johann Levin 165 f., 246
Peters, Wilhelm Gottlieb 166 f.
Petersen, Nachbarin von Catharina
    Eichsfelder 111, 165, 246
Philipp V. von Anjou,. König von
    Spanien 56
Portalès, Charles 77
Pott, August Friedrich 78 f., 158
Pott, Dorothea Sophia 78 f., 82, 128,
    184
Pott, Johann Andreas 78, 82, 84
Pott, Johann Heinrich 78 f., 81 f., 128,
    158, 184, 221, 237

Praetorius, Familie 251
Prémoy, Geneviève 39

Read, Mary 39
Reinbeck, Johann Gustav 131
Reinecke, Catharina 44, 251
Richter, Christian Sigismund 124
Richter, Johann 15
Rock, Johann Friedrich 79, 128
Rodenberg, Carl von 265
Röper, Johann Andreas 254
Rosenbach, Johann Georg 47
Rousseau, Jean-Jacques 175

Schaumburg, Ludolph 100, 102, 106,
    253
Schiller, Friedrich 21, 175
Schilling, Petrus 194
Schleiermacher, Friedrich 21
Schlepegrell, Johann Heinrich 163,
    291
Schmid, Conrad 192
Schönau, Hildegund von 39
Schopenhauer, Arthur 175
Schuster, Hans Georg 14
Schwartz, Philipp Christian 279, 283
Sinistrari, Ludovico Maria 125
Spener, Philipp Jacob 20, 43, 45, 52,
    87, 224
Stallmeister, Oberst eines Lüneburger
    Regiments 57, 215 f., 238
Stiesser, Rosenstengels Pate
    in Helmstedt 107
Summermann, Caspar Theodor 137 f.,
    140, 145, 200

Tanis, Graf von 185, 207
Tennhardt, Johann 47
Tertullianus, Quintus Septimus
    Florens 260
Thalmann, Bernhart 14, 187
Thomasius, Christian 136, 141, 193
Thyllius, Carl Otto 200
Triebel, Hans Zacharias 14

Ulrichs, Karl Heinrich 173

Viebahn, Franz Moritz 265

Wagnitz, Heinrich Balthasar 164
Walbeck, Rosenstengels Patin in
    Helmstedt 107

Weininger, Otto 175
Weitzel, Johann Friedrich 265
Werckmeister, Andreas 83
Westphal, Carl 170 f., 173
Wilde, Oscar 172
Wolff, Christian 131 f., 136, 193, 199
Wurtzler, Johann Christoph 45

Zaunschliffer, Heinrich Philipp 200
Zimmermann, Vorname unbekannt,
    Freundin von C. M. Eichsfelder
    97 f., 252
Zinzendorf, Nikolaus Ludwig
    Graf von 21

N
W — O
S

N o r d s e e

Bremen ○

Amsterdam ○

Minden ◉

Münster ◉

Duisburg ●   ◉**Soest**

SAUERLAND

Berleburg ●
Schwarzenau ●

◉**Antwerpen**

◉**Terbank**

Oudenarde ●   **Brüssel**   **Köln** ◉   **BERGISCHES**
                                        LAND

BRABANT

Laubach ●

WETTERAU

Himbach ●

Schelde   *Rhein*

Rheinfels ◉

Frankfurt ○

Cevennen
↓

0   50   100   150 km